Mona Motakef
Körper Gabe

Materialitäten
Hg. von Gabriele Klein, Martina Löw und Michael Meuser | Band 17

Mona Motakef (Dr. phil.) arbeitet als Sozialwissenschaftlerin mit den Schwerpunkten Körper, Gabe, Geschlecht, soziale Ungleichheit und qualitative Methoden am Institut für Soziologie der Universität Duisburg-Essen.

Mona Motakef

Körper Gabe

Ambivalente Ökonomien der Organspende

[transcript]

Die vorliegende Studie ist die überarbeitete und gekürzte Fassung der Dissertation, welche die Autorin im Februar 2010 am Institut für Soziologie der Ludwig-Maximilians-Universität München verteidigt hat. Die Autorin bedankt sich beim Deutschen Akademikerinnenbund e.V. (DAB) für die finanzielle Unterstützung.

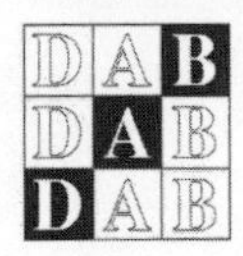

Bibliografische Information der Deutschen Nationalbibliothek
Die Deutsche Nationalbibliothek verzeichnet diese Publikation in der Deutschen Nationalbibliografie; detaillierte bibliografische Daten sind im Internet über http://dnb.d-nb.de abrufbar.

Umschlagkonzept: Kordula Röckenhaus, Bielefeld
Umschlagabbildung: codswollop / photocase.com
Lektorat & Satz: Mona Motakef / Jan Wenke
Druck: Majuskel Medienproduktion GmbH, Wetzlar
ISBN 978-3-8376-1631-6

Gedruckt auf alterungsbeständigem Papier mit chlorfrei gebleichtem Zellstoff.
Besuchen Sie uns im Internet: *http://www.transcript-verlag.de*
Bitte fordern Sie unser Gesamtverzeichnis und andere Broschüren an unter: *info@transcript-verlag.de*

Inhalt

I Vom Imperativ der Spende zum biopolitischen Wandel in der Organspende. Eine Einführung | 11

1 Der Mangel an Organspenden | 13
2 Kein alter Menschheitstraum: Die Erfindung der Organspende | 20
3 Die Gabe als »cultural suppressant« (Joralemon) | 25
4 Bioethik versus Biopolitik? | 28
5 (Biopolitische) Kritik der Organspende | 32

II Körper, Gabe, Regierung. Überlegungen zu einer Soziologie der Organspende | 39

1 Verfügbare Körper und Körper in Teilen | 39

1.1 Körper in der Soziologie | 41
1.2 Körperteile als veräußerbare Materialität | 45
1.3 Konstruierte Körper | 52
1.4 Gespürte Körper | 61
1.5 »Grenzen der Verfügbarkeit« (List) | 65

2 Ökonomien der Gabe | 66

2.1 Die Gabe bei Mauss und in der sozial- und kulturwissenschaftlichen Theoriebildung | 70
2.2 Die Vorgegebenheit des Menschen: Judeo-christliche Perspektiven | 82
2.3 Geschlechterkonstruktionen des Gabentauschs | 85
2.4 Die Gabe und die Ware | 87
2.5 Die Gabe in der Organspende und der Organtransplantation | 91
2.6 Ambivalente Ökonomien der Gabe | 95

3 **Biopolitisches Regieren** | 96

3.1 Das Leben als Problem von Macht – Biopolitik und Regierung bei Foucault | 97
3.2 Anrufungen der Organspende | 103
3.3 Regieren in der Ökonomisierung des Sozialen | 108
3.4 Der Organmangel als Ort biopolitischen Regierens | 119

III Verfügbare Körper – veräußerbare Subjekte. Der Diskurs des Organmangels | 123

1 **Das methodische Vorgehen: Der Diskurs des Organmangels als Ort des Regierens** | 123
2 **Der Diskurs des Organmangels** | 134

2.1 Die Erweiterte Zustimmungslösung | 134
2.2 Die anonyme Spende | 141
2.3 Die Überkreuzspende | 144
2.4 Die Aufhebung der Subsidiarität der Lebendorganspende | 147
2.5 Die Widerspruchsregel | 149
2.6 Solidar-, Motivations- oder Vorsorgeregelungen | 154
2.7 Der Organclub | 159
2.8 Entschädigung und Kompensation | 165
2.9 Der legale Organhandel | 168
2.10 Der Diskurs des Organmangels: Von der Fürsorge zur Vorsorge? | 178

IV Wer gibt? Geschlecht und Ethnizität in der Organspendebereitschaft | 187

1 **Wer hat einen Organspendeausweis? ›Postmortale Organspenden‹** | 190
2 **›Giving the Gift of Life‹: Die Lebendorganspende** | 196
3 **Freie Entscheidungen autonomer Subjekte?** | 208
4 **Organspendebereitschaft revisited** | 215

V Ambivalente Ökonomien der Organspende | 217

1 Der Diskurs des Organmangels und seine Regierungsprogramme | 220
2 Organe geben | 222
3 Wer gibt? | 223
4 Soziologie der Biopolitik | 225

VI Literaturverzeichnis | 229

»I'm Rob White, a self-employed 43-year-old [...]. A devoted husband and caring father to a 13-year-old girl, with my family I hope every day for the matching kidney that can restore me to health. Because no relatives qualify, I need a caring stranger with Type O blood whose kidney can give me back a freer, more comfortable life [...]. In spite of my limitations, I'm a volunteer with our police department's citizen patrol and active in my neighborhood association. A successful transplant will mean everything to me. [...] My family and friends pray daily both for me and for that special someone who will offer me the precious gift of life. I hope it may be you« (White 2009).

»LifeSharers membership is a compelling investment in your future. It's free, and it could literally save your life. By joining LifeSharers you reduce the chance you'll die waiting if you ever need an organ transplant« (Staton 2009).

»Fully functional kidney for sale. You can choose either kidney. Byers pays all transplant and medical costs. Of course only for sale, as I need the other one to live. Serious bids only« (hchero auf eBay vom 26.08.1999; zit. nach Waldby/Mitchell 2006: 173).

I Vom Imperativ der Spende zum biopolitischen Wandel in der Organspende. Eine Einführung

Der Ruf nach Organspenden ist laut geworden. Organspende geht alle an. Jeder und jede sollte sich mit ihr auseinandersetzen und einen Spenderausweis mit sich führen. Dabei sind es unterschiedliche Akteurinnen und Akteurinnen, die sich für die Organspende einsetzen.

Auf riesigen Comicstrips, die Plakatwände und Busse zieren, retten an *Superman* und *Wonderwomen* angelehnte Figuren das Leben von gefährdeten Menschen. »Du kannst das auch!«, so eine Superheldin in dieser vom *Deutschen Herzzentrum*[1] initiierten Kampagne. Denn durch Organspende kann jeder und jede Leben retten. In einer weiteren Kampagne des Herzzentrums fragen die Schauspieler Till Schweiger und Matthias Schweighöfer auf einem Plakat: »Du bekommst alles von mir. Ich auch von dir?«[2] Aber nicht nur Schauspieler und Superheldinnen appellieren an die Spendebereitschaft, auch in Apotheken, Arztpraxen oder Krankenhäusern wird an die ›Gemeinschaftsaufgabe Organspende‹ erinnert, indem Organspenderausweise ausgelegt werden, die wiederum von der *Bundeszentrale für Gesundheitliche Aufklärung* verteilt wurden. Und wer in Niedersachsen seinen Reise- oder Personalausweis verlängern möchte, wird mit Informationsmaterial über die Organspende versorgt und aufgefordert, am besten

1 Homepage der Initiative »Ich bin Pro – und Du?«: http://proorganspende.de vom 01.10.2010, vgl. Motakef 2010b.

2 Vgl. ebd., Kampagnenfotos.

umgehend einen Spenderausweis auszufüllen (vgl. Tolmein 2010). Selbst der Brief zur Gehaltsabrechnung von Angestellten im Bremischen Öffentlichen Dienst (Januar 2010) dient als Medium und fordert auf, sich mit Organspende in der Familie, im Kollegium und im Kreise der Freundinnen und Freunde auseinanderzusetzen. Absender waren die *Deutsche Stiftung Organtransplantation* und die *Bremer Senatorin für Gesundheit.*

Der Organspende sind zudem eigene Tage gewidmet: Jeden ersten Samstag im Juni findet der *Tag der Organspende* statt. Auf öffentlichen und viel frequentieren Plätzen werben Politikerinnen und Politiker für Organspende und lassen Ausweise verteilen. Erstmals fand am 4. Oktober 2009 gleichzeitig der *Welttag* und der *Europäische Tag der Organspende* am Brandenburger Tor statt. Wo sonst der jüngsten deutschen Geschichte und der Teilung Berlins gedacht wird, sollte das Publikum durch begehbare Organe und an Informationsständen zum Mitmachen, das heißt zum Ausfüllen von Organspenderausweisen, angeregt werden (vgl. Deutsche Stiftung Organtransplantation 2010a). Und um die Auseinandersetzung mit dem Thema Organspende gerade bei Jüngeren anzuregen, veranstaltete eine Krankenkasse zusammen mit der *Deutschen Stiftung Organtransplantation* und weiteren Partnern einen *Song-Contest*, in dem sich junge Künstlerinnen und Künstler aus allen deutschen Bundesländern musikalisch mit der Organspende auseinandersetzen sollten. Bundessiegerin des *Song-Contests* 2009 wurde die 16-jährige bayrische Schülerin Anna mit ihrer Band *Josanna.* Ihr Song, aber auch die Siegertitel jedes Bundeslandes sind auf der CD *Von Mensch zu Mensch* kompiliert.[3] Namensgeber der CD ist ein Song von *Bo Flower*, der darin über den Segen der Organspende rappt. Er unterstützt den Verein *Music for Life*, in dem Befürworterinnen und Befürworter aus der Musikbranche für Organspenden werben.[4]

Bei aller Unterschiedlichkeit der Akteurinnen und Akteure, die sich für die Organspende einsetzen, wird in der Regel Folgendes deutlich: Individuen werden, um mit Louis Althusser zu sprechen, verstärkt als Organspenderinnen und Organspender *angerufen.* Durch die Aufklärung über die Organspende soll eine Ausweitung von Transplantationen erreicht werden.

3 Homepage der Aktion ›OrganSpende‹ http://www.organspende2009.de vom 01.06.2010.

4 Homepage der Aktion ›music for life. Musiker für Organspende‹ http://www.music-for-life.de vom 01.10.2010.

Als Aufklärung deklariert wird hierbei die moralische Erhöhung einer Organspende. Über die Organspende aufzuklären heißt demnach sie mit einer guten und an Gemeinschaft orientierten Tat gleichzusetzen. Zudem wird der Entschluss für oder gegen eine Organspende individualisiert. All jene, die sich für die Organspende einsetzen, verweisen in der Regel darauf, dass jede und jeder sich selbst eine Meinung über das Thema bilden sollte. Von daher muss den Akteurinnen und Akteuren auch zugestanden werden, dass man sich, wenn man um das Ausfüllen von Spenderausweisen gebeten wird, auch gegen die Entnahme entscheiden kann. Allerdings wird in den genannten Werbeevents und den Informationen über die Organspende eine deutliche Sprache gesprochen: Wer sich mit der Organspende *richtig* auseinandersetzt und sich darüber aufklären lässt, der wird sie befürworten (vgl. Görlitzer 2010; Petersen 2009).

Die gesellschaftliche Vermittlung des Themas Organspende kann verwundern: Bildet die Praxis der Organspende ein Refugium altruistischen Handelns in einer sonst durch und durch egoistisch-kapitalistischen Welt? Und ist die Herausforderung, der sich die Praxis der Organspende in Zukunft zu stellen hat, nur noch ein Problem des Nichtwissens? Stellt sich nur noch die Frage, wie die Nichtwissenden aufgeklärt und damit die Häufigkeit von Organtransplantationen erhöht werden können? Ist es folglich falsch, sich nicht mit dem Thema Organspende zu beschäftigen? Gibt es, wenn auch keinen juristisch geregelten Zwang, so doch eine »biologische Bürgerpflicht« (Lemke/Wehling 2009) zur Hergabe von Organen an eine in der Regel nicht näher bestimmte Gemeinschaft?

1 DER MANGEL AN ORGANSPENDEN

In den letzten zehn Jahren ist der Organmangel zum Dreh- und Angelpunkt nahezu aller Diskussionen um Organspende geworden und hat den Hirntod[5] als Schlüsselthema in der Auseinandersetzung um Organspende abgelöst.

5 Um Organe postmortal zu entnehmen, muss von zwei Medizinern der Hirntod diagnostiziert werden. Wie der Hirntod definiert wird, variiert in den Transplantationsgesetzen der jeweiligen Länder. In den deutschsprachigen Ländern und in den USA wird vom Kriterium des Ganzhirntodes ausgegangen. Das bedeutet, dass Organe nur dann entnommen werden dürfen, wenn keine Hirnfunktion

Ein zentrales Diskursereignis für diese Entwicklung bildete das Inkrafttreten des *Gesetzes über die Spende, Entnahme und Übertragung von Organen und Geweben*, kurz Transplantationsgesetz genannt. Der Verabschiedung des Gesetzes im Jahr 1997 ging eine lange und kontroverse öffentliche Auseinandersetzung voraus. Den Referenzpunkt für die vielfältigen Positionen bildet die Definition des Hirntodes und damit verbunden die Kritik an einer medizinischen Hegemonie in der Definition des menschlichen Todes. Mit Werner Schneiders (1999) Diskursanalyse der politischen Debatte zur Hirntoddefinition, Gesa Lindemanns (2002) Rekonstruktion der Entstehung des Hirntodkonzeptes in den USA und in Deutschland sowie ihrer Ethnographie über die Konstruktion von Leben und Tod in einer intensivmedizinischen Abteilung (2003) liegen theoretisch-methodisch sehr fundierte soziologische Systematiken zu den Kontroversen und Praktiken in Deutschland vor.

Doch bereits ein Jahr nach Verabschiedung des Gesetzes resümierte Ulrike Baureithel, die zusammen mit Anna Bergmann Autorin des hirntodkritischen Buches *Herzloser Tod* (2001) ist: »Die Diskussion über Diagnosesicherheit oder Verteilungsgerechtigkeit hat [...] die grundsätzliche Kritik am System der Organtransplantation verdrängt« (1998: 14). Tatsächlich sind die Kontroversen um das Hirntodkonzept seitdem weitgehend verebbt. Auch mehr als ein Jahrzehnt nach Verabschiedung des Gesetzes gibt es nur wenige Initiativen, in denen das Hirntodkonzept weiterhin problematisiert

nachgewiesen werden kann. Die Begründung des Hirntodkonzeptes basiert auf der Annahme, dass mit dem Ausfall des Gehirns als zentralem Steuerungsorgan die Integrationsfunktion des Körpers unwiederbringlich erloschen ist. Das Hirntodkonzept wird seit mehr als vier Jahrzehnten intensiv debattiert. Mit den neuen Erkenntnissen der Neurowissenschaften zur Plastizität des Gehirns sind wieder Zweifel an der Legitimation des Hirntodes laut geworden (vgl. Müller 2010). Kultur- und sozialwissenschaftliche Perspektiven zum Hirntod bieten zum Beispiel Agamben 2002; Baureithel/Bergmann 1999; Bergmann 2004; Lindemann 2002, 2003; Lock 2002; Manzei 2003; Münk 2002; Körtner 2003; Schneider 1999; Spirigatis 1997 sowie die Beiträge in Youngner/Fox/O'Connell 1996; Ach/Quante 1999; Schlich/Wiesemann 2001 und Manzei/Schneider 2006.

wird. Zudem werden diese sehr heterogenen Stimmen in der Öffentlichkeit wenig wahrgenommen.[6]

Dass es seit mehr als einem Jahrzehnt still um das Hirntodkonzept geworden ist, ist alles andere als selbsterklärend, und die Suche nach Gründen wäre eine eigene Forschungsanstrengung wert.[7] In den USA wurden jüngst naturwissenschaftliche Ergebnisse publiziert, in denen die Gründe, die das Hirntodkonzept bislang legitimierten, als unhaltbar bezeichnet werden. Auch die *President's Council on Bioethics*, das US-amerikanische Pendant zum *Deutschen Ethikrat*, hält das Hirntodkonzept für empirisch widerlegt. Mithilfe bildgebender Verfahren lässt sich zeigen, dass die Annahme eines engen und kausalen Zusammenhangs zwischen dem Hirntod und der Desintegration körperlicher Funktionen falsch ist (vgl. President's Council on Bioethics 2008).[8] Bemerkenswert ist hierbei, dass von den Forscherinnen und Forschern nicht das Hirntodkonzept an sich oder gar die Transplantationsmedizin als solche auf den Prüfstand gestellt wird, sondern dass nach neuen und ergänzenden und nicht falsifizierbaren naturphilosophischen Legitimationen für das Hirntodkonzept gesucht wird (vgl. Müller

6 Hierzu zählt etwa der Verein *Kritische Aufklärung zur Organtransplantation*, der von Eltern begründet wurde, die ihre verunglückten Kinder zur Organspende freigaben, sich falsch informiert fühlen und die Organentnahme bereuen. Renate Greinert, die sich ebenfalls in diesem Verein engagiert, schildert in ihrem Buch (2008) eindringlich ihre Erfahrungen. Zu erwähnen gilt des Weiteren die Interessengemeinschaft *Kritische Bioethik Deutschland*, die ebenfalls ihre Aufgabe in der umfassenden und auch kritischen Aufklärung über Organspende sehen. Kritische Positionen zum Hirntodkonzept und zur Praxis der Organspende werden zudem regelmäßig in den Zeitschriften *BioSkop* sowie dem *Gen-ethischen Informationsdienst* entwickelt. Schließlich ist die *Informationsstelle Transplantation und Organspende* zu erwähnen, in deren Internetauftritt Roberto Rotondo kritische Materialien und Zeitungsartikel zur Verfügung stellt (vgl. http://www.transplantation-information.de vom 01.10.2010).

7 Hier ließe sich argumentieren, dass der Organmangel das Schweigen über den Hirntod supplementiert (vgl. Derrida 1983). Das heißt, die mit dem Organmangel in Verbindung stehende These, dass Menschen nicht an ihrer Krankheit, sondern am Organmangel sterben, kompensiert das Unbehagen über das weiterhin prekäre Hirntodkonzept.

8 Diesen Hinweis verdanke ich Alexandra Manzei und Werner Schneider.

2010; Keller 2010). Aufgrund dieser Entwicklungen wird das Hirntodkonzept in den USA wieder öffentlich verhandelt. Diese Debatte bleibt in Deutschland noch aus. Dagegen wird hierzulande der Mangel an Organspenden, der Organmangel, skandalisiert.

Hinter dem Organmangel verbirgt sich die Beobachtung, dass in Deutschland, wie in allen Industrieländern, in denen Organtransplantationen durchgeführt werden, mehr Menschen auf eine Organspende warten, als Organe für eine Transplantation zur Verfügung stehen. Gesundheitsökonomisch gesprochen übersteigt die Nachfrage nach Organen ihr Angebot. Die *Deutsche Stiftung Organtransplantation* legt regelmäßig Zahlen vor, mit denen sie den Organmangel veranschaulicht: Im Jahr 2009 standen etwa 12.000 Menschen auf der Warteliste für eine Organspende, transplantiert werden konnten 4709 Organe. Von diesen Organen ist die Niere das am häufigsten transplantierte Organ. Im Berichtsjahr wurden allein 2772 Nieren, aber nur 1179 Lebern und 363 Herzen transplantiert (vgl. Deutsche Stiftung Organtransplantation 2010: 28). Prinzipiell können Organe wie Niere, Lunge oder Herz in einen organinsuffizienten Menschen transplantiert werden, wenn sie vorher einem sogenannten Hirntoten explantiert wurden. Zudem können Nieren auch von lebenden Menschen entnommen werden, da jeder Mensch in der Regel zwei Nieren hat und nur eine Niere benötigt.[9]

Der eingeführte Begriff des Organmangels suggeriert eine scheinbar neutrale Feststellung eines zahlenmäßig begründbaren Mangels. Er setzt jedoch voraus, dass eine bestimmte Anzahl von Organen einen Mangel darstellt, und enthält damit eine normative Festlegung: Die Nachfrage nach Organen soll bestimmen, wie weit die Transplantationsmedizin ausgedehnt wird. Der Begriff des Mangels suggeriert zudem eine gewisse Dringlichkeit. Es scheint geboten, Menschen, die ein Ersatzorgan brauchen, eines zur Verfügung zu stellen.

Häufig wird mit Blick auf den Organmangel auch vom ›Tod auf der Warteliste‹ gesprochen. Die geringe Spendebereitschaft wird hier in direk-

9 Da ich davon ausgehe, dass sich Organe wie Herz oder Niere in ihrer soziokulturellen Einbettung unterscheiden, fokussiere ich mich in dieser Untersuchung weitgehend auf Arbeiten, die über Nierentransplantationen und Nierenspenden vorliegen.

ter Relation zum Bedarf potentieller Spenderinnen und Spender gesetzt. Die Unterlassung der Organspende wird zwar nicht bestraft, dafür werden Menschen, die ihre Organe nicht spenden wollen, in dieser Logik bezichtigt, den Tod anderer potentiell in Kauf genommen zu haben. Es wird suggeriert, dass Patientinnen und Patienten sterben, weil kein Organ für sie gespendet wurde (vgl. Feyerabend 2007; Petersen 2009). Wie auch folgende Aussage aus der später vorgenommenen Diskursanalyse verdeutlicht, wird der Organmangel und nicht mehr die Erkrankung als Todesursache bezeichnet: »Noch immer sterben jährlich in Deutschland etwa 1000 Menschen, denen eine Transplantation helfen könnte, nur deswegen, weil kein geeignetes Organ verfügbar war« (Breyer et al. 2006: VII). Pointiert gesprochen sterben Menschen in dieser Logik nicht an einem Organversagen, sondern an einem sozialen Problem: der mangelnden Bereitschaft der Mehrheit, Bedürftigen ihre Organe zu geben (vgl. Keller 2008; Schneider 1999).

Der Mangel an Spendeorganen ist allerdings erklärbar, da Organe bisher noch nicht industriell hergestellt werden können.[10] Bevor sie in den Körper eines Menschen transplantiert werden, müssen sie erst einem anderen Menschen entnommen werden. Seit Einführung der Organtransplantation als Therapieoption gab es zu keinem Zeitpunkt keinen Mangel an Organen. Damit ist das Problem des Organmangels so alt wie die Transplantationsmedizin selbst. Anders als bei anderen medizinischen Therapieoptionen ist die Transplantationsmedizin damit maßgeblich von der Bereitschaft der Öffentlichkeit abhängig, Organe spenden zu wollen. Die gesellschaftliche Akzeptanz der Organspende spielt eine zentrale Rolle. Tatsächlich gibt es immer weniger Hindernisse für Transplantationen, die

10 Vermutlich ist es allerdings nur eine Frage der Zeit, bis die ersten synthetischen Organe transplantiert werden. In den USA wurden bereits Überlegungen zur Konstruktion einer Kunstniere vorgestellt, die bereits 2017 in klinischen Studien getestet werden sollen (http://news.ucsf.edu/releases/ucsf-unveils-model-for-implantable-artificial-kidney-to-replace-dialysis vom 18.10.2010). Zur Transplantation von Herzen werden mittlerweile auch Kunstherzen eingesetzt. Sie sind technisch allerdings noch nicht so ausgereift, dass sie Transplantationen ersetzen. Mit dem Science-Fiction-Film *Repo Men* (Miguel Sapochnik, 2010) wurde im Hollywoodkino bereits die Vorstellung verhandelt, dass wir uns in Zukunft künstliche Organe ähnlich wie Autoersatzteile kaufen könnten.

medizinisch begründet sind. Die Ausweitung der Organtransplantation scheitert an sozialen Aspekten.

Öffentliche Meinungsumfragen legen nahe, dass die meisten Befragten der Organspende positiv gegenüberstehen, allerdings die wenigsten einen Spenderausweis mit sich tragen. Bei einem näheren Blick auf eine Befragung der *Bundeszentrale für Gesundheitliche Aufklärung* (2010), mit der Einstellungen zur Organspende abgefragt wurden, fällt allerdings auf, dass die Fragen unbestimmt gestellt sind und nicht als eindeutiges Bekenntnis zur Organspende gelesen werden können: »Wären Sie grundsätzlich damit einverstanden, dass man Ihnen nach Ihrem Tod Organe und Gewebe entnimmt, oder wären Sie damit nicht einverstanden?« Damit grundsätzlich einverstanden zeigen sich 74 Prozent aller Befragten, 18 Prozent sind es nicht und 8 Prozent sind unentschieden (ebd.). Es wäre aufschlussreich zu erfahren, welche Bedingungen die Befragten, die mit einer Organspende grundsätzlich einverstanden sind, an eine Organspende knüpfen. Wie viel Prozent von ihnen wären immer noch einverstanden, würde ›grundsätzlich‹ gestrichen (ebd.)?[11]

Ob die Befragten mögliche Widerstände und Einschränkungen in ihr grundsätzliches Einverständnis integrieren, die Frage folglich weiter differenziert werden müsste, oder ob sie nicht die ganze Wahrheit über ihre Position zur Organspende bekundeten, sondern eher antworten, was ihnen als sozial erwünscht erscheint, oder einfach zu bequem sind, einen Ausweis auszufüllen – wie in der Regel angenommen wird, lässt sich an dieser Stelle jedoch nicht klären. Das häufig, auch in den Werbekampagnen zu hörende Argument, Organspende sei ein Tabu, da es Fragen der eigenen Sterblichkeit berührt, ist meines Erachtens nicht haltbar. Organspende ist im öffentlichen Raum durchaus präsent. Diese Präsenz gründet sich nicht nur auf die eingangs skizzierten Kampagnen für Organspende. Auch in der Populärkultur, in TV-Serien, Kinofilmen und Romanen, bilden Organspenden häufig den Stoff für Geschichten über Liebe, Betrug und Versöhnung oder Zukunftsphantasien über medizinische Möglichkeiten.[12] Und auch in der Tha-

---

11 Diesen Einwand formulierte die Bioethikerin Weyma Lübbe auf der Veranstaltung des *Nationalen Ethikrates* ›Äußerungspflicht zur Organspende: Sollte der Staat verlangen, dass sich jeder erklärt?‹ am 27.10.2010 in Berlin.

12 Beispiele für die sehr unterschiedlichen Arten und Weisen, Geschichten über das Leben über eine Organspende zu erzählen, bilden Romane wie *Alles was wir*

natosoziologie, dem mit dem Tod befassten Teilgebiet der Soziologie, wird die These einer allgemeinen Todesverdrängung bezweifelt (vgl. Nassehi 2003; Saake 2008a, 2008c): »Der Tod und das Sterben sind [...] alles andere als *anathema*: aktive und passive Sterbehilfe, Hospizbewegung, Embryonal- und Stammzellenforschung, Debatten über Klonen, medizinische Machbarkeiten und vieles mehr zeugen in der Moderne von einer *Geschwätzigkeit des Todes*« (Nassehi 2003: 301).

Der Mangel an Organspenden ist, wie erwähnt, zwar so alt wie die Transplantationsmedizin selbst, allerdings hat er sich in den letzten Jahren verschärft. Diese Entwicklung lässt sich nicht nur auf ein mangelndes Angebot zurückführen, das heißt auf die fehlende Spendebereitschaft, sondern basiert insbesondere auf einem Anstieg der Nachfrage nach Organen. Denn durch die medizinische Weiterentwicklung der Organtransplantation, die im nächsten Abschnitt ausgeführt wird, konnten immer mehr Menschen transplantiert werden. Jede Weiterentwicklung, wie etwa die Einführung des Medikaments *Cyclosporin* als Immunsuppressivum in den 1980er Jahren, führte zu einem immer größer werdenden Bedarf nach Organen. Die Wartelisten sind umso länger geworden, je mehr Transplantationen durchgeführt wurden (vgl. Schlich 1998b). Darüber hinaus lassen sich Faktoren eruieren, die einer Steigerung des Angebots an transplantierbaren Organen entgegenwirken: Mit der Einführung der Helm- und Gurtpflicht verringerte sich die Zahl der hirntödlichen Verkehrsunfälle. Zudem ist eine stetige Verbesserung der Behandlungsmöglichkeiten von Unfallopfern in Kliniken zu verzeichnen, sodass auch aus Gründen des Erfolges medizinischer Therapien immer weniger Menschen einen Hirntod erleiden. Auf der anderen Seite steigt mit der Lebenserwartung und dem damit verbundenen wachsenden Anteil älterer Menschen an der Bevölkerung auch der Anteil derer, die eine Niereninsuffizienz erleiden und damit auf ein Spenderorgan angewiesen sind. Weiterhin ist auch der Anteil an jungen Menschen gewachsen,

---

geben mussten von Kazuro Ishiguro (2006) und Jodi Picaults *Beim Leben meiner Schwester* (2007), Kinofilme wie Stephen Frears *Schmutzige kleine Tricks* (2002), Alejandro González Iñárritus *21 Gramm* (2004), Pedro Almodovars Arbeiten *Mein blühendes Geheimnis* (1995) und *Alles über meine Mutter* (1999), der Dokumentarfilm *Ein Herz für Jenin* von Lior Geller (2009) oder Serien wie *Sturm der Liebe* (ARD) und *Lost* (Touchstone). Die vielfältigen Deutungen zu rekonstruieren, wäre eine eigene Forschungsanstrengung wert.

die an Diabetes und Hepatitis C erkranken und als Folge dieser Grunderkrankungen nierenkrank werden. Des Weiteren beschränken die Krankenhäuser kaum noch die Zulassung zur Transplantation. Das Alter oder die Begleiterkrankungen spielen eine immer geringere Rolle. Auch in hohem Alter wird transplantiert (vgl. Lock 2002; Lock/Crowley-Makota 2008). Außerdem stehen zunehmend die Kliniken in der Kritik, die im hektischen Arbeitsalltag häufig versäumen, potentielle Organspenderinnen und Organspender zur Transplantation zu melden. Aus diesem Grund und nach spanischem Modell wurden sogenannte *In-house-Koordinatoren,* das heißt Mitarbeiterinnen und Mitarbeiter der Kliniken ausgebildet, die die Zusammenarbeit zwischen den Beteiligten intensivieren sollen (vgl. Klinkhammer/Sigmund-Schultze 2009). Für den Mangel an Organspenden werden jedoch in der Regel die fehlende faktische Organspendebereitschaft sowie das Transplantationsgesetz verantwortlich gemacht. Am Transplantationsgesetz wird insbesondere die in ihm verankerte »Kultur der Gabe« (van den Daele 2007: 127) kritisiert. Um diesen Gedanken auszuführen, wird im Folgenden zunächst die Entwicklung der Organspende nachgezeichnet.

2 KEIN ALTER MENSCHHEITSTRAUM: DIE ERFINDUNG DER ORGANSPENDE

Die Organtransplantation gilt heute als ein typisches Beispiel der hoch entwickelten Hightech-Medizin. Da sie Leben verlängern und den Tod des Menschen hinauszögern kann, wird sie als »Zeichen des Sieges und des Fortschritts« (Broelsch 2009: 46), als »Symbol für die Macht der modernen Medizin« (Schlich 1998a: 9) und als Triumph der Wissenschaft über die menschliche ›Natur‹ bezeichnet. Die Transplantationsmedizin ist prestigeträchtig, in ihrem Umfeld wurden allein vier Nobelpreise vergeben (ebd.).

Organtransplantationen und damit verbunden auch Organspenden erscheinen uns heute als Selbstverständlichkeit. Für die Transplantationsmedizin sind sie alte Menschheitsträume, die endlich Wirklichkeit geworden sind (vgl. Bergmann 2004; Schlich 1998a). Es wird eine anthropologische Konstante konstruiert, die sich als Wunsch, Organe zu transplantieren, beschreiben lässt und in der Vorstellung mündet, dass Organe verschenkbar sind. Diese Selbstverständlichkeiten der Transplantationsmedizin bleiben nicht unhinterfragt: Der Medizinhistoriker Thomas Schlich stellt fest, dass zwar seit Jahrhunderten beschädigte Teile der Körperoberfläche transplantiert wurden, sich diese der plastischen Chirurgie zugehörigen Praktiken jedoch maßgeblich vom Organersatzkonzept unterscheiden. Die Organtransplantation lässt sich vielmehr als eine Erfindung beschreiben, die das Vorgehen der plastischen Chirurgie auf das Körperinnere und die Behandlung innerer Organe überträgt. Dies setzte einen grundlegenden Wandel in der medizinischen Diagnostik voraus. Denn während Krankheiten bis gegen Ende des 19. Jahrhunderts auf eine Vielzahl von Ursachen zurückgeführt wurden, setzte sich erst ab den 1880er Jahren die Vorstellung durch, dass eine Krankheit eine Hauptursache, wie ein krankes Organ, haben kann.[13] Zuvor wurde nicht danach gestrebt, innere Krankheiten durch die Transplantation von Ersatzorganen zu behandeln. Die Organtransplantation kam zusammen mit den ihr zugrunde liegenden Vorstellungen erst in der Zeit von 1880 bis 1930 auf. Auch in der Therapeutik kann man erst seit 1951 von der Organtransplantation als ›erfolgreicher Therapieform‹ sprechen. Von 1880 bis in die 1950er Jahre fanden zwar zahlreiche Transplantationen statt, sie waren allerdings alle erfolglos, das heißt, alle Patientinnen und Patienten mit Transplantat starben umgehend. Bis zum Ende des Zwei-

13 Am Beispiel der Krankheit des Kretinismus, aus heutiger Sicht ein Mangel an Schilddrüsenhormonen, lässt sich diese Entwicklung aufzeigen: Bevor man den Kretinismus mit dem Organversagen der Schilddrüse in Verbindung brachte, gingen die Ärzte davon aus, dass die Krankheit durch das gleichzeitige Zusammentreffen vieler Ursachen hervorgerufen wurde, wie das Klima, die Bodenverhältnisse, die Veranlagung, die Lebensverhältnisse etc. Die Ärzte wollten den Kretinismus vor 1880 vor allem mit Reformen, wie zum Beispiel der Trockenlegung von Sümpfen, bekämpfen. Die Durchführung von Reformen wie der Trockenlegung zahlreicher Sümpfe brachte aus Sicht der Ärzte allerdings keinen Erfolg. So wurde der Strategie, nach vielen Ursachen zu suchen, eine andere Strategie entgegengesetzt, die eine Krankheit mit nur einer Ursache in Verbindung brachte. Für die damals entstehende Bakteriologie etwa war die Ursache für eine Krankheit ein bakterieller Erreger. Wenn im Tierversuch nach der Organentnahme bestimmte Krankheiten eintraten, war das entnommene Organ der Beleg für die Ursache der Krankheit. Im Jahr 1883 wurde erstmals von Theodor Kocher in Bern eine Schilddrüse mit dem Ziel verpflanzt, eine innere Krankheit zu behandeln (vgl. Schlich 1998b).

ten Weltkrieges bildete das Organersatzkonzept damit eine »ideale, aber leider utopische Therapieoption« (Schlich 1998b: 15). Die Chirurgen erkannten bereits, dass das Organ abgestoßen wird, wussten jedoch noch nicht, wie sie die Abstoßungsreaktion unterbinden können.

Am *Peter-Bent-Brigham*-Krankenhaus im US-amerikanischen Boston wurde 1951 erstmals eine menschliche Niere transplantiert. Der Patient lebte nach der Transplantation noch fünf Wochen. Obwohl die Aussicht der Therapie nicht Erfolg versprechend war, wurden in der Folge zahlreiche weiteren Transplantationen durchgeführt. Drei Jahre später erhielt ein nierenkranker Patient die Niere seines eineiigen Zwillingsbruders. Der Empfänger lebte mit der Niere seines Bruders noch acht Jahre, und der Chirurg Joseph E. Murray erhielt dafür einen Nobelpreis. Diese Transplantation gilt als erste erfolgreiche Nierentransplantation.

Erst in den 1960er Jahren wurden Medikamente eingesetzt, die die Abwehrreaktion des Körpers auf das Organ dämpfen konnten. Diese Medikamente werden als Immunsuppressiva bezeichnet. Ebenfalls in Boston wurde 1962 die erste Niere eines nichtverwandten Spenders transplantiert, der mit Immunsuppressiva behandelt wurde, sodass das Organ nicht abgestoßen wurde. Aber erst mit der Entwicklung des Medikaments *Cyclosporin* im Jahr 1982, das wesentlich effektiver die Immunabwehr unterdrückt als die Medikamente der 1960er Jahre, wurde die Transplantationsmedizin in allen Industrieländern in großem Maße ausgebaut (vgl. Schlich 1998a, 1998b; Bergmann 2004). Denn fortan war es möglich, nicht nur Transplantationen zwischen lebenden Menschen vorzunehmen, die genetisch verwandt waren. Mit der Einführung des Immunsuppressivums *Cyclosporins* kamen auch sogenannte emotional verwandte Angehörige, also Ehefrauen und Ehemänner und Freundinnen und Freunde für eine Lebendorganspende infrage. Durch die Immunsuppression konnten folglich immer mehr Organe transplantiert werden. Übereinstimmungen zwischen der spendenden und der empfangenden Seite wurden immer unbedeutender: »Difference is actively suppressed, allowing specific subpopulations to become ›same enough‹ for their members to be surgically disaggregated and their parts reincorporated« (Cohen 2002: 12).

Seit der rechtlichen Akzeptanz des Hirntodkonzepts in zahlreichen Verfassungen seit den 1980er Jahren werden Organe auch von Menschen entnommen, bei denen der Eintritt des Hirntods diagnostiziert wurde und die für die Erhaltung der zu explantierenden Organe noch künstlich beatmet werden (vgl. Lindemann 2002, 2003; Schneider 1999). Damit wurde auch die Entnahme von Leichenorganen, das heißt die sogenannte postmortale Spende ausgebaut.

Mit der breiten Einführung der Organtransplantation seit den 1980er Jahren hat sich das Konzept der Organ*spenderin* oder des Organ*spenders* durchgesetzt. In der Organspende wird damit ein veräußerbares Subjekt konstruiert, das freiwillig seine Organe verschenkt. Die altruistische Motivation, also der Rekurs auf die Geschenksemantik und soziologisch gesprochen auf die Gabe, bildet seitdem eine Grundannahme der Organtransplantation: »Transplantation has been defined by the medical profession and society as large as a ›gift of life‹ since the first human organ graft were performed« (Fox/Swazey 1992: 32).

Die Vorstellung, dass die Entscheidung für oder gegen die Entnahme von Organen auf Freiwilligkeit beruht und Organe als Gaben konzipiert werden, bildet in der Geschichte der Medizin allerdings ein Novum. Die britische Medizinhistorikerin Ruth Richardson schildert, dass menschliche Organe in England zwischen 1675 und 1725 zu medizinischen Zwecken auf einem Schwarzmarkt gehandelt wurden. Grabraub war eine gängige Praxis von Medizinern, um tote Menschenkörper zur Sektion zu gewinnen. Bis zum Ende des 19. Jahrhunderts wurden entweder Körper von Gefangenen und später Körper von zu Lebzeiten armen Menschen, die ihre Beerdigung nicht selbst bezahlen konnten, zu Zwecken der Anatomie oder Chirurgie verwendet (vgl. Richardson 1996; Bergmann 2004). Bis heute gibt es diese Praktiken in einigen Ländern.[14]

In den USA wurde im Jahr 1984 der *National Transplantation Act* verabschiedet, mit dem sichergestellt werden soll, dass mit Organen kein Handel getrieben wird. Organe sollen in keinem Fall verkauft, sondern nur als Spenden verschenkt werden. In zahlreichen Industrieländern traten in der Folgezeit Gesetze in Kraft, die die Transplantation von Organen regeln und den Modus der Gabe in der Organtransplantation gesetzlich verankern (vgl. Joralemon 2001). In Deutschland ist vergleichsweise spät, erst im Jahr 1997, das Transplantationsgesetz in Kraft getreten. Die im Gesetz verankerte Erweiterte Zustimmungsregelung sieht vor, dass die Entscheidung für

14 Zum Beispiel meldete das chinesische Gesundheitsministerium, dass zwei von drei Organen, die in China transplantiert werden, von Hingerichteten stammen (vgl. N.N. 2009).

oder gegen die Entnahme von Organen auf Freiwilligkeit beruht.[15] Es dürfen nur demjenigen Organe im Falle seines Hirntodes entnommen werden, der einen Organspenderausweis bei sich trägt oder dessen Angehörige die Organe zur Explantation freigeben.[16] Auch die Lebendorganspende soll frei von moralischen oder familiären Zwängen erfolgen. Ob die Entscheidung für eine Lebendorganspende tatsächlich auf Freiwilligkeit beruht, wird zudem durch eine Kommission geprüft (vgl. Fateh-Moghadam 2003; Wagner/Fateh-Moghadam 2005). Diese interdisziplinär zusammengesetzte Kommission beurteilt in einem Gutachten, ob die Lebendorganspende wirklich für beide Seiten vertretbar und freiwillig ist (vgl. Fateh-Moghadam et al. 2004a, 2004b). Tatsächlich muss auch die Empfängerin oder der Empfänger bereit sein, das Organ implantiert zu bekommen (vgl. Schneewind 2003). Ein Elternteil darf sein niereninsuffizientes Kind zum Beispiel nicht dazu zwingen, von ihm ein Organ anzunehmen. Auch das Nehmen basiert auf Freiwilligkeit. Die Praxis der Organtransplantation wird damit auch in Deutschland von einer »Kultur der Gabe« (van den Daele 2007: 127) gerahmt, wie sie zum Beispiel auch in den Bezeichnungen Organ*spender* und Organ*empfänger* anklingt.

---

15 Die Erweiterte Zustimmungsregel wird auch in Dänemark, der Schweiz, Großbritannien, Griechenland, den Niederlanden und in den USA praktiziert (vgl. Bundeszentrale für Gesundheitliche Aufklärung 2009).

16 In der DDR und ab 1989 in den neuen Bundesländern galt bis zur Verabschiedung des Transplantationsgesetzes 1997 die Widerspruchsregelung. Diese sieht vor, dass allen Menschen Organe entnommen werden, wenn sie einen Hirntod erfahren haben, es sei denn, sie haben zu Lebzeiten Widerspruch dagegen eingelegt. Seit 1997 gilt im ganzen Bundesgebiet die Erweiterte Zustimmungslösung (vgl. Großkopf 1998). Die Widerspruchslösung wird derzeit als vielversprechende Option betrachtet, den Organmangel zu reduzieren. Sie ist derzeit in Italien, Slowenien, Spanien, Tschechien, Ungarn, Portugal, Österreich und Luxemburg gültig. Ein Einspruchsrecht der Angehörigen im Rahmen der Widerspruchsregelung ist zudem in Belgien, Finnland und Norwegen gesetzlich verankert (vgl. Bundeszentrale für Gesundheitliche Aufklärung 2009).

3 DIE GABE ALS »CULTURAL SUPPRESSANT« (JORALEMON)

Der Rekurs auf die Gabe in der Organtransplantation wird allerdings auch als Verschleierungstaktik kritisiert, die werbestrategisch eingesetzt wird, um der Organgewinnung zu dienen. Dieses Argument vertritt zum Beispiel Werner Schneider, der die Semantik der Gabe in Bezug auf postmortale Spenden als unangebracht bewertet (vgl. Schneider 1999). Ein Mensch kann zwar zu Lebzeiten bekunden, dass er oder sie bereit ist, Organe zu verschenken. Die reale Umsetzung erfolgt jedoch erst im Falle des Hirntodes der oder des Gebenden. Die Gabe kann also nur eine virtuelle sein.[17] Die Semantik der Gabe verschleiert, so auch die US-amerikanische Anthropologin Emiko Ohnuki-Tierney (1994), dass die Person, der Organe entnommen werden sollen, nicht mehr aktiv entscheiden kann, ob sie ihre Organe verschenken will oder nicht, da sie bereits hirntot ist. Diese Entscheidung wird zudem durch die Semantik der Gabe beeinträchtigt, da sie die Organspende moralisch überhöht. Dies zeigt sich an der Entscheidung für oder gegen einen Organspenderausweis. Die Person, die einen Organspenderausweis ausfüllt, ist auf einer moralisch höheren Position als die Person, die sich gegen den Ausweis entscheidet. Der Rekurs auf die Gabe erscheint als Strategie, Organtransplantationen »möglichst konfliktfrei kulturell einzupassen«, so ein Einwand von Imme Petersen (2009: 296). Die Gabe und mit ihr die altruistische Fundierung der Organspende schafft eine Möglichkeit der Identifikation für zukünftige Organspender und Spenderinnen. Widersprüchlicherweise wird aber gleichzeitig in einem ökonomischen Diskurs der Mangel ausgedrückt, der den Bedarf der Patientinnen und Patienten zum Ausdruck bringt (ebd., 2002). Ähnlich wie die Immunsuppression beim transplantierten Körper, so der US-amerikanische Anthropologe Donald Joralemon, unterdrückt der Rekurs auf die Gabe als »cultural suppressant« das Unbehagen über den funktionalistischen Blick der naturwissenschaftlichen Medizin auf den Körper (1995: 336). Diese Untersuchung verfolgt allerdings nicht das Ziel, den ideologischen Gehalt der Gabe in der Organspende zu entlarven. Vielmehr werden die Rede vom

17 Mit der Begründung, dass der Begriff Organspende den Begriff der Spende pervertiert und damit ein verzerrtes Bild von Solidarität schafft, wurde der Begriff 1997 sogar als Unwort des Jahres nominiert (vgl. Schlosser 1998).

Organmangel und seine Bezüge zur Gabe als *Wahrheitsprogramm* ernst genommen und sollen entziffert werden.

Im Zusammenhang mit den eben skizzierten Einwänden wird des Weiteren kritisiert, dass in der Organspende eine Gemeinschaftlichkeit konstruiert wird, etwa wenn argumentiert wird, dass eine Gemeinschaft über eine zu geringe Anzahl an Organen verfügt. Wie Schneider ausführt, ist hierbei eine widersprüchliche »Solidaritätsverpflichtung« entstanden:

»Der Effekt dieser semantischen Kontextualisierung der Organspende läuft also darauf hinaus, daß sich der als potentieller Organspender Angesprochene in einer diskursiv erzeugten Solidaritätsverpflichtung gegenüber der Gemeinschaft (der Gesunden und Kranken) wiederfindet, ohne dass das ›Versprechen auf Gemeinschaft‹ realiter eingelöst werden kann« (Schneider 1999: 273).

Tatsächlich erfolgt die postmortale Spende anonym, und die Gemeinschaft taucht im Spendeakt für den Spendenden nicht auf. Dies wird auch von Angehörigen von Hirntoten beklagt, die Organe spenden ließen (vgl. Kalitzkus 2003). Im Anschluss an Benedict Anderson (1998) lässt sich eine Organspende jedoch als eine Praktik bezeichnen, die eine vorgestellte Gemeinschaft mitkonstituiert. Anderson definierte Nationen als vorgestellte und begrenzte politische Gemeinschaften, womit er das Phänomen benannte, dass jeder Mensch in der Regel eine Vorstellung von der nationalen Gemeinschaft hat, der er zugehört, auch wenn er nur sehr wenige Angehörige dieser Gemeinschaft kennt oder jemals kennen lernen wird. Im Anschluss an Anderson beschreiben Catherine Waldby und Robert Mitchell die Blutspende als ein »exemplary act of imagined community [...], a gift of health to an unknown other with whom one has nothing in common other than the shared space of the nation« (2006: 4). Wenn Menschen sich dafür entscheiden, Teile oder Substanzen ihres Körpers zu spenden, so tun sie das, weil sie sich mit einer Gemeinschaft identifizieren: »people donate because they identify themselves as included in the common fate of the nation« (ebd.: 21). Mit dem Aufkommen und der Verdichtung von globalen Märkten lässt sich jedoch nicht mehr nur von Nationalstaaten ausgehen (vgl. Urry 2000). Mit der Struktur des *Eurotransplant*-Verbundes, der sich nicht nur über Deutschland, sondern auch über Belgien, die Niederlande, Luxemburg, Österreich, Slowenien und Kroatien erstreckt, wird auch vielmehr eine ›Gemeinschaft der Nachbarländer‹ vorgestellt.

Wer verhandelt den Organmangel?

In den USA wird seit den 1980er Jahren eine intensive Debatte darüber geführt, wie Organtransplantationen ausgeweitet werden können (vgl. Motakef 2010c). Diese Debatte findet seit Mitte der 1990er Jahre auch in Deutschland statt. Spätestens seit Verabschiedung des Transplantationsgesetzes hat sie in der Fachöffentlichkeit ihren festen Ort. Dort wird intensiv darüber debattiert, wie der Mangel an Organspenden behoben werden kann. Seit weniger als drei Jahren wird der Organmangel darüber hinaus auch in einer breiten Öffentlichkeit diskutiert.[18]

Diese fachöffentliche Debatte wird nicht nur innerhalb der Medizin oder der Nephrologie, der Nierenheilkunde, geführt. In die Auseinandersetzung um die Organspende sind zudem Vertreterinnen und Vertreter zahlreicher Wissenschaftskulturen getreten: Sie stammen insbesondere aus der Bioethik, aber auch aus der Theologie, der Medizinanthropologie sowie aus den Wirtschafts- und den Gesundheitswissenschaften. In dieser fachöffentlichen Debatte wird hauptsächlich die Regelung der Organspende für den Mangel an Organen verantwortlich gemacht. In der Kritik steht insbesondere der Modus der Gabe, der als ineffizient bezeichnet wird. Denn charakteristisch für ein Geschenk ist, dass es sich nicht einfordern lässt. Eine Organspende wird Patientinnen und Patienten jedoch als etwas vermittelt, was sie benötigen. Es werden alternative Modelle zur Behebung dieses Mangels gefordert, wie insbesondere die Einführung der Widerspruchslösung, darüber hinaus jedoch auch die Ausweitung der Lebendorganspende,

18 Darum bemüht sich vor allem der *Deutsche Ethikrat*, der bis Februar 2007 noch *Nationaler Ethikrat* hieß. Viel Kritik erhielt er zunächst für eine Stellungnahme (2007), in der er ein alternatives Modell zum Transplantationsgesetz vorstellte, in dem er Elemente einer Erklärungsregelung mit Elementen einer Widerspruchsregelung verband. Ins Zentrum der politischen Öffentlichkeit gelangte der Organmangel durch den SPD-Politiker Frank-Walter Steinmeyer im August 2010. Er erklärte, dass er aufgrund des Mangels an Alternativen seiner Frau eine Niere spenden wird. Seitdem werden parteiübergreifend neue Regelungen wie eine Äußerungspflicht oder ein Eintrag in den Führerschein debattiert, auch die erst abgelehnte Regelung des *Ethikrates* wird wieder erwogen.

die Legalisierung von Organclubs nach US-amerikanischem Vorbild oder sogar ein staatlich regulierter Organhandel.

Dass diese Debatte nicht ausschließlich innerhalb der Medizin geführt wird, ist typisch für die gegenwärtige Entwicklung der naturwissenschaftlich fundierten Medizin insgesamt. Medizinisches Handeln galt jahrhundertelang als darauf gerichtet, Heilungsprozesse in Gang zu setzen – *natura sanat, medicus curat.* Mit den Fortschritten der Transplantationsmedizin lassen sich dagegen heute menschliche Körper nicht mehr nur heilen. Die Transplantationsmedizin stellt vielmehr den Körper des Menschen neu her. Sie wechselt ein dysfunktionales Organ aus (vgl. Rabinow 2004; Rheinberger 1996). Die Eingriffsmöglichkeiten der Medizin und damit verbunden die wachsenden Möglichkeiten der Verfügbarkeit über den menschlichen Körper werfen Fragen auf, die nicht nur das medizinische Handeln betreffen. Wie Irmhild Saake und Armin Nassehi ausführen, ist es der Fortschritt der Medizin und der Biowissenschaften selbst, der für »Entscheidungslagen gesorgt hat, die sich ihren eigenen Wissensroutinen entziehen« (Saake/Nassehi 2004: 123). Vor diesem Hintergrund halten andere Wissensformen Einzug, wie etwa die Bioethik, um die dominanteste Wissensform im medizinischen Feld zu nennen (vgl. Saake/Nassehi 2004; Nassehi 2008).

4 BIOETHIK VERSUS BIOPOLITIK?

Die Bioethik zieht ihre Legitimation aus der Annahme, dass das moralische Nachdenken und Urteilen keine Kompetenz ist, die jedem zukommt. Vielmehr wird davon ausgegangen, dass die Fragen, mit denen sich die Bioethik auseinandersetzt, das »moralische Alltagsbewusstsein« überfordern (Düwell/Steigleder 2003: 29). Die Bioethik will dabei in der Regel weder kritisch über die Medizin reflektieren noch korrigierend auf sie einwirken. Sie tritt auch nicht in Distanz zur Medizin, vielmehr teilt sie ihren wissenschaftlichen Hintergrund (vgl. Manzei 2007). Die Bioethik wird u.a. auch aus diesem Grund stark kritisiert. Zum einen werden bereits seit den 1980er Jahren Einwände aus der Soziologie erhoben. Renée Fox (1989) machte etwa darauf aufmerksam, dass in der Bioethik suggeriert wird, Entscheidungen für oder gegen medizinische Eingriffe seien Verträge zwischen autonomen Individuen. Hierbei werden jedoch die sozialen Kontexte der Patientinnen und Patienten, aber auch des medizinischen Personals vernachlässigt. Aus feministisch-soziologischer Perspektive wurde problematisiert, dass in der Ethik ein autonomer, gesunder, finanziell unabhängiger, weißer und männlicher Bürger imaginiert und als Ausgangspunkt moralphilosophischer Überlegungen gesetzt wird (vgl. O'Neill 1996). Robert Zussman (1992) kritisierte des Weiteren, dass die Medizinethik die Frage fokussiert, wie Entscheidungen gefällt werden sollen. Wie Entscheidungen jedoch faktisch getroffen werden, bleibt in der Regel unberücksichtigt.

Doch nicht nur von außen, von der Soziologie, sondern auch innerhalb der Ethik, das heißt vor allem insbesondere der Medizinethik, wurde und wird Unbehagen an der Praxis (bio-)ethischen Forschens zum Ausdruck gebracht. Zu häufig würden theoretische Prinzipien der Praxis übergestülpt. Die Bioethik sei zu abstrakt, nicht durchführbar und würde konkreten Situationen nicht gerecht (vgl. Musschenga 2009). Mit dem neuen Forschungsprogramm der Empirischen Ethik reagieren Autorinnen und Autoren auf diese externen und internen Einwände und begründen eine praxisorientierte Wende (vgl. ebd.; Schicktanz/Schildmann 2009). In der Empirischen Ethik wird intensiv debattiert, wie empirische Ergebnisse als Begründungen für moralische Prinzipien angeführt werden sollten (vgl. Schicktanz 2009) und mehr Kontextsensitivität erreicht werden kann (vgl. Krones 2008). Zudem werden Überlegungen angestellt, wie ›gute Bio- und Medizinethik‹ angeleitet werden könnte (vgl. Krones 2009). Die Soziologinnen Sigrid Graumann und Gesa Lindemann resümieren, dass es mittlerweile unstrittig sein dürfte, dass im »akademischen Elfenbeinturm« keine ethischen Lösungen für klinische Fälle erarbeitet werden können, die einfach auf die Praxis übertragen werden (2009: 236).

Da in dieser Arbeit eine biopolitische Perspektive eingenommen wird, soll im Folgenden und trotz der erfreulichen Entwicklungen innerhalb der Bio- und Medizinethik der Fokus auf jene spezifischen Kritiken gelegt werden, die an Foucault anschließen. Worin besteht folglich die spezifisch biopolitische Kritik an der Bioethik und worin besteht ihr Potential? Ein zentraler Kritikpunkt lautet, dass Fragen der sozialen Genese von Krankheiten und Bedürfnissen von Patientinnen und Patienten ausgeblendet werden. Dadurch wird auch kein Raum für alternative Deutungen eröffnet (vgl. Manzei 2007). Problematisch scheint des Weiteren ihre häufig »technikdeterministische Ausgangsposition« (Lettow 2009: 90): Demzufolge verursacht die Apparatemedizin politische und ethische Probleme, für die herkömmliche Moralvorstellungen nicht mehr ausreichend sind (ebd.). Damit klammert sie sich allerdings selbst als Akteurin und Produzentin von Wissen aus und formuliert eine scheinbar objektiv-philosophisch fundierte Position. Aus dem Blick geraten jedoch die Herrschafts- und Machtverhältnisse, die auch die Produktion von medizinischem und bioethischem Wissen konstituiert (ebd.; Gehring 2006; Lemke 2007b; Wehling 2008). Der skandalisierte Organmangel wird zum Beispiel nicht als Deutungsmuster problematisiert, vielmehr wird der zahlenmäßige Ist-Zustand als Problem formuliert, das gelöst werden muss. Die »analytische Beschreibungsarbeit« fehlt (Gehring 2006: 8). Statt »Vorüberlegungen zum Problem« (ebd.) zu entwickeln, verengt der bioethische Fokus das Gegebene in der Regel auf die Frage: Was sollen wir im besten Sinne des Patienten und der Patientin tun? In Petra Gehrings Worten: »Nicht die neue Wirklichkeit wird reflektiert, etwa die historische Wünschbarkeit oder Gewolltheit einer Technologie, sondern der richtige Umgang mit den Möglichkeiten, die die Technologie freisetzt« (ebd.: 112).

Des Weiteren folgen bioethische Debatten häufig einer Logik der Kontroverse (ebd.). So wird, um im Beispiel der Organspende zu bleiben, gefragt, ob Patientinnen und Patienten Organe kaufen dürfen sollten oder nicht, ob die Lebendorganspende ausgeweitet oder die Widerspruchsregelung eingeführt werden sollte. Entweder wird eine Position befürwortet oder sie wird verworfen. Mit der »Monopolstellung der Ethik« (ebd.: 8) in medizinischen Fragen verfestigt sich damit eine bestimmte Perspektive auf die Technologie: Es ist die zentrale Differenzierung zwischen »verboten« und »erlaubt« zur Bewertung eines Ist-Zustandes (ebd.).

Die soziologisch-empirische und damit auch die medizinanthropologische Perspektive auf Organspende setzen dagegen zentrale Impulse. Denn mit dieser Perspektive lassen sich körperlich-leibliche Erfahrungsdimensionen von Individuen erforschen (vgl. van den Daele 2005). Im Kontext der Organtransplantation verfolgten dies in jüngster Zeit und wie im Folgenden noch deutlich wird vor allem Autorinnen und Autoren der Medizinanthropologie. Darüber hinaus wird es auch möglich, die Problemwahrnehmungen, das heißt die Deutungsmuster im Umgang mit dem menschlichen Körper zu untersuchen, die im Zuge der bioethischen Perspektive und ihrem Fokus auf den Ist-Zustand aus dem Blick geraten (vgl. Wehling 2008). Eine Perspektive, die die Deutungsmuster und Problemwahrnehmungen im Umgang mit dem menschlichen Körper ins Zentrum der Analyse stellt, hat zum Beispiel Michel Foucault unter dem Stichwort der Biopolitik formuliert.

Biopolitik bezeichnet für Foucault eine Form der Machtausübung, die sich mit dem Leben und dem Lebendigen befasst. Biopolitik markiert für ihn den »Eintritt der Phänomene, die dem Leben der menschlichen Gattung eigen sind, in die Ordnung des Wissens und der Macht, in das Feld der politischen Techniken« (Foucault 1983: 169). Sie unterscheidet sich von anderen Machtformen darin, dass sie nicht auf Unterdrückung und Vernichtung abzielt, sondern auf die Optimierung und Funktionssteigerung der Körper der Subjekte. Hierin besteht die anhaltende Aktualität des Foucault'schen Modells. Wenn ich Organspende unter dem Stichwort der Biopolitik untersuche, bedeutet dies zunächst, dass auch mit Organspenden Lebensprozesse optimiert werden sollen: Es soll Leben verlängert und damit der Tod hinausgeschoben werden.

Der Begriff der Biopolitik verweist auf eine hundertjährige Geschichte, und trotz der Konjunktur, die er gegenwärtig erfährt, ist er weiterhin wenig konturiert (vgl. Lemke 2007a). Auch Foucault hat ihn in seinem Werk uneindeutig verwendet, u.a. auch, da er kein konsistentes Konzept vom Leben bzw. dem Lebendigen vorgelegt hat (vgl. Muhle 2008). Die soziologische Analyse von biopolitischen Fragen ist zudem nicht institutionell verankert. Im Gegenteil muss konstatiert werden, dass sich die Sozialwissenschaften aus biopolitischen Debatten in jüngster Zeit eher herausgehalten haben. Der Soziologe Wolfgang van den Daele, der auch langjähriges Mitglied des früheren *Nationalen Ethikrates* war, erörtert den spezifisch soziologischen Beitrag zu biopolitischen Fragen: »Soziologische Aufklärung zur Biopolitik bestünde [...] darin, sich durch empirische Beobachtung der Wirklichkeit der Gesellschaft in den Konflikt über biopolitische Regulierungen einzumischen« (2005: 8f.).

Der soziologische Beitrag liegt für van den Daele damit insbesondere in der auf empirischen Daten gestützten Infragestellung von Folgeszenarien (ebd.: 9). Peter Wehling würdigt zunächst den »eigenständigen soziologischen Beitrag« zur Biopolitik, den van den Daele formuliert (Wehling 2008: 250). In van den Daeles Entwurf verkommt die Soziologie jedoch zu einer »empirischen Hilfswissenschaft der Bioethik«, so Wehling (ebd.: 255). Die Regulierungsperspektive, das heißt die Frage nach der Machbarkeit der Technologie, die van den Daele betont, suggeriert, dass mit objektiven Kategorien gearbeitet wird. Zudem ignoriert sie gesellschaftliche Definitionsprozesse (ebd.). Van den Daele entgegnet u.a., dass die »Arenen der institutionellen Bioethik [...] keineswegs so eng« sind, wie es die Soziologen fälschlicherweise unterstellen (2009: 54). Auch aus der Bioethik und vor allem der Empirischen Medizinethik werden kritische Einsprüche erhoben, die nicht einzig die Behebung des Organmangels im Blick haben und auf eine Perspektivenerweiterung drängen. Zudem ist vor allem mit Blick auf englischsprachige Arbeitszusammenhänge zu biopolitischen Fragen, wie etwa das von Nikolas Rose und Sara Franklin geführte *Centre for the Study of Bioscience, Biomedicine, Biotechnology and Society* (BIOS) der *London School of Economics* auffällig, dass die Trennung einer an der Regulierungsperspektive orientierten Bioethik und einer an Empirie orientierten kritischen Sozialforschung zu biopolitischen Fragen faktisch nicht aufrechtzuerhalten ist.

5 (BIOPOLITISCHE) KRITIK DER ORGANSPENDE

Anlass zu Verwunderung gibt allerdings nicht nur die Trennung in ein einerseits unkritisches bioethisches und andererseits kritisches biopolitisches Forschungsprogramm. Eine biopolitische Perspektive scheint, wenn man den bereits genannten Autorinnen und Autoren folgt, eine kritische Haltung geradezu automatisch einzuschließen. Auch dies irritiert, da die Benennung von Maßstäben für Kritik ausbleibt. Die Frage nach der Kritikfähigkeit von biopolitischen Perspektiven ist kaum zum Gegenstand elaborierter Forschungen geworden (vgl. Wehling 2008; van den Daele 2009). Worin können folglich Ansätze einer kritischen Forschungspraxis zu biopolitischen Fragen bestehen?

In seinem viel zitierten Vortrag *Was ist Kritik?* schlägt Foucault vor, Kritik als eine Praxis zu verstehen, »nicht dermaßen regiert zu werden« (1992: 12). Mit dem Begriff der Regierung stellte sich Foucault die Frage, wie es der Macht gelingt, Teil des Handelns der Subjekte zu werden. Regieren heißt vor diesem Hintergrund, »das mögliche Handlungsfeld anderer zu strukturieren« (ebd). Wie kann folglich vom Regierungsbegriff ausgehend Kritik entfaltet werden? Für Foucault besteht die Aufgabe der Kritik nicht darin, eine Bewertung vorzunehmen, wie es der Bioethik vorgeworfen wird, vielmehr soll Kritik das »System der Bewertung« selbst herausarbeiten (ebd.). Wenn Foucault davon spricht, nicht derart regiert zu werden, impliziert er damit nicht die Möglichkeit einer radikalen Anarchie (vgl. Butler 2001). Denn wie auch Judith Butler darlegt, geht es ihm nicht darum, wie man radikal unregierbar wird. Vielmehr geht es um eine Beziehung zu einer Form des Regierens. Er fragt: »Wie ist es möglich, daß man nicht derartig, im Namen dieser Prinzipien da, zu solchen Zwecken und mit solchen Verfahren regiert wird – dass man nicht so und nicht dafür und nicht von denen da regiert wird?« (1992: 11f.). Damit differenziert Foucault zwischen Regierung und Regierungsintensivierung. Die durch die Regierung bezeichneten Apparate dringen in die Praktiken der Regierten, ihre Wissensweisen und Seinsweisen ein. Regiert werden heißt damit, dass Individuen nicht eine Existenz aufgezwungen wird, sondern dass Bedingungen vorstrukturieren, welche Existenzen möglich sind und welche nicht. Kritik lässt sich dann als jene Praxis fassen, in der Subjekte die Bedingungen für ihre Existenz infrage stellen. In Foucaults Worten:

»Wenn es sich bei der Regierungsintensivierung darum handelt, in einer sozialen Praxis die Individuen zu unterwerfen – und zwar durch Machtmechanismen, die sich auf Wahrheit berufen, dann würde ich sagen, ist die Kritik die Bewegung, in welcher das Subjekt sich das Recht herausnimmt, die Wahrheit auf ihre Machteffekte hin zu befragen und die Macht auf diese Wahrheitsdiskurse hin« (ebd.: 15).

Vermutlich ist es ein Verdienst Foucaults, dass sein Vortrag viel mehr Fragen aufwirft, als er zu beantworten scheint. An dieser Stelle soll jedoch keine fundierte Diskussion zu den Möglichkeiten der Kritik im Anschluss an Foucault folgen. Es soll jedoch deutlich gemacht werden, dass mit der Perspektive des Regierens Prozesse der Subjektivierung in den Blick genommen werden können. Damit lassen sich biopolitische Phänomene nicht einfach nur auf unseren Umgang mit unserem Körper beschränken. Vielmehr wird problematisiert, welche Moralvorstellungen und Normen, die unser Handeln anleiten, mit den Technologien wirkmächtig werden und wie Subjektivierung sich somatisch verändert. Am Beispiel der Organspende lässt sich dies aufzeigen: Im Diskurs des Organmangels ist der Vorschlag zu finden, es sollte ein Organclub legalisiert werden. In diesen Aussagen werden Individuen als Clubmitglieder konstruiert, die ihre Organe als Clubgüter veräußern. Während bisher bei der Organspende davon ausgegangen wurde, dass Individuen als *Gutmenschen* ihre Organe in *Akten der Nächstenliebe* aus *Fürsorge* verschenken, tritt die *Vorsorge* ins Zentrum. Jeder und jede soll durch eine Clubmitgliedschaft sich präventiv darum kümmern dürfen, ein Spenderorgan zur Verfügung zu haben. In einem weiteren Vorschlag wird ein Organverkäufer produziert, der autonom und rational seine Organe wie Waren veräußert. Argumente gegen den Organhandel gelten hier als paternalistisch. Wie diese wenigen Beispiele deutlich machen, verändert sich in diesem Diskurs nicht nur die Art und Weise der Regelung der Organtransplantation. Vielmehr steht die Art und Weise der Verfügbarkeit unserer Körper und der Veräußerbarkeit der Subjekte auf dem Spiel. Während die Bioethik in der Regel nach äußeren Kriterien sucht, ab wann eine Technologie gerechtfertigt ist, lässt sich mit der biopolitischen Perspektive Foucaults nachzeichnen, *wie* somatische Subjektivität transformiert wird. Anstatt der Bioethik ihre Dominanz vorzuwerfen und ihr Naivität zu bezeugen, soll hier allerdings vielmehr das Schweigen der Soziologie konstatiert werden, das auch für die denkwürdige Entpolitisierung biopolitischer Themen mitverantwortlich ist.

Das kritische Forschungsprogramm, das diese Untersuchung verfolgt, besteht damit darin, Organspende ihrer Selbstverständlichkeit zu entreißen und mit Blick auf Subjektivierungsprozesse die Ambivalenzen und Widersprüche des Feldes aufzuzeigen. Intendiert ist damit eine soziologische Aufklärung, die eine Perspektivenvielfalt präferiert und die die Gleichsetzung von einer Aufklärung über Organspende mit dem positiven Bekenntnis zu Organspende mit einem Fragezeichen versieht. Damit ist es das ausgewiesene Anliegen der Arbeit, einen Beitrag zu einer Re-Politisierung der Organspende zu leisten.

Thesen und Überblick über die einzelnen Schritte

Vor dem Hintergrund dieser Ausführungen entfalte ich die Argumentation, dass das Sprechen über den Organmangel keine neutrale Praxis bildet. Vielmehr lassen sich die Aussagen, die über den Organmangel getroffen werden, als diskursive Praxis beschreiben. Diskurs definiere ich im Anschluss an Michel Foucault als eine machtvolle und historisch spezifische Form der Konstitution des Wissens, zu der immer auch eine Praxis und eine Materialität gehören. Der Diskurs beschränkt sich damit nicht auf die sprachliche Ebene von Aussagen. Foucault fragte vielmehr, wie es dazu kommt, dass Aussagen wahr werden, und wie sich diese Aussagen materialisieren. Damit wird im Folgenden die diskursive Produktion des Organmangels rekonstruiert.

Mit dem ebenfalls an Foucault angelehnten weiten Regierungsbegriff wird die Argumentation entfaltet, dass Individuen im Diskurs der Organspende bestimmte Handlungen an ihren Körpern nahegelegt werden. Zu diesen Handlungen werden sie nicht gezwungen, sie werden ihnen allerdings als moralisch angemessene Handlungen vermittelt. Im Anschluss an den Begriff der Regierung und Louis Althussers Begriff der Anrufung (*Interpellation*) entfalte ich die *These*, dass die Konzeptionen von Organen im Diskurs des Organmangels, wie zum Beispiel als Gaben, Clubgüter oder Waren, auf spezifische Programme verweisen, die Individuen auf vielfältige Weise als veräußerbare Subjekte anrufen. Im Diskurs des Organmangels wird Wissen über verfügbare Körper und deren Teile hergestellt, das erstens den Individuen ein spezifisches Verhältnis zu ihren Körpern nahelegt und das zweitens mit spezifischen gesellschaftlichen Verhältnissen zu den Körpern der Individuen korrespondiert. Der Diskurs des Organmangels lässt sich damit als Ort *biopolitischen Regierens* in den Blick nehmen, in dem Individuen als veräußerbare und als gebende Subjekte angesprochen werden.

Organspende im Allgemeinen und der Organmangel im Besonderen bezeichnen Forschungsgebiete, die vor allem von der Bioethik und der Medizin vorstrukturiert wurden. Um mich in einem Forschungsgebiet zu bewegen, das mit Ausnahme des Hirntodkonzeptes weitgehend aus dem soziologischen Blickfeld geraten ist, wurde es notwendig, zunächst geeignete Kategorien für die Analyse zu finden. Diese bilden Körper, Gaben sowie der weite Regierungsbegriff Foucaults. Sie werden im zweiten Kapitel erarbeitet. Ich führe in die Soziologie der Körper, der Gabe sowie der Auseinandersetzung mit Foucaults Regierungsbegriff ein und diskutiere sie im Hinblick auf Probleme der Organspende.

Im dritten Kapitel werden zunächst das methodische Vorgehen vorgestellt und die Vorzüge und Grenzen der Methodik diskutiert. Darauf folgt die Diskursanalyse des Organmangels. Die vorgeschlagenen alternativen Regelungen der Organspende werden als Programme gefasst und die den Programmen inhärenten Konstruktionen von Körperteilen und Subjektformen offengelegt. Hierbei argumentiere ich, dass die Gabe im Diskurs des Organmangels nicht an Bedeutung verliert, sondern reformuliert wird. Damit verbunden ändert sich auch die Art und Weise, wie Individuen als veräußerbare Subjekte angerufen werden.

Während ich im dritten Kapitel gefragt habe, welche Regierungsprogramme entworfen werden und damit auch, wie sich die Anrufungen als Organspenderinnen und als Organspender verändern, wird im vierten Kapitel der Blick darauf gerichtet, wer die Anrufungen annimmt. Im Zentrum steht folglich die Frage, wer spendet. Aus dem vorliegenden Forschungsstand zur Organspendebereitschaft werden Unterschiede nach Geschlecht und Ethnizität referiert. Vor dem Hintergrund geschlechter- und gabensoziologischer Ansätze sowie einer rassismuskritischen Gesundheitsforschung werden die Befunde und die Gründe für die Unterschiede in der Spendenbereitschaft diskutiert. Abschließend werden im fünften Kapitel die wichtigsten Ergebnisse zusammengefasst.

Danke

Wer die Praxis der Organspende hinterfragt, macht sich verdächtig und muss sich rechtfertigen: Wo ist der wissenschaftliche Mehrwert, den Organmangel als eine soziale Konstruktion zu beschreiben? Ist diese Perspektive nicht sogar zynisch, schließlich kann er für zahlreiche Menschen auf der Warteliste den Tod bedeuten? Kann die soziologische Befragung auch einen Schaden anrichten? Sollten Soziologinnen und Soziologen hier nicht besser der Medizin das Feld überlassen? Oder ist der Versuch einer soziologischen Aufklärung über Organspende nicht ohnehin nur ein intellektuelles Spiel?

Mein Unbehagen, das mit diesen und ähnlichen Fragen zusammenhängt, aber auch meine Faszination für das Thema sowie die »Lust des Herzens in der Erkenntnis der Dinge« (Al Ghasali) konnte ich mit vielen Menschen teilen. Mit ihnen habe ich meine Fragen, Thesen und Argumente entwickelt und geschärft. Sie haben meinen Forschungsprozess bereichert, beschleunigt und mitbestimmt, genauso wie sie ihn produktiv irritiert und entschleunigt haben. Sie haben all jenes getan, was nüchtern als Mitgestalten bezeichnet wird, was sich im Forschungsprozess jedoch als weitaus Wesentlicher, eben als essentiell, erweist.

Ich bedanke mich bei Prof. Ilse Dröge Modelmog (Oldenburg), die mein Interesse an der Gabe, am Körper und an Subjekttheorien entfachte und die uns die Möglichkeit einer gemeinsamen intensiven Lektürearbeit bot. Des Weiteren bedanke ich mich bei Prof. Wolfgang Nitsch (Oldenburg), der mich u.a. mit empirischen Problemen der Diskurs- und Gouvernementalitätsforschung vertraut machte. Bei Prof. Doris Janshen (Essen) bedanke ich mich dafür, dass sie mir einen Zugang zu interdisziplinären Fragen im Allgemeinen und zur Transplantationsmedizin im Besonderen verschaffte. Durch meine Beschäftigung am Essener Kolleg für Geschlechterforschung, dass sie bis zu ihrem Tod im Februar 2009 leitete, konnte ich mein Forschungsprojekt realisieren. Prof. Thomas Philipp (Essen) und sein Team gaben mir die Möglichkeit, in der Transplantationsambulanz Essen zu hospitierten. Alles was ich über Nephrologie weiß, habe ich von ihm, seinen Patientinnen und Patienten sowie von Prof. Petra Thürmann (Witten-Herdeke) gelernt. Dafür herzlichen Dank.

Zahlreiche inhaltliche und forschungspraktische Anregungen sowie Durchhaltevermögen und Motivation in Durststrecken schenkten mir die Teilnehmerinnen und Teilnehmer des Forschungskolloquiums des Essener Kollegs für Geschlechterforschung der Universität Duisburg-Essen. Gleiches gilt für das Forschungskolloquium des Lehrstuhls von Paula-Irene Villa an der Ludwig-Maximilians-Universität München.

Prof. Paula-Irene Villa (München) gilt hier mein besonderer Dank, nicht nur weil sie die Erstbetreuerin meiner Arbeit war. Mit ihrer herzlich-pragmatischen Art half sie mir aus der einen oder anderen theoretisch-methodischen Sackgasse. Zudem bedanke ich mich bei Prof. Armin Nassehi (München) für seine Bereitschaft, ein Zweitgutachten zu schreiben, und dafür, dass er mir spontan und unbürokratisch half, größere administrative Probleme zu lösen.

Insbesondere bei Dr. Christine Wimbauer, aber auch bei Anke Spura und Markus Gottwald (Berlin), in deren Team ich seit Abgabe der Dissertation am Wissenschaftszentrum Berlin für Sozialforschung arbeite, bedanke ich mich für ihre Unterstützung für die vielen Arbeiten, die erst anfallen, wenn die Dissertationsschrift abgegeben ist. Mein Dank gilt des Weiteren Stephan Fürstenberg (Zürich), Zarah Pfeiffer (München), Esther Knoth (Witten), Ute Wicke (Bremen) und Diana Lengersdorf (Dortmund) für ihre sehr instruktiven Kommentare zu meinem Manuskript sowie PD Dr. Oliver Decker (Leipzig) und Sabine Wöhlke (Göttingen) für den Austausch über Organspende. Bei der Herausgeberinnen Prof. Gabriele Klein (Hamburg) und Prof. Martina Löw (Darmstadt) sowie dem Herausgeber Prof. Michael Meuser (Dortmund) bedanke ich mich für die Aufnahme meiner Arbeit in ihre *Materialitäten*-Reihe. Des Weiteren gilt mein Dank Michael Volkmer, Jörg Burkhard und Kai Reinhardt vom *transcript*-Verlag. Ihnen verdanke ich nicht nur den endgültigen Titel meiner Arbeit. Sie haben es möglich gemacht, dass meine Arbeit zeitnah erscheint.

Unbegrenzte Unterstützung in jeder denkbaren Weise erhielt ich von meiner Familie, insbesondere von meinen Eltern Renate M. und Ali Motakef sowie von meiner Schwester Mitra und ihrer Familie. Auch meinen Freundinnen und Freunden gilt mein großer Dank. Des Weiteren danke ich Hans-Hermann und Gesine Mammen für ihr Vertrauen und ihre Unterstützung. *Last, but not least* danke ich Jörn Mammen, der nun (unfreiwillig) eine Ethnographie über die praktische Durchführung von Dissertationen erstellen könnte.

Berlin und Bremen, 18. Dezember 2010

II Körper, Gabe, Regierung. Überlegungen zu einer Soziologie der Organspende

Im Folgenden wird der Erklärungsrahmen eröffnet, in dem sich die Fragestellung der Arbeit verortet. Wie deutlich wird, erweist sich der soziologische Forschungsstand zur Organspende zunächst als nur bedingt hilfreich. Zwar liegen sehr elaborierte Arbeiten vor, die das Thema der Organspende berühren. Sie behandeln allerdings in der Regel den Hirntod und sind damit für die vorliegende Studie nur von nachrangiger Bedeutung. Folglich werden in diesem Kapitel die Werkzeuge der Analyse erst entwickelt, die die Diskursanalyse im nächsten Kapitel anleiten. Die Analysewerkzeuge werden aus dem Forschungsstand der Soziologie der Körper, der soziologischen Gabenforschung sowie dem Regierungsbegriff aus dem Umfeld der Gouvernementalitätsforschung extrahiert. Somit ergibt sich in diesem Abschnitt die Herausforderung, erstens eine soziologische Perspektive auf den verfügbaren Körper und den Körper in Teilen, zweitens auf Ökonomien der Gabe in der Organspende und drittens auf biopolitisches Regieren in der Organspende zu entwickeln. Dazu wird es teilweise auch nötig, den Fokus auf Organspende und Organtransplantationen zu verlieren und Exkurse zu jenen Anwendungsfeldern zu unternehmen, in denen die Analysewerkzeuge entwickelt wurden.

1 Verfügbare Körper und Körper in Teilen

Die Organspende basiert auf der Vorstellung, dass Körper prinzipiell verfügbar sind. Körpersoziologisch betrachtet bietet die Vorstellung einer Verfügbarkeit über Körper keinen Anlass zur Verwunderung, denn auch in Körperpraktiken wie im Sport wird über Körper verfügt, wenn sie durch Fitness trainiert und in Bezug auf Geschwindigkeit und Stärke optimiert werden. Weitere Beispiele bilden Tätowierungen, Piercings, Brandings oder sogenannte Schönheitsoperationen. Auch in diesen Körperpraktiken wird über Körper verfügt, indem Körperoberflächen, die Haut, kunstvoll inszeniert werden oder Körper mithilfe der plastischen Chirurgie eine andere Form erhalten (vgl. Klein 2001). Wer über Körper verfügt, ist immer auch eine Frage der Macht. Dies lässt sich am Beispiel der Frauengesundheitsbewegung verdeutlichen. Ihr bekannter Slogan ›mein Bauch gehört mir‹ verhandelte die Forderung, dass Frauen über ihre Körper verfügen sollen. Die Organspende unterscheidet sich von den genannten Körperpraktiken insoweit, als dass über einen Teil des Körpers verfügt wird, der in der Regel nicht sichtbar ist. Wenn Körperteile und andere Substanzen entnommen und in andere Körper transplantiert werden, wird das Innere des Körpers verfügbar. Allerdings ist die Verfügbarkeit von Körpern in der Organspende auch begrenzt. Wie bei anderen Körperpraktiken auch ist die Grenzziehung jedoch fließend.

Im Folgenden führe ich erstens in die soziologische Auseinandersetzung mit Körpern ein. Ich stelle dar, dass Körper vor allem als diskursive Konstruktionen und auf Ebene des Leibes analysiert wurden. Zweitens diskutiere ich, warum die Soziologie anders als die Medizin oder die Kunstwissenschaften ihr Wissen über Körper nicht vom Körper in Teilen, sondern von ganzen Körpern ableitet. Des Weiteren erörtere ich, warum die Organspende nicht mit der Vorstellung von ganzen Körpern bricht. An dieser Stelle entwickle ich Überlegungen zum Körper in Teilen in seiner veräußerbaren Materialität. Drittens diskutiere ich die Konstruktionsthese des Körpers im Hinblick auf seine Implikationen zur Vorstellung einer Verfügbarkeit über Körper und führe vor diesem Hintergrund in die Forderungen der Frauengesundheitsbewegung ein. Viertens lege ich leibsoziologische Überlegungen dar und stelle Forschungsarbeiten vor, die eine Organtransplantation als Leiberfahrung ausweisen. Vor diesem Hintergrund wird es möglich »Grenzen der Verfügbarkeit« (List 2001) in der Organspende aufzuzeigen.

1.1 Körper in der Soziologie

In der Soziologie erfährt der Körper als theoretischer und empirischer Gegenstand seit drei Jahrzehnten wachsende Aufmerksamkeit. Er war nie ein zentrales, aber auch kein völlig vernachlässigtes Thema der Soziologie, denn bereits in soziologischen Klassikern wie Norbert Elias' *Über den Prozeß der Zivilisation* (1976), Georg Simmels *Soziologie der Sinne* (1993) oder Marcel Mauss' Arbeit über die *Techniken des Körpers* (1975) erhält der Körper eine Schlüsselrolle.

Im Zentrum körpersoziologischer Kritiken steht, dass die Soziologie in der Regel zu der Annahme neigt, Gesellschaft spiele sich in den Köpfen ihrer Mitglieder ab. »Das gesellschaftliche Personal, das Soziologen vor Augen bekommen, scheint aus Engeln zu bestehen«, so etwa die Verwunderung von Gesa Lindemann darüber, dass soziologische Gegenstände überwiegend als immateriell vorgestellt werden (2005: 114). Ähnliches gilt für die soziologische Auseinandersetzung mit Sterben und Tod, die Tony Walter (1993) mit der Bemerkung »sociologist never die« karikiert. Dagegen wird in körpersoziologischen Arbeiten betont, dass Körper immer auch an Zeit und Raum gebundene Handlungsmedien sind (vgl. Villa 2001, 2007).

Die Gründe, warum Körper in der Soziologie lange Zeit nicht als zentraler Gegenstand eingeführt waren, besteht in der Konstituierung der Disziplin in Abgrenzung zu anderen Fächern wie den Naturwissenschaften und der Medizin. Die Soziologie behauptet seit ihrem Bestehen die Autonomie des Sozialen. Nach Durkheims bekanntem Diktum lassen sich soziale Phänomene nur durch Soziales erklären (vgl. Durkheim 1961). Soziale Ordnungen werden von Menschen hergestellt und sind damit veränderbar (vgl. Jäger 2004; Hahn/Meuser 2002). Im Gegensatz zu Phänomenen, die nicht von Menschen hergestellt werden. Vor diesem Hintergrund gerieten Körper ab dem späten Ende des 18. Jahrhunderts in den Arbeitsbereich der Naturwissenschaften und der Medizin. Sie galten als naturhaft, unverfügbar und nicht kontingent (vgl. Schroer 2005b).

Erst seit den 1970er Jahren und durch die breite Rezeption der Arbeiten von Michel Foucault, Pierre Bourdieu und Erving Goffman wird der Körper nicht mehr nur implizit mitgeführt, sondern ins Zentrum der Aufmerksamkeit gerückt, sodass ein *body*, *corporal* und *somatic turn* in Betracht gezogen wird (vgl. Gugutzer 2006). Die höhere Aufmerksamkeit gegenüber Körpern erwächst somit auch aus einem stärkeren Interesse innerhalb der Soziologie. Darüber hinaus resultiert die höhere Aufmerksamkeit am Körper aus der Öffnung gegenüber anderen Disziplinen, in denen der Körper den zentralen Referenzpunkt bildet, wie der Medizin, den Sport- und den Technikwissenschaften. Neben dem wachsenden innerdisziplinären Interesse sowie der Öffnung gegenüber anderen Disziplinen reagierte die Soziologie zudem auf eine Reihe von gesellschaftlichen Entwicklungen, die mit dem Modernisierungsprozess einhergehen. Hier ist zum Beispiel der Wandel von Arbeit zu nennen: Körperlich harte Arbeit wird in Industrienationen seltener, womit Körper in ihrer Funktion als Instrumente der Arbeit allmählich an Bedeutung einbüßen. Der Körper wird jedoch nicht verdrängt oder verschwindet, sondern taucht vor allem mit den eingangs skizzierten Körperpraktiken, wie Sport oder Tätowierungen, als Körper der Freizeit wieder auf. Weitere Beispiele für gesellschaftliche Entwicklungen des Modernisierungsprozesses bilden sozialen Bewegungen wie der Feminismus, die ökologische oder die Behindertenbewegung (vgl. Hahn/Meuser 2002; Schroer 2005b). Sie haben ebenfalls wesentlich zur verstärkten Auseinandersetzung mit Körpern beigetragen. Denn diesen sehr unterschiedlichen und in sich sehr heterogenen sozialen Bewegungen ist gemein, dass Körper nicht als gottgegebenes Schicksal betrachtet werden, sondern als Produkt und Produzent des Sozialen. In jüngster Zeit ist zum Beispiel die körpersoziologische Auseinandersetzung mit behinderten Körpern gewachsen, die in Verbindung mit dem Erstarken der Behindertenbewegung steht (vgl. Waldschmidt/Schneider 2007). Der Blick richtet sich verstärkt auf die Strukturen, die Körper behindern. Die Vorstellung einer dem Körper inhärenten Behinderung wird mit einem Fragezeichen versehen.

Der Bedeutungszuwachs von Körpern in der Soziologie steht maßgeblich mit dem Prekärwerden der binären Trennung von Natur und Kultur in Verbindung, die einst zur Arbeitsteilung der Wissenschaften führte. Diese These wurde intensiv in der Wissenschaftsphilosophie und damit verbunden in der Geschlechterforschung debattiert (vgl. Butler 1997). Aber auch vor dem Hintergrund neuer medizinisch-technischer Entwicklungen wurde deutlicher, dass sich die Medizin einen Umgang mit Körpern erschaffen hat, der über die bisherigen Eingriffsmöglichkeiten in die *menschliche Natur* hinaus geht. Hans-Jörg Rheinberger (1996) argumentiert, dass es der Medizin nicht mehr darum geht, die *Natur* oder hier den *naturhaften Körper* beherrschbar zu machen. Vielmehr werden wir Zeugen einer Entwicklung, in der *Natur* und *naturhafter Körper* zu etwas von Menschen Gemachtem werden. Neu ist, dass Körper hergestellt werden: »Wir werden gewahr, dass die Konstruktion einer natürlichen Konstitution der Menschheit sich in ein soziales Konstrukt verwandelt, mit dem Ergebnis, dass die Unterscheidung zwischen dem ›Natürlichem‹ und dem ›Sozialen‹ keinen rechten ontologischen Sinn mehr« ergibt (Rheinberger 1996: 298).

Die Organspende ist für dieses Phänomen ein Beispiel, denn auch hier werden Körper nicht einer Therapie unterzogen, die Heilungsprozesse unterstützen. Körper werden vielmehr durch fremde Organe neu hergestellt. Die Transplantationsmedizin tritt mit dem Versprechen einer Wiederherstellung von Ganzheit auf, die durch die Inkorporierung des Anderen erfolgt. Für Frow supplementiert das fremde Organ die Ganzheit des transplantierten Körpers: »The restored body is prostheticised: no longer an organic unity but constructed out of a supplement, an alien part which is the condition of that originary wholeness« (1997: 177).

Mit dem Prekärwerden der Trennung von Natur und Kultur ging allerdings noch nicht einher, dass medizinische Phänomene systematisch auch als soziale Phänomene entziffert wurden. Schlich (1998b) argumentiert, dass in der Medizingeschichte zwar bestimmte Krankheiten als soziale Konstruktionen analysiert wurden. Der Fokus der medizinhistorischen Arbeiten lag allerdings immer auf aus Sicht der Medizin weichen Fakten der Psychiatrie oder der Psychosomatik. Eine Historisierung der Chirurgie oder der Laborwissenschaften ist noch im Entstehen begriffen. Vor allem in der feministischen Wissenschaftstheorie (vgl. Honegger 1991; Haraway 1995) und damit verbunden den Science Studies (vgl. Latour 1987) sind Arbeiten entstanden, die den Anspruch der modernen Medizin auf eine Realitätsabbildung und -gestaltung jenseits soziokultureller Einflüsse hinterfragen. Doch nicht nur in den Sozial- und Kulturwissenschaften, sondern auch in der genannten feministischen Wissenschaftstheorie und den Science Studies ist die Analyse von Körperteilen und dem Körperinneren noch ausgeblieben.

Soziologische Zugänge zum Körper

Wenn in der Soziologie Körper verhandelt werden, stehen bereits interpretierte Körper im Zentrum (vgl. Gugutzer 2004). Mit dem soziologischen Instrumentarium gibt es folglich nur einen mittelbaren Zugang zu Körpern.

Dies gilt auch für das hier im Zentrum stehende Körperinnere bzw. für den Körper in Teilen. Welche Zugänge lassen sich damit zum Körper herstellen? Mary Douglas gibt bei der Bearbeitung dieser Frage einen wichtigen Hinweis. Sie argumentiert, dass die Art und Weise, wie wir unsere Körper entwerfen, immer auch die Wahrnehmung, also das *leibhaftige Spüren* unserer Körper, beeinflusst. Die Körpervorstellungen korrelieren zudem eng mit den Vorstellungen von Gesellschaft: »Der Körper als soziales Gebilde steuert die Art und Weise, wie der Körper als physisches Gebilde wahrgenommen wird; und andererseits wird in der [durch soziale Kategorien modifizierten] physischen Wahrnehmung des Körpers eine bestimmte Gesellschaftsauffassung manifest« (Douglas 1993: 99).

Die Leibebene des Körpers umfasst das innere Erleben, das Spüren des Körpers des Einzelnen (vgl. Jäger 2004; Lindemann 1993). Die Leibebene des Körpers ist jedoch kein Ort, der sich dem Sozialen entzieht. Wie insbesondere am Beispiel von Geschlecht in jüngster Zeit gezeigt wurde, hängt die Wirkmächtigkeit von Körperdiskursen maßgeblich davon ab, ob sich Diskurse leibhaftig absichern können oder nicht (vgl. Jäger 2004; Lindemann 1992, 1993, 1996; Villa 2001). Die Soziologie der Körper setzt sich vor allem mit dem diskursiv konstruierten und dem leiblich spürbaren Körper auseinander.

Die Tatsache, dass der Körper in den vergangenen Jahrzehnten immer stärker in das Blickfeld der Sozialwissenschaften gerückt ist, führte, wie erwähnt, nicht dazu, dass auch das Innere des Körpers, seine Organe, als hinterfragbar wahrgenommen wurde. Organe bilden eine körpersoziologische *terra incognita.*[19] Auch wenn in den Bio- und Medizinwissenschaften

19 Wenn man über den soziologischen Tellerrand hinausblickt, muss an dieser Stelle jedoch Judith Butlers (1997) Auseinandersetzung mit der Lacan'schen Psychoanalyse gewürdigt werden, in der sie die Materialität von Geschlechtsorganen thematisiert. Ausnahmen bilden aus Perspektive der Wissenschaftsforschung zudem die Beiträge in Niewöhner/Kehl/Beck 2008. Schulze (1990) und Schade (2006) setzten sich mit dem fragmentierten Körper in den Kunstwissenschaften auseinander. Benthien/Wulf (2001) bieten einen Entwurf einer literatur- und kulturwissenschaftlichen Anatomie des Körpers. Zudem liegen vereinzelt auch kulturwissenschaftliche Monographien und Sammelbände zu bestimmten Körperteilen vor, wie etwa *Der Hintern: Geschichte eines markanten*

mit immer neuen Visualisierungsmethoden daran gearbeitet wird, das im Alltag unter der Haut verborgene Innere des Körpers sichtbar zu machen und Praktiken der Auflösung und Fragmentierung Körper zersetzen, werden Körper in der Soziologie als integral vorausgesetzt. Auch Margaret Lock wundert sich darüber, dass die Auseinandersetzung mit dem Körperinneren weiterhin den Bio- und den Medizinwissenschaften vorbehalten bleibt: »The body interior – the soma – has been willingly ceded to the biological sciences as a terrain of little interest to either humanists or social scientists« (2006: 28). Mit der Perspektive auf Organe wird der körpersoziologischen Analyse im Folgenden eine weitere Analyseebene hinzugefügt: Der Körper und seine Organe als veräußerbare Materialität.[20]

1.2 Körperteile als veräußerbare Materialität

In der Medizin und den Kunstwissenschaften wurde und wird auch teils weiterhin Wissen über den menschlichen Körper nicht von ganzen Körpern ausgehend rekonstruiert, sondern vom Körper in Teilen. Ähnlich wie Mediziner, die bereits früh begannen, tote Körper zu sezieren, ist bekannt, dass auch Renaissancekünstler wie *Leonardo de Vinci* und *Michelangelo* Studien an toten Körpern vornahmen. Die Kunstwissenschaftlerin Sigrid Schade konstatiert vor diesem Hintergrund den »Mythos des ganzen Körpers« (2006). Die Zerstückelung, so Schade, geht der Vereinheitlichung voraus: »Der ganze Körper ist nicht von Natur aus zu haben, er muss konstruiert werden« (ebd.: 167).

In der Soziologie der Körper ging die Zerstückelung der Vereinheitlichung nicht voraus. Wenn man die Zugänge körpersoziologischer Klassiker betrachtet, fällt auf, dass Körper immer als integral vorgestellt wurden. Michel Foucault (1994) analysierte das Disziplinarsubjekt, wie zum Beispiel den Häftling, der durch disziplinierende Machttechniken hervorgebracht wird. Diese Machttechniken zielen auf die Körperoberfläche, die den Kör-

Körperteils (vgl. Henning 2000) oder *Das Herz im Kulturvergleich* (vgl. Berkenner/Rappe 1996).

20 Valentin Gröbner konstatiert das Fehlen dieser Perspektive mit einem Fokus auf die Warenförmigkeit von Körpern in der Körpergeschichte: »Der Körper war Sitz der Subjektivität oder Produkt des Diskurses, aber keine Ware« (2008: 27; vgl. Lorenz 2000).

per durchdringen und formieren. Pierre Bourdieu (1998) interessierte sich in seinem Habituskonzept für den praktischen und im Körper verinnerlichten Sinn, der das Subjekt implizit wissen lässt, was und wie es zu tun ist. Auch Bourdieus Habituskonzept setzt den Körper als integral voraus.[21]

Die Transplantationsmedizin bricht jedoch mit der Vorstellung eines integralen Körpers. Sie entnimmt toten und lebenden Körpern Organe und transplantiert diese in andere Körper. In der postmortalen Spende entsteht eine Verbindung von Totem und Lebendigem, denkbar werden tote Körper mit lebenden Bestandteilen und lebende Körper mit Teilen von Toten. Da die Transplantationsmedizin mit der Vorstellung eines integralen Körpers bricht, fordert sie die Vorstellungen von Leben und Tod, Begrenztheit und Unsterblichkeit sowie Selbst und Nichtselbst in einer neuen Weise heraus. »Die Techniken der Organverpflanzung«, so wunderte sich Georges Canguilhem über die Organspende, »setzen in den Gesellschaften, in denen sie praktiziert werden, eine allgemeine Gleichgültigkeit gegenüber dem Problem der von Geburt an bestehenden Identität der Individuen mit ihrem Organismus als Ganzem voraus« (1989: 52). Tatsächlich werden Organtransplantationen seit ihrer breiten Einführung in den 1980er Jahren mittlerweile weitgehend akzeptiert. Auch wenn die Grenzen des Körpers durch Organtransplantationen überschritten werden, gilt eine Transplantation nicht als Auflösung des Selbst und sie wird auch von Patientinnen und Patienten nicht als solche beschrieben (vgl. Lock 2006). Wie kommt es, dass Praktiken der Organtransplantation nicht unsere Vorstellung davon gefährden, dass wir uns als Ganzheiten verstehen?

Integrale Körper und der Körper als Raum

Martina Löw gibt bei der Bearbeitung der Frage, wie es dazu kommt, dass wir unsere Körperlichkeit als Ganzheit verstehen und dass die Organtransplantation mit dieser Vorstellung nicht bricht, einen wichtigen Hinweis,

21 Wenn man weiter in die Vergangenheit zurückgeht und Immanuel Kants zentrale Überlegungen in Erinnerung ruft, bildet die Vorstellung einer körperlichen Ganzheit sogar ein Menschenrecht. Insbesondere im Kontext der Verbrechen der Sklaverei wird die körperliche Unversehrtheit als Rechtsanspruch formuliert (vgl. van der Walt/Menke 2007).

indem sie Körper raumsoziologisch fundiert. Sie erklärt, dass unsere Körperlichkeit maßgeblich auf der Vorstellung eines geschlossenen Raumes basiert, der mit einer festen Innen-und-Außen-Grenze versehen ist (vgl. Löw 1999, 2001). Bis heute bildet es eine Selbstverständlichkeit, dass das Körperinnere vom Körperäußeren unterschieden wird und der Körper eine von seiner Umwelt abgeschlossene Einheit bildet. Dies illustriert ein Zitat von Barbara Duden, die darin ihre Körperwahrnehmung zum Ausdruck bringt: »Ich habe ein Außen und auch ein Innen, und das ist nicht jedermann zugänglich. Ich habe ein Gesicht, das ich zeige, und auch Innigkeit: Es gibt Dinge, die ich an mir sehe, und andere, von denen ich gelegentlich etwas ahnen will« (1991: 29).

Diese heute verbreitete Vorstellung von einem Körper als einem abgeschlossenen Raum ist allerdings nicht selbstverständlich. Eindrucksvoll belegen dies körperhistorische Arbeiten, wie die von Duden (1987) und Richard Sennett (1997). Duden untersuchte Leibesempfindungen von Frauen des 17. Jahrhunderts, die ihr behandelnder Arzt Johann Storch (1681-1751) aufzeichnete. In den Schilderungen des Arztes sind die Körper der Frauen nicht mit einer Innen-und-Außen-Grenze versehen, sondern durchlässig:

> »Der ›Wind‹ der Mutter kann also nach oben steigen, die Sprache kann durch die Ohren entweichen. In dieser Welt kann die Flüssigkeit im Leibesinneren offenbar eine je andere, aber doch die ›gleiche‹ Substanz annehmen und kann an je andere Orte im Leib geschaffen werden. Das Innere ist ein Ort der Durchlässigkeit und der Metamorphose: Säfte ändern sich im Leib, wechseln ihre Stofflichkeit, Form, Farbe, Konsistenz, ihren Austrittsort und sind doch offenbar etwas Gleiches geblieben« (1987: 129).

Nach Sennett (1997) lässt sich die Vorstellung des Körpers als Raum, der mit einer Innen-und-Außen-Grenze versehen ist, auf die moderne naturwissenschaftliche medizinische Forschung zurückführen. Als Ausgangspunkt für die Entstehung der Vorstellung einer körperlichen Innen-und-Außen-Grenze kann hier Andreas Vesalius' Veröffentlichung *de humani corporis fabrica libri septem* aus dem Jahr 1543 genannt werden. Mit diesem Buch begründete Vesalius das anatomische Paradigma und damit die abendländische Medizin. Erstmals referierte ein Anatom, der selbst das »anatomische Kardinalswerkzeug«, nämlich das Seziermesser in die Hand nimmt, von Sektionen mit toten Menschen- und Tierkörpern (Bergmann 2005: 58). Die toten Körper werden in Einzelteile zerstückelt und zerlegt. Mit Vesalius beginnen immer mehr Forscher, tote Körper aufzuschneiden und aus den leblosen Körperteilen Wissen über den menschlichen Körper abzuleiten. Die Medizin sucht fortan nach Ursachen von Krankheiten. Die moderne naturwissenschaftliche Medizin entsteht damit insbesondere aus dem Blick auf die geöffnete Leiche (vgl. Bergmann 2004; Foucault 1973).

Als der Brite Williams Harvey im Jahr 1628 den Blutkreislauf entdeckte, wurde das System zur dominanten Metapher für die Erklärung körperlicher Phänomene. Im Anschluss an Harvey suchten Forscher den Körper nach weiteren Systemen ab. Mit der Entdeckung der Nervenbahnen setzte dann ein Prozess ein, nach dem sich die antike Vorstellung, die Seele sei die Quelle der Lebensenergie, nicht mehr aufrechterhalten ließ. Auch René Descartes ging von einer mechanistischen Naturauffassung aus. In seiner Abhandlung *Über den Menschen* (1632) erklärte er alle Lebewesen mit Ausnahme des Menschen als seelenlose Automaten (vgl. Bergmann 2005). Wie deutlich wird, geriet an die Stelle der Annahme einer übergeordneten Kraft sukzessive die Vorstellung der mechanischen Bewegung (vgl. Sennett 1997). Denn während die Frauen in Dudens Studie des 17. Jahrhunderts noch davon ausgingen, ihre Flüsse könnten einen Sturm beschwören, werden Körper mit der Durchsetzung der naturwissenschaftlichen Medizin nach und nach säkularisiert (vgl. Sarasin 2001). Die Haut wandelt sich vom »Ort der Durchlässigkeit« zum Schutzschild der von außen kommenden Gefahren (Benthiem 1999: 51).

Wenn man Michel Foucault und Norbert Elias folgt, werden die nun säkular gewordenen Körper in der Moderne diszipliniert: Der säkulare Körper wird in gesellschaftlichen Institutionen wie Krankenhäusern, Schulen oder Gefängnissen gefügig gemacht (vgl. Elias 1976; Foucault 1994). Ein zentrales Resultat des Zivilisationsprozesses bildet nach Elias die Tabuisierung von Affekten und körperlich-leiblichen Bedürfnissen: Der »homo clausus« verinnerlicht gesellschaftliche Zwänge der körperlichen Selbstbeherrschung (2009: 147). Dazu gehört das Bemühen, den Körper stets verschlossen zu halten. Die Disziplinierung der Körper in der Moderne, so lässt sich mit Elias argumentieren, ist auch als Einüben der Geschlossenheit des menschlichen Körpers lesbar. Das entstehende bürgerliche Subjekt ist durch die Innen-und-Außen-Grenze des Körpers begrenzt (vgl. Löw 1999).[22]

Paradoxerweise setzt sich mit der Systemmetapher des Körpers im Anschluss an Harvey nicht nur die Vorstellung einer Ganzheit und In-sich-Geschlossenheit des Subjekts fest. Die Theorie des Kreislaufs, so Sennett, betonte auch die »Selbstständigkeit einzelner Körperteile« (1997: 326). Dem säkularen, geschlossenen und ganzen Körper des Subjekts lassen sich, ähnlich wie bei einer Maschine, einzelne Teile entnehmen und auswechseln. Das Organersatzkonzept, auf dem die spätere Praxis der Organtransplantation basiert, wird damit als Therapieoption denkbar. Die Transplantationsmedizin, so lässt sich an dieser Stelle resümieren, gibt nicht die Vorstellung des Körpers als einem durch eine Innen-und-Außen-Grenze versehenen Raumes auf. Vielmehr fügt sie dem Raumkonzept die Idee hinzu, dass Teile des Körpers sozusagen im Raum ausgetauscht werden können. Die Körpervorstellung, die auf einem Raummodell mit festen Innen-und-Außen-Grenzen basiert, ist kulturell weiterhin gültig. Auch die Tatsache, dass fragmentierte und offene Körper immer stärker zu einem Bestandteil der Alltagskultur geworden sind, ändert dies nicht.[23]

22 Die weiterhin zentrale soziale Bedeutung der Kontrolle über den Körper und seiner Öffnungen, wie etwa bei der Nahrungsaufnahme und -ausscheidung, belegen ethnographische Forschungen in Hospizen. Sie zeigen sehr deutlich, dass die Nichtbeherrschung der Körperkontrolle von Sterbenden als große Irritation ihrer Selbstachtung und Selbstwertschätzung erlebt wird (vgl. Dreßke 2005).

23 Offene und sterbende Körper begegnen einem neben der Organspende vor allem in der Fernsehunterhaltung, wie zum Beispiel in den zahlreichen Krankenhausserien. Der Körper in Teilen steht des Weiteren im Zentrum des künstlerischen Schaffens von *Cindy Sherman* oder *Damien Hirst*, den Filmen von *David Cronenberg* sowie im kompletten Genre des Splattermovies. Für eine Reihe von Death-Metal-Bands wie *Cannibal Corpse* bildet die Abbildung von geöffneten und enthäuteten Körpern auf Albencovern zudem das unverwechselbare Markenzeichen. Erforscht wurde der fragmentierte Körper ab dem 16. Jahrhundert insbesondere in den Literatur- und Kunstwissenschaften (vgl. Benthiem/Wulf 2001; Harter 1996; Hillman/Mazzio 1997; Schulze 1990).

Der Körper in Teilen als Geschenk und Ware

Wie vor allem im Hinblick auf Leiberfahrungen nachfolgend noch deutlich wird, betrifft eine Organtransplantation zwar den ganzen Menschen, im Zentrum steht aber immer nur ein Teil dessen. Die Ursachen, die eine Behandlung als angemessen erscheinen lassen, werden in Organen lokalisiert. Die Konzeption von Organen in der Organspende ist, wie Lock (2002) zeigt, paradox: Organe sind ein Hybrid aus etwas Lebendigem und etwas Totem, einem bloßen therapeutischen Ersatzteil und einer persönlichen und intimen Gabe.

Organe sowie weitere Körpersubstanzen werden aus Körpern entnommen und je nach Gesetzeslage verschenkt oder verkauft. In Deutschland werden Organe oder auch Blut zu therapeutischen Zwecken einer Organ- oder Blutspende verschenkt; wenn Körpersubstanzen allerdings nachweislich zu Medikamenten verarbeitet werden, dürfen sie auch verkauft werden. Dies betrifft Blut, embryonale und fetale Organe, Gewebe sowie Ei- und Samenzellen (vgl. Saborowski 2008).

Eine Unterscheidung ist hingegen zu treffen, ob Organe oder weitere Körpersubstanzen aus lebenden oder toten Körpern entnommen werden. In der Lebendorganspende wird gesunden Menschen nur die Niere entnommen, um sie an bedürftige nahe Angehörige zu verschenken. Wenn man sich nicht auf Organe beschränkt, können lebende gesunde Menschen zudem Blut, Knochenmark, Teile der Leber, Ei- und Samenzellen spenden. Von Hirntoten werden bei vorherigem Einverständnis Organe und Gewebe entnommen, zu Zwecken der Therapie verschenkt und zur Arzneimittelherstellung verkauft. Nieren werden in der Organspende nicht als »life saving organ«, sondern als »quality of life organ« bezeichnet (vgl. Sharp 1995). Von einer Nierentransplantation wird gesagt, dass sie die Lebensqualität von erkrankten Menschen erhöhen kann, da sie nicht mehr dialysieren müssen. Prinzipiell ist es aber möglich, dass die reinigende Funktion der Niere von der Dialysemaschine übernommen wird. Das Herz oder die Lunge lassen sich dagegen nicht maschinell ersetzen. Ohne Herz- oder Lungentransplantat stirbt ein organinsuffizienter Mensch. Da Nieren paarig angelegt sind und Menschen zum Leben in der Regel nur eine Niere benötigen, ist die Niere das einzige Organ, das in der Lebendorganspende entnommen werden kann. Das Herz oder die Lunge ist im menschlichen Körper dagegen nur einmal vorhanden und lässt sich nur postmortal entnehmen. Aus diesem Grund ist die Niere das am häufigsten transplantierte Organ. Auch der illegale Organhandel basiert vor allem auf dem An- und Verkauf von Nieren.

Für die Niere ist charakteristisch, dass sie von allen transplantierbaren Organen am wenigsten symbolisch und emotional besetzt ist. Anders als das Herz und auch die Lunge scheint der Volksmund die Niere nur kaum zu kennen. Dies belegen Sprichwörter, die im Falle des Herzens vor allem in Verbindung mit der intimen Liebe stehen wie *sein Herz verlieren*, *sein Herz verschenken* oder *Herzschmerz*. Als Lunge einer Stadt werden Gärten bezeichnet, zudem gibt es eine Reihe von Sprichwörtern, die über das Atmen einen indirekten Zugang zur Lunge herstellen wie *das schnürt mir die Luft ab*, *das nimmt mir den Atem* oder *einen langen Atem haben*. Über die Niere wird nur gesagt, dass man eine Person *auf Herz und Niere prüft* und dass einem etwas *an die Nieren geht*. Auch die reinigende Funktion von Nieren wird im Volksmund nicht zum Thema.

Der symbolische Stellenwert von Organen ist hoch, da davon ausgegangen wird, dass die soziale Bedeutung der Spende des Körperteils umso größer ist, je »sichtbarer und stärker Organe [...] in das Selbst und die kulturelle Wahrnehmung einer Person inkorporiert« sind (vgl. Schneider 2006: 242). Somit unterscheiden sich Organe danach, wie sehr deren Transplantation zu einer Irritation der Identität führen würde. Dies lässt sich vor allem in der Debatte über die Möglichkeiten von Gesichtstransplantationen nachzeichnen, die zum ersten Mal in Frankreich im Jahr 2005 durchgeführt wurden. Das Gesicht als Antlitz der Person, aber auch das sichtbare Auge und das schlagende und somit hörbare Herz eines Menschen gelten als stärker mit dem Selbst und der Identität eines Menschen verbunden als die im Körper verborgene Niere. Allerdings ist die symbolische Bedeutung von Organen kontingent. Im Vergleich zur Gegenwart war die Niere zum Beispiel im antiken Griechenland ein sexuelles, kulturelles und religiöses Symbol (vgl. Diamandopoulos/Goudas 2002).

Anders als Organe ist Blut eine fließende und substituierbare, das heißt sich selbst herstellende Materie und damit mobil. Blut wird nicht damit assoziiert, dass es in einem Körper bleibt, Blut wird in unserer Vorstellung vor allem weitergegeben. Vermutlich aus diesem Grund wird Blut im Vergleich zu Organen weniger mit dem Selbst eines Menschen als mit der Idee (homogener) Gemeinschaften in Verbindung gebracht. Es ist kein Zufall, dass der Ausbau eines Systems der Blutspende in einem kriegerischen

Kontext, nämlich dem Spanischen Bürgerkrieg entstanden ist und im Zweiten Weltkrieg in den USA, Großbritannien und Nordafrika perfektioniert wurde. Denn wie Waldby und Mitchell (2006) ausführen, kam in der Blutspende von Zivilistinnen und Zivilisten ihr Einsatz für Antifaschismus und Demokratie zum Ausdruck: »Giving blood was a way for civilians to participate in the sacrifice made by soldiers at the front, to defend the integrity of the nation by giving part of their bodies« (Waldby/Mitchell 2006: 3). In Verbindung mit der Mobilität von Blut steht zudem das umkämpfte Phantasma, dass Blut rein ist und damit verunreinigt werden kann. Der Kolonialismus und der Antisemitismus basieren maßgeblich auf der Vorstellung eines Volkskörpers als Einheit und Reinheit des Blutes (vgl. Braun/Wulf 2007).

Die Gleichgültigkeit gegenüber dem »Problem der von Geburt an bestehenden Identität der Individuen mit ihrem Organismus als Ganzen« (1989: 52), über die sich Canguilhem wunderte, hört in westlichen gegenwärtigen Gesellschaften dort auf, wo es um das menschliche Gehirn geht (vgl. Linke 1996; Ehm/Schicktanz 2006). Das individuelle und unverwechselbare Ganze des Menschen ist für uns an das Bewusstsein und damit an das Gehirn gebunden (vgl. Reicherts/Zaboura 2006). Auch wenn eine Patientin oder ein Patient drei oder mehrere Organe transplantiert bekommt oder große Mengen an Blutspenden erhält, nimmt er oder sie sich nicht als andere Person wahr und wird auch von anderen nicht als solche wahrgenommen. Bei einer Gehirnübertragung dagegen würde unserer Auffassung nach die Identität der Spenderin oder des Spenders mit übertragen. Von einer Gehirntransplantation wird gegenwärtig aus medizinischen und auch aus ethischen Gründen abgesehen (vgl. Linke 1996, 1999). Mit Ausnahme des Gehirns konzipiert die Organtransplantation und damit zusammenhängend die Organspende einen Körper, dessen Inneres prinzipiell verfügbar ist.

1.3 Konstruierte Körper

Die Vorstellung, dass die Materialität des Körpers und damit verbunden der Körper in Teilen als prinzipiell verfügbar gedacht wird, ist eng mit der These der diskursiven Konstruktion von Körpern verbunden. Was verbirgt sich dahinter? Und in welchem Verhältnis steht die Konstruktionsthese des Körpers zur These seiner Verfügbarkeit?

Einen Höhepunkt in der Auseinandersetzung um die Konstruktionsthese des Körpers bilden Judith Butlers (1991) sprachphilosophische und diskurstheoretische Thesen zum Geschlecht, die sie in *Das Unbehagen der Geschlechter* formulierte. Diese Auseinandersetzung soll im Folgenden mit Blick auf ihre These zur Konstruktion zur Materialität von Körpern jedoch nur gestreift werden. Butler argumentiert, dass Geschlecht nicht auf einer naturhaften Grundlage basiert, sondern Effekt spezifischer Normen und kultureller Praktiken ist.[24] Mit der Infragestellung des biologischen Geschlechts wird auch die als natürlich erlebte Geschlechterbinarität prekär. Butler argumentiert, dass Geschlechter – in der Regel spricht sie von Geschlechtsidentitäten – performativ hervorgebracht werden. Performative Akte bringen allerdings nicht Natur hervor, sondern vielmehr das, was sie benennen: Durch die Darstellung von Geschlechtern werden sie zu einer Tatsache. Hervorgebracht wird damit nicht nur *gender*, auch der Geschlechtskörper, *sex*, wird von Judith Butler als Effekt des Diskurses gesetzt. Butlers Überlegungen sind von ihrem politischen Bestreben motiviert, die Normalität von Heterosexualität infrage zu stellen. Sie argumentiert, dass das Körpergeschlecht mit der Wirksamkeit der heterosexuellen Norm nicht nur mit der Geschlechtsidentität, sondern auch mit dem heterosexuellen Begehren gleichgesetzt wird (vgl. ebd.: 22). Der Körper materialisiert diese heterosexuelle Norm. Auf der Grundlage des von Natur aus zweigeschlechtlich gedachten Körpers wird die heterosexuelle Ordnung abgesichert, wobei sich das heterosexuelle Begehren als vermeintlich natürlich und das homosexuelle Begehren als unnatürlich und als »beständige[s] Verfehlen« (ebd.: 181) erweist. Butler verdeutlicht damit, dass die Bezeichnungspraktiken von Menschen als Männer und Frauen weit weniger intelligibel sind als in der Regel angenommen. Zudem schließt die »kulturelle Matrix, durch die die geschlechtlich bestimmte Identität [...] intelligibel wird, [...] die ›Existenz‹ bestimmter ›Identitäten‹ aus« (ebd.: 39).

Butler erhielt für ihre Thesen (1991) so viel Aufmerksamkeit wie Kritik: Wenn nun nicht mehr über Körper bestimmt werden kann, welches Geschlecht ein Mensch hat, können Menschen dann beliebig über ihr Ge-

24 Dies ist zunächst kein neuer Gedanke. In den frühen 1990er Jahre sind in der feministischen Wissenschaftsgeschichte eine Reihe von Arbeiten entstanden, die Geschlecht als Produkt von spezifischen historischen Wissensformationen analysierten (vgl. Honegger 1991; Laqueur 1992; Schiebinger 1990).

schlecht verfügen? Kann man sich sein Geschlecht etwa aussuchen? Wenn es nur noch *gender* gibt, *sex* sich in *gender* auflösen lässt, was lässt sich dann daraus über die Materialität des Körpers schlussfolgern? Haben wir es mit einer Radikalisierung der Verfügbarkeit von Körpern zu tun (vgl. Duden 2002)? Butler wehrt sich zunächst gegen den Vorwurf der Beliebigkeit von Geschlecht, der für einige Autorinnen und Autoren aus ihrer These der »Performativität der sozialen Geschlechtsidentität« folgte (1997: 22f.). Auch zum Vorwurf des linguistischen Reduktionismus rechtfertigt sie sich: Performative Akte lassen sich nicht als »vereinzelt« oder »absichtsvoll« verstehen, vielmehr bilden sie die »ständig wiederholende und zitierende Praxis, durch die der Diskurs die Wirkungen erzeugt, die er benennt« (ebd.). Hierbei betont Butler, dass es Zwänge, das heißt »regulierende Normen« sind, die das biologische Geschlecht konstituieren und absichern (ebd.). Fragwürdig ist vielmehr der Konstruktionsbegriff ihrer Kritikerinnen und Kritiker: »Warum wird übrigens dasjenige, was konstruiert ist, als ein artifizielles und entbehrliches Charakteristikum aufgefaßt?« (ebd.: 15). Butler betont, dass sie die Materialität von Körpern weder negiert noch voraussetzt. Ihr geht es vielmehr darum, die Materialität von Körpern von ihren »metaphysischen Behausungen zu befreien, damit verständlich wird, welche politischen Interessen in und durch diese metaphysische Platzierung abgesichert wurden« (ebd.: 56). Damit nimmt sie im Anschluss an Foucault eine genealogische Perspektive ein. Die genealogische Perspektive steht für die Annahme, dass der Körper keine Konstante ist, sondern der Ort, an dem die Macht wirksam wird. Mit Genealogie intendiert Foucault die Untersuchung der diskursiven Prozesse, die Körper oder bei Butler das biologische Geschlecht als naturhaft haben erscheinen lassen. Somit geht es um die Prozesse der Naturalisierung von Körpern. Butler entfaltet ein Konzept von Konstruktion, das nicht auf einen Ort oder eine Oberfläche zielt, sondern jenen Prozess der Materialisierung benennt, »der im Laufe der Zeit stabil wird, so daß sich die Wirkung von Begrenzung, Festigkeit und Oberfläche herstellt, den wir Materie nennen« (ebd.: 32). Hierbei akzentuiert Butler das Prozessuale, dass Materie immer etwas zu Materie Gewordenes bedeutet. Folglich stellt sich nicht die Frage, wie *gender* durch *sex* konstituiert wird, da es keine Materie außerhalb des Diskurses gibt. Vielmehr interessiert sie sich dafür, durch welche Normen und Regulierungen *sex* materialisiert wird. Hierbei ist es entscheidend, dass Butler Diskurs und Materie nicht gleichsetzt. Sie geht vielmehr davon aus, dass Materialität nicht von einem jenseitigen Ort des Diskurses begriffen werden kann (ebd.: 104). Wenn man also annimmt, dass ein Ding als Objekt des Diskurses konstituiert wird, lässt sich daraus kein Rückschluss darauf ziehen, ob eine Welt außerhalb des Diskurses existiert oder nicht. Laclau und Mouffe exemplifizieren diesen Gedanken:

»Ein Erdbeben oder auch ein herabfallender Ziegelstein sind Ereignisse, die tatsächlich existieren, insofern sie hier und jetzt geschehen, unabhängig von meinem Willen. Ob ihre Besonderheit als Ding jedoch begrifflich als ›Naturereignis‹ oder ›Ausdruck des Zorns Gottes‹ gefasst wird, hängt von der Strukturierung des diskursiven Feldes ab« (2000: 108).

Es wird demnach nicht bestritten, dass Dinge außerhalb des Denkens existieren. Bestritten wird, dass sie sich selbst als Objekte außerhalb des Diskurses konstituieren können. Wenn von der sozialen Konstruktion des Körpers gesprochen wird, bedeutet dies nicht, dass es den Körper und insbesondere seine Materialität nicht gibt. Es bedeutet aber, dass andere Körperkonzeptionen als die, die wir kennen, prinzipiell denkbar sind.

Wie Ian Hacking (2002) ausführt, unterliegt der These der sozialen Konstruktion oft ein aufklärerisches und befreiendes Moment: Etwas, dass als unveränderlich oder als Natur verstanden wurde, wird im Zuge der Konstruktionsthese als von Menschen geschaffen entlarvt. Die Möglichkeit der Veränderung bedeutet jedoch nicht, dass etwas, das konstruiert wurde, beliebig veränderbar ist. Es lässt sich jedoch zeigen, dass soziale Konstellationen den Anschein von Natürlichkeit des betreffenden Gegenstandes herstellen (vgl. Landweer 2002).

Was bedeutet dies nun für Körperteile in der Organspende? Linda Hogle zeichnet in ihrer komparativen Ethnographie nach, wie sich die soziokulturell geprägte Wahrnehmung von Organen auf Ebene der Materialität der Organe bemerkbar macht. Auch in der Transplantationsmedizin wird diskursiv Wissen über Körperteile hergestellt, das damit korreliert, wie wir transplantierte Körper und Transplantate wahrnehmen. Denn ein zur Transplantation entnommenes Organ in Deutschland unterscheidet sich maßgeblich von einem Organ, dass in den USA explantiert wird: In den USA verfolgen Medizinerinnen und Mediziner bei der Vorbereitung eines Organs zur Transplantation das Anliegen, ein beliebig einsetzbares therapeutisches Werkzeug zu schaffen. Das Organ soll für eine Breite von Patientinnen und

Patienten nutzbar gemacht werden können, auch wenn es nur eine Person erhalten kann. Ihnen geht es um die Herstellung einer universell einsetzbaren und optimalen Niere, die sie durch Modifikationen am Organ erreichen wollen: »organs were seen to be more functional than the original: in a sense, more like a kidney than a kidney. These efforts were meant to produce ›prime quality organs‹ [...] and to make organs and tissues more like universal parts, usable in a variety of recipients« (Hogle 1996: 678). In Deutschland wird die Explantation dagegen eher als Kunsthandwerk gesehen. Die zur Transplantation freigegebenen Organe sollen unterstützt und nicht verbessert werden. Angestrebt wird, die Organe möglichst frisch zu transplantieren. Zudem wird anders als in den USA die Qualität des Organs als entscheidend von seiner Herkunft bewertet. Zum Beispiel wird gefragt, ob die Spenderin Raucherin war oder der Spender womöglich übergewichtig. Während in den Transplantationschirurgien in den USA angestrebt wird, eine *universale Niere* herzustellen, wird in den von Hogle untersuchten Transplantationschirurgien in Deutschland vielmehr das *Natürliche* unterstrichen. Die Medizinanthropologin bettet die unterschiedlichen Praktiken, mit dem Organ umzugehen, in die unterschiedlichen historischen und soziokulturellen Kontexte der Länder. In Deutschland besteht vor dem Hintergrund der Erfahrungen mit dem Nationalsozialismus eine stärkere Vorsicht und Abwehr gegenüber Instrumentalisierungen von Körpern. Körperteile werden demzufolge eher erhalten, die persönlichen Charakteristika der Spenderin oder des Spenders beachtet und der Hirntote möglichst wenig gestört (ebd.).

Bevor in einem nächsten Schritt aufgezeigt werden soll, ob die Konstruktionsthese des Körpers seine Verfügbarkeit mit einschließt oder nicht, wird zunächst die Frauengesundheitsbewegung in den Blick genommen. Denn bei der Umdeutung von naturhaften zu verfügbaren Körpern spielt die Neue Frauenbewegung, und insbesondere die Frauengesundheitsbewegung, eine Schlüsselrolle.

Vom naturhaften zum verfügbaren Körper: Die Frauengesundheitsbewegung

Fast alle Forderungen der Neuen Frauenbewegung, so resümiert Duden, zielten darauf, dass Frauen sich ihrer Körper ermächtigen: »Das Recht abzutreiben, den Zugang zu Empfängnisverhütungen, Informationen über die

Pille und all das wurde im Namen der ›Selbstbestimmung‹ im ›Umgang mit dem eigenen Körper‹ eingeklagt« (2004: 505). Es war das Anliegen der Frauen der Neuen Frauenbewegung, sich vom ›patriarchalen Medizinsystem‹ zu befreien. Die Aktivistinnen der Frauengesundheitsbewegung warfen der Medizin vor, dass sie Frauen entmündigte und als behandlungsbedürftige Patientinnen pathologisierte (vgl. Boston Women's Health Book Collective 1980). Hintergrund hierfür bilden medizinische Arbeiten, die seit dem 18. Jahrhundert die Möglichkeiten der generativen Reproduktion des weiblichen Körpers ins Zentrum stellen. Die Frauengesundheitsbewegung entzog sich diesem spezifischen medizinischen Blick auf Frauen. Sie kritisierte die Zuweisung aller weiblichen Erkrankungen auf die Fortpflanzung und die prinzipielle Praxis der Entmündigung von Frauen durch die Medizin. Sie entlarvte die Biologie-als-Schicksals-Ideologie. Die großen sozialen Unterschiede zwischen den Geschlechtern lassen sich nicht mit den biologischen Unterschieden erklären, so der Einwand.

Ein weiterer zentraler Kritikpunkt der Aktivistinnen der Frauengesundheitsbewegung bestand im Ausschluss von Frauen aus medizinischen Studien. Denn in die groß angelegten epidemiologischen und medizinischen Untersuchungen wurden lange Zeit nur Männer einbezogen, da die zyklusbedingten hormonellen Schwankungen von Frauen als Störfaktoren angesehen wurden. Auch wenn zahlreiche Medikamente ausschließlich von Frauen eingenommen wurden, wurden sie nur an Männern getestet und die Ergebnisse auf Frauen übertragen (vgl. Schiebinger 1990). Die Wiederaneignung des Körpers sollte vor allem über den Zugang zum medizinischen Wissen erfolgen. Exemplarisch formulieren die Autorinnen des Boston Women's Health Book Collective:

> »Indem wir beginnen, unser körperliches Sein zu verstehen, zu akzeptieren und uns dafür verantwortlich zu fühlen, befreien wir uns von vielen Ängsten und Hindernissen und können unsere bisher verschwendeten Energien sinnvoller einsetzen. Endlich sehen wir uns so, wie wir sind, und können dadurch bessere Freundinnen, bessere Liebende, bessere Menschen werden: selbstbewusster, autonomer und stärker« (1980: 36).

In Auseinandersetzung mit den Themen Körper, Gesundheit und Medizin entzündete sich die feministische Kritik. Die Aktivistinnen forderten körperliche Selbstbestimmung. Christiane Schmerl resümiert: »Das Persönliche war nachvollziehbar politisch geworden« (Schmerl 2002: 34). Die Abkehr von der Biologie als Schicksal entstand damit vor allem vor dem Hintergrund der politischen Strategie von Frauen, sich ihrer Körper zu ermächtigen (vgl. Lenz 2004). Diese Gleichzeitigkeit aus Autonomie und Verfügbarkeit kommt zum Beispiel auch in dem bekannten Slogan ›Mein Körper gehört mir‹ zum Ausdruck (vgl. Villa 2008a). Diese Selbstermächtigung als emanzipatorische Praxis lässt sich jedoch nicht von den Machtkonstellationen lösen, aus denen sie hervorgeht. Paula-Irene Villa verweist hierbei auf die Ambivalenzen des feministischen auf den Körper gerichteten Ermächtigungsdiskurses der Neuen Frauenbewegung. Denn mit dem Slogan ›Mein Bauch gehört mir‹ wurde der Frauenkörper zwar entnaturalisiert, er wurde damit aber auch als verfügbar konzipiert. Mit der angestrebten Autonomie über den Körper wurde er schließlich zu einer Ressource:

»Damit wurde der [weibliche] Körper explizit zu einer Ressource, zu etwas, dessen man sich bedienen konnte [...]. So wichtig das ›mir‹ dieses Slogans im Sinne neuer Vergesellschaftungs- und Subjektangebote war [und ist] und so relevant die darin eingelagerte Semantik von Befreiung aus der Unmündigkeit qua Autonomie, so wenig ist bislang das ›gehören‹ dieses Mottos beachtet worden« (Villa 2008a: 258).

Durch die Frauengesundheitsbewegung erfuhr der Körper somit einen Bedeutungswandel: Sie reflexivierte den Körper, er wurde zu etwas Verhandelbarem und vor allem zu etwas Verhandlungsbedüftigem (ebd.; vgl. Lenz/Mense/Ullrich 2004). Die Selbstermächtigung über Körper wird hierbei durch die Unterwerfung unter hegemoniale Normen erkauft. Auch wenn zum Beispiel sogenannte Schönheitsoperationen von Frauen und Männern als ermächtigend empfunden wurden und sie ihnen auch als solche gesellschaftlich vermittelt werden, muss neben der Ermächtigung auch der Moment der Unterwerfung unter bestimmte Schönheitsnormen in den Blick genommen werden. Paradoxerweise hat die Neue Frauenbewegung mit ihrem Autonomieanspruch und der Zurückweisung der Natur als Schicksalsideologie einen großen Anteil daran, dass Körper als verhandelbar und verfügbar vorgestellt werden (vgl. ebd.). Wie in den nächsten beiden Kapiteln noch deutlich wird, wird sich der Rhetorik des körperlichen Empowerments der Frauengesundheitsbewegung häufig bedient, wenn medizinische Technologie eingeführt oder wenn Gesetze, wie auch die Regelungen der Organspende, geändert werden sollen.

Körper konstruieren, über Körper verfügen – sich seines Körpers ermächtigen?

Über etwas verfügen heißt, so Hilge Landweer, anders als verändern, »es willentlich manipulieren und benutzen zu können« (2002: 60). Wir können über unseren Besitz wie über Autos verfügen, aber auch über unsere Körper, indem wir von »unseren Körpern« sprechen und sie willentlich bewegen können. Auch wenn eine Person im Rollstuhl sitzt, verfügt sie trotzdem über ihren Körper. Der Satz »ich habe keinen Körper«, so führt Landweer aus, ist sinnlos, weil jedes mit »Subjektivität ausgestattete Wesen, das von sich als ›Ich‹ spricht, über einen fleischlichen, spürbaren Körper verfügt« (ebd.). Günter Pöltner (2008) unterscheidet hierbei einen engen und einen weiten Begriff von Verfügbarkeit über den eigenen Körper. Vor dem Hintergrund medizinischen Handelns subsumiert er unter den weiten Begriff Ziele ärztlicher Therapien wie Heilung, Linderung von Schmerzen, Prävention und Rehabilitation. Gesundheit lässt sich hierbei nicht herstellen, sondern nur wiederherstellen: *natura sanat – medicus curat*. Unter den engen Begriff des Verfügens über Körper würden Eingriffe fallen, die nicht mehr die Wiederherstellung intendieren, sondern, wie im Falle der Organtransplantation, ihre Herstellung: »Der Leib soll so umgestaltet werden, daß er [...] einer gesteigerten Funktionstüchtigkeit [...], einer völlig neuen Funktionalität entspricht« (Pöltner 2008: 4).

Ein weiteres Beispiel bildet das für die Transplantationsmedizin konstitutive Hirntodkonzept. Indem ein Todeszeitpunkt bestimmt wird, wird der Körper des Hirntoten verfügbar und veräußerbar. Mit der Verfügbarkeit über den Körper des Hirntoten verändern sich, wie Lindemann argumentiert, die Grenzen des Sozialen: »Wenn die Frage, wer eine soziale Person ist, mit der Frage, wie bei Menschen zwischen Leben und Tod unterschieden werden kann, zusammenfällt, ist eine Veränderung der Todeskonzeption zugleich eine Verschiebung der Grenzen des Sozialen« (2002: 14). Mit der Verfügbarkeit des Körpers wird damit die Frage virulent, wer ein sozialer Akteur ist und wer nicht. Wie deutlich wird, und wie Villa (2008a) am Beispiel der Körperpraktiken der plastischen Chirurgie argumentiert, sind dem Verb ›verfügen‹ immer auch Machtaspekte implizit. Denn verfügen verweist auf einen Besitz- oder Herrschaftsanspruch oder wie im Falle des sogenannten Hirntoten auf die Frage nach sozialen Rechten (vgl. Lindemann 2002). Foucault bestimmte das Verfügen über Dinge, wie ich nachfolgend noch ausführe, als Zweck von liberalen und neoliberalen Regierungen. Um bestimmte Regierungsziele zu erreichen, wie etwa die Sicherstellung der Hygiene, muss über bestimmte Dinge verfügt werden können (vgl. Foucault 2000; II.3). In dem Verfügenkönnen und Verfügensollen liegt semantisch jedoch auch die Möglichkeit zu versagen. Mit dem gesellschaftlichen Auftrag der Arbeit am Selbst geht auch der Bedeutungszuwachs des Scheiterns einher. Ein Beispiel für das Scheitern der Arbeit am körperlichen Selbst bildet Dicksein (vgl. Morgan 2008; Schmidt-Semisch/Schorb 2007).

Das Verfügenkönnen über Körper überschneidet sich damit in einigen Aspekten auch mit dem Verändern von Körpern. Auch in der Konstruktionsthese des Körpers ist die Möglichkeit der Veränderbarkeit, wenn auch in Grenzen, enthalten. Der Begriff der Verfügbarkeit dagegen setzt ein »Verfügenwollen und damit zurechenbare Absichten wenigstens als Möglichkeit voraus« (Landweer 2002: 61). Landweer führt als Beispiel das Klima an: Auch wenn sich das Klima als soziale Konstruktion beschreiben lässt, können wir nicht über das Klima verfügen. Der Körper des Menschen unterscheidet sich hierbei von dem Klima darin, dass wir innerhalb eines ontologischen Rahmens über ihn verfügen können. Die Grenze der Verfügbarkeit des menschlichen Körpers besteht beispielsweise in der Sterblichkeit des Menschen:

»Wir können zwar über unser Leben verfügen in dem Sinne, daß wir es gestalten können, und wir sind sogar fähig, uns für den Freitod zu entscheiden. Wir können individuell und kollektiv, etwa durch eine gesunde Lebensweise und durch die Möglichkeit der Medizin, unser Leben verlängern, und wir können seinen möglichen Beginn immer weiter vorverlagern, aber wir kommen nicht darum herum, daß unser Entstehen und die Entwicklung unserer Persönlichkeit von menschlichen Interaktionen abhängig sind und daß wir sterben müssen« (ebd.: 62).

Auch wenn sich die Grenzziehungen zugunsten der Verfügbarkeit von Körpern verschieben, lassen sich dennoch nicht überschreitbare Grenzen ausmachen. Diese bestehen zweifelsfrei in der Sterblichkeit des Menschen. Darüber hinaus jedoch auch in Leibdimensionen des Körpers.

1.4 Gespürte Körper

Wie die vorliegende Arbeit auch wird in den meisten körpersoziologischen Arbeiten untersucht, *wie* über den Körper gesprochen wird und auf welche Weise er kulturell und gesellschaftlich geformt ist. Wenn man dieser Perspektive folgt, bleibt auf der Strecke, so exemplarisch Lindemann, was genau zum Objekt gemacht wird (1996). Seit Mitte der 1990er Jahre wird die Abwesenheit des material gelebten, des gespürten Körpers in der Körpersoziologie konstatiert und eine Reihe von Autorinnen und Autoren widmen sich der Frage, wie der Körper auch als »passives Medium gesellschaftlicher Wirklichkeitskonstruktion« (Gugutzer 2004: 105) in den Blick genommen werden kann (vgl. Crossley 1995; Gugutzer 2002; Jäger 2004; Lindemann 1993; Villa 2001; Wacquant 1995). Die Ebene der Leiblichkeit wird als »eigene Erfahrungsdimension« (Jäger 2004: 47) diskutiert. Im Zuge des verstärkten Interesses und vor allem durch die theoretischen Bezüge Gesa Lindemanns gewinnen auch Autoren phänomenologischer Werke wie Helmut Plessner, Hermann Schmitz und Maurice Merleau-Ponty wieder an Bedeutung.

Auch wenn in dieser Arbeit mit ihrer diskursanalytischen Ausrichtung konstruierte Körperteile im Diskurs des Organmangels im Zentrum stehen, lassen sich der Perspektive auf den Leib Hinweise entnehmen, die für das Verständnis der Organspende zentral sind. So verdeutlichen gerade Leibaspekte, wie ich nachfolgend ausführe, die »Grenzen der Verfügbarkeit« (List 2001) von Körpern, das heißt Grenzüberschreitungen und Tabubrüche der medizinischen Technologie.

Lindemann (1993) zeigt am Beispiel der Transsexualität, wie Geschlecht in den Leiberfahrungen hergestellt und gesichert wird. Die Stabilität der Geschlechterordnung basiert nicht nur auf ihrer diskursiven Konstruktion, sondern auch im leiblich-affektiven Empfinden, ein Mann oder eine Frau zu sein. Lindemann modifiziert Plessners Theorie der exzentrischen Positionalität, indem sie diese mit Schmitz' Leibphänomenologie verknüpft. Plessner arbeitete heraus, dass Menschen in einem Spannungsverhältnis aus Körpersein und Körperhaben leben. Der Mensch ist als Organismus an das Hier und Jetzt gebunden. Plessner spricht hier vom Körpersein. Daneben kann er aber auch begrenzt über seinen Körper verfügen, er kann zu sich in Distanz treten und das Hier und Jetzt hinter sich lassen. Damit ist das Körperhaben gemeint. Für Lindemann stellt das Spüren unter

Rückgriff auf Schmitz eine leiblich-affektive Erfahrung dar. Da Menschen leiblich in Bezug zu ihrer Umwelt stehen, treten sie, wenn sie sich begegnen, auch in leibliche Interaktionen (vgl. Lindemann 1993). Wenn das Körperhaben das kulturell geprägte Wissen beschreibt, dann prägt wiederum das Körperwissen die leibliche Erfahrung: »Wenn ein Individuum seine Zuständlichkeit erlebt, indem es den Leib, der es ist, als den Körper erfährt, den es hat, ist die passive Erfahrung des Leibes durch das alltagsweltlich relevante Wissen über den Körper strukturiert« (Lindemann 1992: 335). In Bezug auf die Verschränkung von Körper und Geschlecht heißt dies, dass bestimmte Körperformen eindeutig ein Geschlecht bedeuten. Der »Körper als Bedeutungsträger und das Geschlecht als Bedeutung« werden nicht voneinander unterschieden (ebd.: 337). Zudem werden menschliche Körper von der »Grundannahme der Zweigeschlechtlichkeit« gesehen (ebd.). Diese Geschlechterbinarität wird eigenleiblich erfahren. Lindemann erklärt, dass sich eine Person dann als ein Geschlecht realisiert, wenn sie »den geschlechtlich signifikant gemachten Körper als die leiblich-affektive Wirklichkeit erlebt, die sie ist, das heißt, diese liefert in der Verschränkung von Körper und Leib eine unleugbare Evidenz des eigenen Geschlechts« (1992: 344).

Was Lindemann am Beispiel der Geschlechterordnung aufzeigt, lässt sich prinzipiell auf gesellschaftliche Ordnungen übertragen (vgl. Gugutzer 2004). Nicht nur die Geschlechterordnung ist im Leib-Umwelt-Verhältnis fundiert. Anhand Norbert Elias' Überlegungen zur sozialen Kontrolle lässt sich zum Beispiel auch verdeutlichen, dass soziale Kontrolle dann wirkmächtig ist, wenn sie leiblich affektiv spürbar ist (vgl. ebd.).

Organtransplantationen als Leiberfahrungen

Aus der Perspektive der naturwissenschaftlich fundierten Medizin und ihrem Blick auf den Körper stellt sich die Frage einer Leiberfahrung von Organtransplantationen zunächst nicht. In der Sprache der Medizin werden Körperteile als ersetzbar und als ein von der Identität des Menschen losgelöstes Material betrachtet (vgl. Lock 2002). Der Gebrauch von humanen Körpern und seiner Teile als therapeutische Werkzeuge und dumpfe Ersatzteile hat sich durchgesetzt (vgl. Hogle 1996).

Aus der Medizinanthropologie und der Psychologie liegen dagegen eine Reihe von Arbeiten vor, die darauf verweisen, dass Organtransplantationen als Verletzungen des leiblichen Körpers erlebt werden. Der eigene Körper wird, wie erwähnt, durch feste Außengrenzen definiert. Die Erschütterung dieser Vorstellung durch einen Transplantationseingriff hat möglicherweise Angst und Irritation auslösende Konsequenzen.[25] Medizinanthropologische, -soziologische und -psychologische Arbeiten thematisieren auch die Tatsache, dass es in der Organtransplantation zu einer Vermischung von Eigenem und Fremden kommt und Totes mit Lebendigem kombiniert wird (vgl. Decker et al. 2004; Holtkamp 1992; Kalitzkus 2003; Lock 2000; Manzei 2003; Sharp 1995; 2000).[26]

Die US-amerikanische Anthropologin Leslie Sharp (1995) und ihre kanadische Kollegin Margaret Lock (2000) berichten aus Interviews mit Patientinnen und Patienten in den USA, dass die Transplantation ihren Modus des In-der-Welt-Seins erschüttert hat. Für die Organempfängerinnen und -empfänger ist relevant, welches Geschlecht die Spenderin oder der Spender hatte, was für einc Hautfarbe, welchen sozialen Status oder was für eine Persönlichkeit. Das medizinische Verständnis, das Patientinnen und Patienten von ihren Ärzten vermittelt bekommen, wird nicht immer geteilt. Die Identität der Person lässt sich, anders als die Medizin es vorgibt, nicht vollständig vom Organ lösen.

Gleiches belegt die Medizinethnologin Vera Kalitzkus anhand ihrer ethnographischen Forschung in Deutschland, ın der sie u.a. auch in Interviews mit Angehörigen von sogenannten Hirntoten spricht, denen Organe entnommen wurden. Sie resümiert, dass Organe nicht als »von allen leiblichen Aspekten gereinigt« betrachtet werden (Kalitzkus 2003: 225), obwohl in westlichen Gesellschaften wie Deutschland das Verständnis des Körpers stark von der naturwissenschaftlich fundierten medizinischen Sicht vermittelt wird. Vera Kalitzkus beobachtet die Leiberfahrung einer Organtransplantation auf unterschiedlichen Ebenen: Zum einen gelingt es vielen Transplantatempfängerinnen und -empfängern nicht, die Herkunft der Or-

25 Auch klassische Horrorfilme arbeiten mit dem Tabubruch der Öffnung der körperlichen Innen-Außen-Grenzen. In Horrorfilmklassikern wie Roman Polanskis *Rosemary's Baby* dringt das Böse unbemerkt in die Körper ein und bricht dort unerwartet aus (vgl. Höltgen 2005).

26 Auch in der Literatur und im Film werden Transplantationen als Thema der Nichtlösbarkeit zwischen der spendenden und der empfangenden Seite erzählt, vgl. Fußnote 12 in Kapitel I.

gane zu ignorieren: »Auf der Ebene des Leibes betrachtet stellen Organe in gewisser Weise eine Verlängerung des Selbstes dar. Das heißt, die Verbindung des Organs mit seinem Organspender reißt mit der Entnahme des Organs nicht ab« (2003: 225).

Für die Empfängerinnen und Empfänger der Organe stellen sie vielmehr »Teile des Leibes eines Verstorbenen dar, die sich nicht von seinem Selbst und seiner Individualität trennen lassen« (ebd.). Die Angehörigen, die sich für die Organentnahme entschieden haben, sprechen davon, dass sie es begrüßen, dass »etwas noch weiterlebt«. Auch dies verweist auf die Nichtlösbarkeit der Organe von dem Leib der Spenderin oder dem Spender (ebd.). Einige Transplantatempfänger äußern jedoch auch, dass sie das Transplantat auf der Ebene von Körpern betrachten. Für sie wurde nur körperliche Materie transplantiert. Deutlich wird in den Interviews der Medizinethnologin zudem, dass auch die metaphorische Besetzung der Organe bei den Empfängerinnen und Empfängern eine Bedeutung hat. Eine Herztransplantation wird anders erlebt als die Transplantation der Leber oder der Milz (vgl. Frick/Storkebaum 2003; Diamandopoulos/Goudas 2002). Eine Empfängerin eines Herztransplantats, so Kalitzkus (2003), schrieb einen offenen Brief, um sich für ihr Spenderherz zu bedanken. Sie erklärte, dass sie sich viele Gedanken über die Spenderin oder den Spender macht und dass es ihr aufgrund der hohen Symbolik des Herzens etwas ausmachen würde, wäre ihr die Spenderin oder der Spender nicht sympathisch.[27]

Kalitzkus verortet auch Dimensionen der Gabe auf der Ebene des Leibes. Wie ich nachfolgend noch herausarbeite, impliziert die Gabe immer eine Erwiderung, sodass soziale Beziehungen entstehen. In der postmortalen Organspende ist der Gabentausch allerdings unvollendet, da die spendende und empfangende Seite anonym bleiben. Dieser unvollendete Gabentausch der postmortalen Organtransplantation wird auch von einigen Interviewpartnerinnen und -partnern beklagt (vgl. ebd.; Holtkamp 1992). Kalitzkus schildert, dass ein Angehöriger die Anonymität des Spenders als Profanierung des Leibes des Verstorbenen erlebt hat. Durch die Anonymität

27 Eine Untersuchung zu Erfahrungen herztransplantierter Menschen bietet die Medizinethnologin Olivia Wiebel-Flanderl (2003). Der französische Philosoph Jean-Luc Nancy reflektiert in *Der Eindringling* (2000) seine Irritationen mit der Grenzverwischung zwischen Eigenem und Fremdem bei einer Herztransplantation.

wurden die Organe des geliebten Menschen zu einer körperlichen Ressource (vgl. Kalitzkus 2003). Mit der Unvollendung des Gabentauschs wird der Körper des Hirntoten als profaniert erlebt. Empfängerinnen und Empfänger von Organen thematisieren zudem einen Druck, die Gabe zu erwidern, was sie jedoch nicht können: Denn wie kann man sich für eine Spenderorgan revanchieren? Für einige Empfängerinnen und Empfänger ist das Verpflichtungsgefühl so groß, dass sie von Schuldgefühlen sprechen. Diese Schuldgefühle lassen sich als eine leibliche Erfahrung beschreiben in dem Sinne, dass sie einerseits spürbar (utopisch nach Plessners) und zugleich kulturell geformt sind. Eine Interviewpartnerin, die ein postmortales Transplantat erhalten hat, bringt dies mit Rekurs auf den Schmerzbegriff auf den Punkt: »Es tut weh, wenn ein anderer sterben muss und man selbst weiterleben darf« (ebd.: 239).

Wie deutlich wird, ist der Leib auch immer ein kulturelles Produkt. Damit wird die Dimension der Gabe, dic Gabe erwidern zu müssen, auf Ebene des Leibes wirksam. Zudem kann der Leib als Ort der Eigen- und Widerständigkeit gegenüber bestimmten medizinischen Praktiken in den Blick genommen werden, in denen Leibdimensionen ignoriert werden (vgl. Jäger 2001).

1.5 »Grenzen der Verfügbarkeit« (List)

Über Körper verfügen, so wurde am Beispiel der Forderungen der Frauengesundheitsbewegung deutlich, kann einerseits mit einem Gewinn an Autonomie über Körper einhergehen. Andererseits bedürfen die Körperpraktiken, in denen über Körper verfügt werden, kritischer Reflexionen und Einsprüche. Denn Körperpraktiken bilden immer auch Machtpraktiken, in denen Vorstellungen von guten und schlechten, schönen und nicht schönen und damit auch richtigen und falschen Körpern verhandelt werden (vgl. Villa 2008a, 2008b).

Mit der Konstruktionsthese des Körpers lässt sich zeigen, dass die Materialität von Körpern und damit auch von Organen in der Organspende nicht außerhalb von Diskursen begriffen werden können, was nicht gleichbedeutend damit ist, dass es keine Materialität außerhalb von Diskursen gibt. Die Konstruktionsthese des Körpers impliziert bis zu einem gewissen Grad seine Veränderbarkeit, jedoch nicht seine prinzipielle Verfügbarkeit. Denn die eben referierten Ausführungen zu Organtransplantationen als

Leiberfahrungen weisen darauf hin, dass Grenzen der Verfügbarkeit des Körpers in Bezug auf den lebendigen Körper bestehen. Er ist nur bedingt gestalt- und damit verfügbar. Die Empfängerinnen und Empfänger, die Spenderinnen und Spender von Organen sowie die Angehörigen können den Körper nicht mit einem objektiven Gegenstand gleichsetzen. Der Körper steht auch immer für die leibliche Existenz eines Menschen. Er verweist auf ihre soziale, psychische und physische Existenz.

Eine Organentnahme oder eine Transplantation eines Organs ändert damit nicht nur den Körper als Objekt, so Manzei (2003), sondern auch seine Existenzweise, sein körperlich-leibliches In-der-Welt-Sein. Über das Lebendige und den Leib hinaus besteht eine weitere Grenze in der Sterblichkeit des Menschen. Mit den Möglichkeiten der Medizin, wie der Organtransplantation als therapeutisches Verfahren, wird zwar die Grenze zwischen Tod und Leben verschoben, andererseits setzt der Tod des Menschen dem medizinischen Handeln eine unausweichliche Grenze (vgl. ebd.; Lindemann 2002). Diese Grenzen der Verfügbarkeit zu akzeptieren, bedeutet jedoch nicht, den Kampf um körperliche Selbstermächtigung als verloren zu deklarieren und »resigniert den Körper als Schicksal« zu behandeln (Landweer 2002: 63). Die Missachtung der Grenzen der Verfügbarkeit des Körpers führt vielmehr, so schließe ich mich Landweer an, zu »illusionären Scheingefechten und zu kollektiver Selbsttäuschung« (ebd.). Die Unverfügbarkeit lässt sich in diesem Sinne auch als Einspruch gegen jene Körperpraktiken, wie die der Transplantationsmedizin, lesen, in der Leibdimensionen ignoriert werden (vgl. Barkhaus/Fleig 2002a; Duden 2002).

2 ÖKONOMIEN DER GABE

In der Organtransplantation sind Begriffe wie Organspende, Organempfängerin oder Spenderniere eingeführt. Sie verweisen darauf, dass die Verteilung von Organen außerhalb warenökonomischer Kalküle steht bzw. stehen soll. Der Begriff der Spende ist mit altruistischem und solidarischem Handeln assoziiert (vgl. Petersen 2009). Eckhard Priller und Jana Sommerfeld definieren eine Spende als einen »Transfer von Geld, Sachen oder Leistungen für gemeinwohlorientierte Zwecke« (2005: 9). Der Transfer ist freiwillig und erfolgt ohne eine materielle Gegenleistung. Die Spende wird in der Regel nicht direkt an die Bedürftigen gegeben, sondern wird über eine gemeinnützige Mittlerorganisation, die Stiftung, gesammelt und weitergeleitet. Eine Stiftung definiert Adloff als »spezifisches Rechtsinstrument, bei dem es idealtypisch darum geht, ein Vermögen, das in der Regel nicht geschmälert werden darf, dauerhaft der Verwirklichung eines Stifterwillens zu widmen« (2010: 13). Adloff (2010) formuliert in seiner Untersuchung von US-amerikanischen und deutschen Elitestiftungen ein Unbehagen an der in Deutschland verbreiteten Haltung, dass Stiftungen per se auf die Förderung der Zivilgesellschaft und die Stärkung der Demokratie gerichtet sind. Stiftungen wird zudem eine hohe innovatorische Kraft zugesprochen. Vielmehr müsste genauer betrachtet werden, welche Funktionen Stiftungen übernehmen und welche sozialen Gruppen profitieren.

Wenn man die Bestimmungen der Spendenforschung auf die Organtransplantation überträgt, dann wird die Organspende als Transfer eines Organs definiert, der ebenfalls gemeinwohlorientiert erfolgt. Anders als bei einer Geldspende verfolgt eine Organspende immer einen therapeutischen Zweck. Die Bedürftigkeit besteht in der Organinsuffizienz, die durch die Implantation eines Organs kompensiert werden kann. Auch in der Organspende soll die Spende freiwillig und ohne materielle Gegenleistung erfolgen. In der postmortalen Spende wird eine Gemeinschaft aus Kranken vorgestellt, die auf Spenderorgane angewiesen sind und auf sie warten. In der Lebendorganspende kann nicht von Gemeinwohl gesprochen werden, da an einen nahen Angehörigen direkt gespendet wird. Das Spenden und Empfangen von Organen ist des Weiteren auch institutionell eingebunden (vgl. Healy 2006). Das Vermögen der Stiftungen bilden in der Organspende nicht Geldzahlungen, sondern Organe. Die europäische Stiftung *Eurotransplant* regelt das Geben und Nehmen von postmortalen Organspenden in Deutschland Österreich, den Niederlanden, Belgien, Luxemburg, Slowenien und Kroatien. Der Zusammenschluss der Nachbarländer soll hierbei die Chance erhöhen, dass Patientinnen oder Patienten ein immunologisch passendes Organ erhalten oder in sehr dringenden Fällen schnell transplantiert werden. Mithilfe eines Regelungskatalogs wird versucht, eine möglichst gerechte Organverteilung unabhängig vom Wohnort, sozialen Status, von der finanziellen Situation und der Meldung bei einem bestimmten Transplantationszentrum zu schaffen. Als nationale Koordinationsstelle versteht sich die *Deutsche Stiftung Organtransplantation*. Sie will allen Patientinnen und Patienten, die auf der Warteliste stehen, helfen, möglichst schnell ein Organ zu erhalten. Dazu arbeitet sie eng mit Krankenhäusern, mit Intensivstationen sowie mit Transplantationszentren zusammen. Seit 2008 besteht eine weitere Aufgabe in der Aufklärung über die Organspende, wozu sie die Initiative ›Fürs Leben. Für Organspende‹ ins Leben rief. Ihre Aufgaben definiert die Stiftung wie folgt: »Wir kommunizieren in der Öffentlichkeit, sich zu Lebzeiten für die Organspende zu entscheiden, und setzen uns für eine größere gesellschaftliche Anerkennung der Organspende ein« (Deutsche Stiftung Organtransplantation 2010). Adloffs Argument, dass es fragwürdig ist, Stiftungen per se zuzuschreiben, auf die Förderung der Zivilgesellschaft gerichtet zu sein, findet sich hier bestätigt. Die *Deutsche Stiftung Organtransplantation* gibt zwar vor, über Organspende zu informieren. Allerdings informiert sie ausschließlich über die Segen der Organspende. Als richtige Entscheidung erscheint hier lediglich die bejahende Haltung zur Organspende.[28]

Anders als in den USA und in einigen europäischen Ländern ist das hier angedeutete institutionelle Setting der Organspende in Deutschland noch weitgehend unerforscht (vgl. Healy 2006). Entweder widmen sich Untersuchungen der Frage, wie es optimiert werden kann, sodass der Organmangel gemindert wird. Oder das Geben und Nehmen von Organen wird untersucht, ohne dass das institutionelle Setting systematisch berücksichtigt wird.

Der Spende steht der soziologisch weitaus gehaltvollere Begriff der Gabe gegenüber. Marcel Mauss gilt mit seinem Aufsatz *Die Gabe: Form und Funktion des Austauschs in archaischen Gesellschaften* (1990) als Begründer der Gabentauschdebatte. Die Auseinandersetzung mit Reziprozität, Tausch und Schenken setzt jedoch von Aristoteles bis Thomas Hobbes an vielen Stellen ein (vgl. Wagner-Hasel 1998: 46f.; Adloff/Mau 2005: 12f.). Für Brigitta Häuser-Schäublin, Vera Kalitzkus und Imme Petersen unterscheidet sich die Spende von der Gabe darin, dass die Spende anders als die Gabe eine »einseitige Transaktion des Gebens« bildet (2008: 126). Wie Almosen wird die Spende einmalig zu einem wohltätigen

28 Würde sie sich dagegen an der Förderung der Zivilgesellschaft orientieren, müsste sie sich auch unbequemen Fragen stellen und diese öffentlich kommunizieren: Was bedeuten die neuen Befunde über die Gültigkeit des Hirntodes für die Praxis der Organspende in Deutschland? Wie lassen sich die Widerstände deuten? Und wenn die Entscheidung für Organspende tatsächlich auf Freiwilligkeit beruht, welche ablehnenden Argumente werden dann faktisch akzeptiert?

Zweck gegeben. Charakteristisch für die Gabe im Anschluss an Mauss ist dagegen, dass sie soziale Beziehungen stiftet. Wie in der Einleitung bereits erwähnt, wird der Rekurs auf die Gabe in der Organspende und vor allem auf die postmortale Spende stark infrage gestellt. Ihr wird vorgeworfen, dass sie verschleiert, dass das Geben nicht mehr zu Lebzeiten erfolgt. Außerdem ist das Geben in der postmortalen Spende einseitig, die Gegengabe bleibt aus. Wie in der Einleitung bereits ausgeführt, argumentiere ich dagegen, dass es durchaus angebracht ist, in der Organspende von einer Gabenökonomie zu sprechen. Denn auch wenn die direkte Gegengabe des Empfängers oder der Empfängerin ausbleibt, ist die Transaktion des Gebens nicht einseitig. Empfängerinnen und Empfänger von Organen kommunizieren ihren Dank öffentlich. Das Geben erfolgt an eine vorgestellte Gemeinschaft, die medial vermittelt wird, wenn etwa in Zeitungsartikeln Empfängerinnen und Empfänger von ihrer Transplantation berichten.

Die Gabe zeichnet sich neben dem Aspekt, dass sie soziale Beziehungen stiftet, durch ihre Ambivalenz aus. Dies lässt sich bereits etymologisch zeigen: Das gemeingermanische Substantiv *gift* hat die Bedeutung von Gabe, Geschenk und Schenkung. Gift wohnt jedoch auch eine negative Bedeutung inne (lat. venum). Im Englischen hat sich die positive und im Deutschen die negative Bedeutung des Wortes durchgesetzt (vgl. Mauss 2006; Gebauer/Wulf 1998; Komter 2005). Hierbei gilt als etymologisch ungeklärt, wieso auf den ersten Blick unterschiedliche Begriffe gemeinsame Ursprünge haben (vgl. Mauss 2006; Ecker 2008). Die Ambivalenz der Gabe besteht demnach etymologisch gesehen darin, dass es unklar ist, ob die Gabe ein Geschenk oder etwas Zerstörerisches ist. Der Gabentausch kann, wie Mauss (2006) herausgearbeitet hat, entsprechend agonale wie auch kooperative Formen annehmen. Die Rede davon, sich zu revanchieren, verweist etwa auf die strukturelle Ähnlichkeit zwischen der Erwiderung einer Gabe und der Rache für eine Verletzung (vgl. Gebauer/Wulf 1998). In diesem ursprünglichen Doppelsinn drückt sich nach Mauss eine »Unsicherheit bezüglich der guten und bösen Natur der Geschenke aus« (2006: 15).

In der Ambivalenz der Gabe liegt auch ihre Bedeutung für die Analyse der Organspende sowie ihre Überlegenheit gegenüber der Spende. Wie ich nachfolgend anhand empirischer Arbeiten zeige, wird eine Organtransplantation durchaus als ambivalent erlebt.

In diesem Abschnitt entfalte ich die Argumentation, dass die Organspende eine Ökonomie der Gabe bildet. Um diese Argumentation zu entfalten, führe ich zunächst in die Auseinandersetzung mit der Gabe ein und skizziere Mauss' zentrale gabentheoretische Überlegungen. Ich stelle Anschlüsse an Mauss dar, skizziere judeo-christliche Perspektiven zur Vorgegebenheit des Menschen durch Gott und erläutere Geschlechterunterschiede in den Praktiken des Gebens. Darauf aufbauend, schlage ich vor, die Gabe nicht als einen Gegenspieler zur Ware zu verstehen, sondern die Ökonomie der Gabe vielmehr als ein Kontinuum zu fassen, das von der Gabe zur Ware reicht. Abschließend präsentiere ich empirische Arbeiten, in denen Organtransplantationen als Gabenkulturen analysiert wurden.

2.1 Die Gabe bei Mauss und in der sozial- und kulturwissenschaftlichen Theoriebildung

Die Gabe spielt in der gegenwärtigen deutschsprachigen Soziologie nur eine marginale Rolle. Die Auseinandersetzung mit der Gabe fand hierzulande bislang eher in anderen Disziplinen wie der Ethnologie oder der Anthropologie statt. In der französisch- und in der englischsprachigen Soziologie ist die Beschäftigung mit der Gabe dagegen fest verankert. Seit weniger als fünf Jahren deutet sich allerdings auch in der deutschsprachigen Soziologie ein größer werdendes Interesse an (vgl. Adloff/Mau 2005a; Adloff 2005; Därmann 2010; Moebius/Papilloud 2006; Moebius 2006, 2009). In soziologischen Wörterbüchern und Einführungen fehlen allerdings noch Einträge zur Gabe, ebenso wie zu ihr nahestehenden Begriffen wie der Ware und der Reziprozität.[29] Da die Gabe das für die Soziologie zentrale Thema der sozialen Integration von Gesellschaft berührt, ist dies verwunderlich. Schließlich entsteht durch das Geben zwischen den Individuen eine Beziehung. Vor diesem Hintergrund betont zum Beispiel Georg Simmel die fundamentale Bedeutung der Gabe für die Möglichkeit von Gesellschaft:

»Das Geben überhaupt ist eine der stärksten soziologischen Funktionen. Ohne daß in der Gesellschaft dauernd gegeben oder genommen wird – auch außerhalb des Tausches –, würde überhaupt keine Gesellschaft zustande kommen. Denn das Geben ist keineswegs nur eine einfache Wirkung des Einen auf den Anderen, sondern ist eben

29 Vgl. Lehmann/Schäfer/Kopp 2006; Korte/Schäfers 2008; Bellebaum 2001. Bei Klaus Feldmann (2006) findet sich allerdings ein knapper Hinweis auf das Stichwort Tausch; Joas (2007b) führt einen Eintrag zu Sozialem Austausch.

das, was von der soziologischen Funktion gefordert wird: es ist Wechselwirkung« (1992: 663, Anm.1).

Auch Helmuth Berking betont die hohe Bedeutung der Gabe für das Verständnis diverser gesellschaftlicher Phänomene: »An und in ihr bindet sich alles: Opfer, Pflicht, Schuld, Krieg und Frieden, Status und Prestige« (1996: 63).

Warum werden Gaben erwidert?

Marcel Mauss (1990) hat in seinem bekannten Essay argumentiert, dass der Gabentausch das gesamte gesellschaftliche Leben der von ihm untersuchten Gesellschaften strukturiert. Er stellt in diesem Aufsatz den Gabentausch in Melanesien in Beziehung zum Potlatsch an der amerikanischen Nordwestküste und vergleicht das Phänomen der Gabe in altindischen Texten mit der germanischen Edda und dem römischen Recht. Der Begründer der Gabentauschdebatte suchte in seiner vergleichenden Studie damit »universalhistorische« (Kumoll 2006: 128) Momente der Gabe. Die drei zentralen Komponenten des Gabentauschs, die Mauss in allen von ihm untersuchten Gesellschaftsformen wiederfindet, bilden das Geben, das Nehmen und das Erwidern (Mauss 1990: 36f., 91f.).[30]

In seinem Essay weist Mauss darauf hin, dass Austausch und Verträge in Form von Geschenken stattfinden, die »theoretisch freiwillig sind, in Wirklichkeit jedoch immer gegeben und erwidert werden müssen« (ebd.: 17). Mauss' Interesse besteht hierbei weniger in der Frage, warum gegeben wird. In seiner Theorie der Verpflichtung geht er vielmehr der Frage der Erwiderung nach (vgl. Vandevelde 2000): Warum werden Gaben immer erwidert, auch wenn sie scheinbar freiwillig erfolgen? Worin besteht der Zwang zur Gegengabe?

Die Erwiderungspflicht der Gabe begründet sich für Mauss in der Vermischung von Person und Sache. Der Gabe wohnt das sogenannte *hau* inne, ein Ausdruck der Maori-Sprache, der eine geistige Kraft benennt, die

30 Frank Adloff und Steffen Sigmund (2005) ergänzen die drei Komponenten um das für das Verständnis der Organspende relevante Erbitten von Gaben.

die Empfängerin oder den Empfänger bindet und zur Erwiderung der Gabe zwingt.

Die Vorstellung, dass die Sache, obgleich sie übergeben wird, Teil der schenkenden Person bleibt, erklärt die bindende Kraft der Gabe. Das, was die empfangende Seite bekommt, entzieht sich der Besitzergreifung und drängt sie zur Rückerstattung: »Selbst wenn der Geber sie abgetreten hat, ist sie noch ein Teil von ihm. Durch sie hat er Macht über den Empfänger, so wie er durch sie, als ihr Eigentümer, Macht [...] hat« (Mauss 1990: 33). Bindend wirkt hierbei weniger die Sache selbst, sondern der Bezug zu dem Gebenden: Die von einem anderen gegebene Sache bleibt von dessen Fremdheit durchsetzt, sodass »etwas geben soviel heißt wie etwas von sich selbst geben« (ebd.: 35).

Durch den Austausch entsteht ein Beziehungsgeflecht. Die Gabe zielt damit nicht vorrangig auf einen materiellen Nutzen, sondern hat eine Bindung zur Folge, die Mauss als »Seelen-Bindung« versteht (1990: 35). Damit gilt die Gabe für Mauss als grundlegend für sozialen Zusammenhalt, als Mittel, einen Zustand der gegenseitigen Verbindlichkeit zu schaffen, sowie als Bedingung für einen friedvollen Umgang miteinander. Die Gabe lässt sich damit auch als Instrument der Macht verstehen: Sie situiert den Gebenden im sozialen Gefüge. Im Geben kommt dies zum Ausdruck. Vor diesem Hintergrund hat Mauss den Gabentausch als »totales gesellschaftliches Phänomen« bezeichnet (ebd.: 17). In ihm kommen vielfältige, das heißt religiöse, ökonomische, moralische, rechtliche und politische Dimensionen zum Ausdruck. Die Gabe durchdringt in archaischen wie in modernen Gesellschaften alle gesellschaftlichen Bereiche. Gegeben werden können nicht nur Dinge, im Prinzip kann alles als Gabe fungieren. Mauss führt als Beispiele Nahrungsmittel, Frauen, Kinder, Talismane, Arbeit, sexuelle und rituelle Dienstleistungen oder Priesterämter an (ebd.: 39, 55).[31]

Die Gabe hat jedoch auch eine destruktive Seite: Geben heißt auch zerstören. Wird der Verpflichtung, das Beziehungsverhältnis zwischen gebender und nehmender Seite auszugleichen, nicht nachgekommen, hat dies soziale Spannungen zur Folge. Denn wer das Geben verweigert, verliert

31 Für Hans Joas (2007a) bilden Gaben Medien. Denn in der Logik der Gabe geht es nicht um die Abtretung und Zirkulation von Gütern. Auch lassen sich auch Grüße und rituelle Tänze als Gaben verstehen. Die Gegenstände wie die Praktiken sind nur Medien, die soziale Beziehungen initiieren und stabilisieren.

sein Ansehen, »seine persona« (ebd.: 92). Das gewaltsame und zerstörerische Potential der Gabe lässt sich am Beispiel des Potlatsch, dem Gabentausch an der Nordwestküste Nordamerikas, aufzeigen. Im Potlatsch wird auf eine exzessive Weise Reichtum bewiesen, indem es vernichtet wird, um die andere Seite zu besiegen und zu demütigen.[32] Es wird ein Krieg geführt, indem die erhaltenen Gaben durch größere Gegengaben übertroffen werden und der Gegner entweder dadurch bezwungen wird, dass man ihn in einem Ausmaß beschenkt, dass er nicht zu vergelten vermag, oder die eigenen Güter vernichtet werden, »nur um den Anschein zu erwecken, als lege man Wert auf eine Rückgabe« (ebd.: 86). Die Intention, die mit dem Potlatsch verbunden ist, besteht darin, sich symbolisches Kapital wie Ansehen, Anerkennung und Prestige zu verschaffen und den Beschenkten zu demütigen.

Mauss' Überlegungen sind von einer Ambivalenz gekennzeichnet, denn die Gabe umschließt die freigiebige Zuwendung genauso wie den wechselseitigen Austausch. Sie umfasst Freiwilligkeit und Zwang. In dem Begriff Gabentausch kommt diese Zweideutigkeit zum Ausdruck. Damit distanziert sich Mauss von der Vorstellung einer reinen Gabe. Das, was als freiwilliges Geschenk erscheint, erweist sich aus Mauss' Perspektive als Pflicht.

Mauss' Werk findet mittlerweile zwar wissenschaftliche Würdigungen, dennoch steht der Name in den Sozial- und Kulturwissenschaften eher für eine Randfigur, denn für einen Klassiker.[33] Mauss' Leistung wird vor allem darin gesehen, dass er die ethnologischen und anthropologischen Untersuchungen seiner Zeit systematisierte und theoretisierte. Konzeptionell einordnen lässt er sich nur schwer. Wie im Folgenden deutlich wird, lässt die prinzipielle Offenheit seines Denkens vielfältige Anschlussmöglichkeiten zu. Stephan Moebius verortet Mauss' Ansatz sowohl als Kritik

32 Der Potlatsch wurde in Nordamerika bis zu seinem Verbot durch die kanadischen Regierung Mitte des 19. Jahrhunderts durchgeführt.

33 Mary Douglas (1990) leitet die geringe Beachtung von Mauss aus den historischen Konstellationen seiner Zeit ab: Sein Essay erschien vor dem ersten Weltkrieg zu einem Zeitpunkt, als die Auseinandersetzung mit dem Utilitarismus verebbte. Nach den Weltkriegen wurde im Westen der Kommunismus als Feindbild aufgebaut, utilitaristische Argumentationen waren verpönt. Erst mit dem Wiedererstarken einer Debatte über Solidarität in der politischen Philosophie gewinnt Mauss' Essay seit den 1990er Jahren an Bedeutung.

am utilitaristischen Individualismus als auch am Bolschewismus seiner Zeit (vgl. Moebius 2006: 358). So hat auch Mary Douglas in ihrem Vorwort zu Mauss' Übersetzung ins Englische herausgestrichen, dass die Gabe für Mauss vorrangig mit Solidarität in Verbindung steht: »A gift that does nothing to enhance solidarity is a contradiction« (1990: X). Dem schließen sich auch Frank Adloff und Steffen Mau an. Sie beschreiben Mauss' Prinzip der Solidarität als den Versuch des Entwurfs eines modernen Sozialvertrags: »Der Sozialvertrag, den Mauss in den untersuchten archaischen Gesellschaften, [...] erblickt, ist für ihn zugleich ein Modell für die Erneuerung des zeitgenössischen Sozialvertrags auf dem Wege der Anerkennung wechselseitiger Verschuldung« (Adloff/Mau 2005b: 14). Mit seinen Beispielen von sogenannten archaischen Gesellschaften plädiert Mauss zudem nicht für eine Rückkehr zu diesen Welten, vielmehr verfolgt er das Anliegen, Prinzipien der Gabe in modernen Gesellschaften zu stärken. Auch Thomas Keller greift dieses Argument auf und erklärt, dass es Mauss nicht darum ging, den »edlen Wilden« zu idealisieren, sein Anliegen war es, eine »nicht utilitaristische soziale Praxis auch in industrialisierten Ländern mit ethnologischen Analysen identifizieren zu können. Das Gabe-Denken ist in diesem Sinne weder vormodern noch anti-modernistisch. Es konfiguriert eine alternative Moderne« (2001: 94).

In der französischen Rezeption, und vor allem durch den französischen Ethnologen und Anthropologen Claude Lévi-Strauss (1993), wird Mauss mit seinem Essay auch als »Wegbereiter des Strukturalismus« gesehen (Adloff/Mau 2005: 14). Claude Lévi-Strauss generalisiert den Reziprozitätsansatz von Mauss und argumentiert, dass der Austausch und nicht die Triade aus Geben, Nehmen und Erwidern Charakteristika archaischer Gesellschaften bilden. In *Die elementaren Strukturen der Verwandtschaft* (1993) führt Lévi-Strauss Verwandtschaftsverhältnisse auf den Austausch von Frauen zurück. In modernen Gesellschaften verschwindet die Gabe und zeigt sich am ehesten noch im privaten Bereich des Schenkens und Einladens, so sein Argument. In seiner Einleitung zu Mauss' Studie hebt Lévi-Strauss (1987) positiv hervor, dass Mauss erstmalig das Soziale als System begriffen habe, bei dem zwischen einzelnen Elementen Verbindungen deutlich wurden. Mauss verkennt jedoch, dass das Symbolische und das Unbewusste grundlegender für das Verständnis von Gesellschaft sind als das Soziale (vgl. ebd.; Waltz 2006; Moebius 2006).

Gegenwärtige Anschlüsse an Mauss

In der französischen Theoriebildung erhält die Gabe einen großen Stellenwert[34]: Im Werk von Autoren wie Pierre Bourdieu (1993, 1998, 2001), Jacques Derrida (1993), Jacques Godbout (1998), Georges Bataille (1975) und Jean Baudrillard (2000, 2002, 2005) bildet die Gabe eine zentrale oder zumindest immer wiederkehrende Kategorie der Theoriebildung. Pierre Bourdieu (1998) hat in Abgrenzung zu Lévi-Strauss betont, dass die Gabe auch strukturbildend für gegenwärtige Gesellschaften ist. Die von Mauss unterstrichene Ambivalenz des Gabentauschs erklärt Bourdieu aus der Unvereinbarkeit zweier Perspektiven: Während die Beteiligten der Ansicht sind zu geben, tauschen sie aus dem Blickwinkel eines Dritten. Die Zweideutigkeit der Gabe besteht damit für Bourdieu in dem »Widerspruch zwischen der subjektiven Wahrheit und der objektiven Realität« (1998: 164). Den entscheidenden Aspekt, dass die Gabe als solche wahrgenommen wird, bildet das zeitliche Intervall zwischen Gabe und Gegengabe:

»Alles spielt sich so ab, als ob das zeitliche Intervall, dass den Gabentausch vom do ut des unterscheidet, dazu da wäre, den Gebenden seine Gabe als Gabe ohne Gegengabe erleben zu lassen, und den die Gabe Erwidernden seine Gegengabe als unbedingt und von der ersten Gabe unabhängig« (ebd.: 163).

Bourdieu diagnostiziert den am Gabentausch Beteiligten einen »individuellen Selbstbetrug« (Bourdieu 2001: 247). Dieser besteht darin, dass die Gabe und die Gegengabe als voneinander unabhängig betrachtet werden. Dieser »individuelle Selbstbetrug« wird vom »kollektiven Selbstbetrug« gestützt (ebd.). Dieser wird aufgrund der Zeitspanne zwischen Gabe und Gegengabe möglich. Damit ist für Bourdieu die Gabe dadurch gekennzeichnet, dass der Zyklus des Tausches verschleiert wird.

Bourdieu hat zudem darauf hingewiesen, dass der Gabentausch auf »einverleibten Strukturen, auf Dispositionen« beruht (ebd.). Damit verdeutlicht er am Beispiel des Gabentauschs Grundannahmen der Praxistheorie. Der Gabentausch steht für einen Ausschnitt eines sozialen Feldes, in dem

34 Einen Einblick in die französischsprachige Diskussion bieten Moebius 2006, Adloff 2005 und Adloff/Mau 2005b.

bestimmte Spielregeln herrschen, die aus der Praxis dieses Feldes generiert werden und als dessen verobjektivierte Geschichte vorausgesetzt werden müssen. Den sozialen Akteurinnen und Akteuren schreibt sich in ständiger Auseinandersetzung mit dem sozialen Feld ein Habitus ein. Bourdieu fragt nach dem Zustandekommen des Gabentauschs, ihn interessiert, »wie die Logik des Gabentauschs zur Produktion dauerhafter Beziehungen führt, die der auf einer ahistorischen Anthropologie aufbauenden ökonomischen Theorie unverständlich bleiben« (ebd.: 252f).

Somit kritisiert Bourdieu die Dichotomie von Ökonomie und Nichtökonomie: Sie verleitet dazu, die grundlegenden Verschleierungstaktiken in scheinbar von ökonomischen Interessen freien Handlungen zu übersehen (vgl. 1993: 222f.) In seiner Untersuchung der kabylischen Gesellschaft argumentiert er vielmehr, dass Macht im System des Schenkens bestätigt und verborgen wird. Indem der Gebende großzügige, nicht erwiderbare Geschenke macht, erzeugt er im Beschenkten eine Schuld, die seinen sozialen Status festschreibt. Beim Gabentausch handelt es sich damit um soziale Spiele, die ineinandergreifen, damit Beziehungen herstellen und die auf das Funktionieren von Gesellschaften hin orientiert sind. Der Gabentausch ist eine Praxisform, die sich in unterschiedlichen Spannungsfeldern entfaltet:

> »Konkret bedeutet dies, daß die Gabe als Akt der Großzügigkeit nur sozialen Akteuren möglich ist, die in den Universen, in denen derlei erwartet wird, anerkannt und belohnt wird, Dispositionen erworben haben, deren Großzügigkeit zu den objektiven Strukturen einer Ökonomie paßt, die ihnen Belohnung [nicht nur in Form von Gegengaben] und Anerkennung zu gewähren vermag« (ebd.: 248).

Bourdieus Überlegungen sind aus dem Grund für diese Untersuchung gewinnbringend, da er im Anschluss an Mauss (1990) den Gabentausch als Machtpraxis entziffert, der sich nicht oder nicht nur aus Altruismus speist. Denn durch den Akt des Schenkens wird der Gebende auch als solcher bestätigt. Die Organspenderin erfährt durch die Spende eine Bestätigung und auch eine Aufwertung, indem sie zum Beispiel als gut Handelnde oder als den Nächsten liebende Christin anerkannt und aufgewertet wird.

Derrida (1993) formuliert einen starken Zweifel am Ereignis der Gabe. Kann es überhaupt ein Phänomen geben, dass den Namen der Gabe verdient? Derrida insistiert hierbei auf dem Unterschied zwischen Gabe und Austausch. Gabe kann es nur jenseits von Reziprozität geben. Denn bereits das Erkennen der Gabe als solche führt zu ihrer Annullierung im Moment ihrer Wahrnehmung. Eine Gabe darf weder erwartet noch bewahrt werden: »Wenn man gibt, weil man geben muss oder soll, gibt man nicht mehr« (ebd.: 200). Die Gabe ist für Derrida damit »nicht unmöglich, sondern das Unmögliche, die Figur des Unmöglichen selbst« (ebd.: 17). Derridas Beharren auf der Frage der Möglichkeit der Gabe ist instruktiv. In dieser Untersuchung soll es allerdings nicht darum gehen, *ob* es Gabe gibt. Vielmehr interessiert, *wie* auf die Gabe Bezug genommen wird.[35]

Ein weiterer zentraler Autor der französischen Gabentauschtheorie ist der Kulturtheoretiker Jean Baudrillard. In *Der unmögliche Tausch* (2000) verfolgt er aus einem Geflecht aus kultur- und naturwissenschaftlichen Erkenntnissen und Spekulationen die These, dass eine Ungewissheit der Welt darin besteht, dass es für sie kein Äquivalent gibt. Da es kein Außen der Welt gibt, der Glaube an Gott bröckelt und die Welt damit in »unserer Verantwortung« liegt, enttarnt sich die Realität als Schwindel (Baudrillard 2000: 22). Für die Menschen besteht ein Dilemma darin, dass sie die Gabe ihres Lebens nicht erwidern und mit dem Verlust des religiösen Systems auch keine Dankbarkeits- oder Opferrituale durchführen können, die Funktionen der Gegengabe übernehmen könnten:

»Die Welt ist uns gegeben. Was einem aber gegeben wurde, das muss man zurückgeben können. Früher konnte man danke sagen oder die Gabe mit einem Opfer erwidern. Heute aber haben wir niemanden mehr, dem wir danken könnten. Und wenn wir im Tausch gegen die Welt nichts mehr geben können, dann ist diese ihrerseits unannehmbar« (Baudrillard 2000: 23).

Ein Weg aus diesem Dilemma bildet für Jean Baudrillard die Überwindung alles Natürlichen:

»Wir werden also die gegebene Welt liquidieren müssen. Wir werden sie zerstören müssen, indem wir sie durch eine künstliche, durch und durch konstruierte Welt ersetzen, für die wir niemandem Rechenschaft schulden werden. Daher diese gigantische technische Unternehmung der Eliminierung der realen Welt in all ihren For-

35 Zur Auseinandersetzung mit Derrida innerhalb der Gabentauschdebatte vgl. Busch 2004; Caillé 2005; Bourdieu 1998.

men. Alles Natürliche wird aufgrund dieser symbolischen Regel der Gegengabe und des unmöglichen Tausches völlig negiert werden« (ebd.).

Menschen bedienen sich nach Baudrillard biomedizinischen Technologien wie auch neuer Medien, um das »Verschwinden des Realen« (ebd.: 164) zur Perfektion zu bringen.

Auch in einer späteren Arbeit nimmt Baudrillard Bezug auf die Gabe. Sie dient ihm als Analysekategorie für die Erklärung des sozialen Phänomens von Selbstmordattentaten: Der Terrorist setzt mit dem Selbstmordattentat die Tötung des eigenen Körpers als Gabe ein. Das System, das der Terrorismus bekämpft, kann diese Gabe nicht erwidern und wird deshalb Selbstmord begehen, so Baudrillards »Hypothese des Terrorismus« (Baudrillard 2002: 22). Anknüpfend an seine Thesen zur Simulation und dem Verschwinden des Realen (2005), stellt das Selbstmordattentat eine Übertragung des Kampfes in die symbolische Sphäre dar:

»Das ist der Geist des Terrorismus. – Das System nie in Form von Kräftebeziehungen zu attackieren. Das nämlich wäre das [...] Imaginäre, das einem vom System selbst aufgezwungen wird, welches nur dadurch überlebt, dass jene, die es attackieren, dazu gebracht werden, sich auf dem Feld der Realität zu schlagen, das stets das dem System eigene Terrain sein wird. Statt dessen aber den Kampf in die symbolische Sphäre zu verlegen, in der die Regel der Herausforderung, des Rückstoßes, der Überbietung gilt. [...] Das System durch eine Gabe herausfordern, die es nicht erwidern kann, es sei denn durch seinen eigenen Tod und Zusammenbruch« (Baudrillard 2002: 21f.).

Diese Analyse ist für das Anliegen dieser Arbeit insofern interessant, da die Gabe, die Baudrillard analysiert, eine körperliche ist. Sie beschränkt sich allerdings nicht wie in der Praxis der Organtransplantation auf den Körper und seinen Leib, sondern betrifft das Leben und das Lebendige als solches. Die Gabe des eigenen Körpers und damit des eigenen Lebens wird hier zu einer Strategie des Kampfes. Hier zeigt sich die Gabe als agonal. Ich komme auf Baudrillards Überlegungen nachfolgend zurück, wenn es darum gehen soll, die christliche Fundierung der Organspende als Akt der Nächstenliebe gabentheoretisch zu rekonstruieren.

In der englischsprachigen soziologischen Debatte bildet die Gabe eine Kategorie, die auch zahlreichen empirischen Arbeiten zugrunde liegt, wie

Studien zu Blut- (vgl. Titmuss 1970; Healy 2000) oder Organspenden (vgl. Healy 2006, Fox/Swazey 1992; 2001; Klein/Simmons/Simmons 1987) belegen.[36] Die Relevanz der Gabe erstreckt sich hierbei vom privaten zum öffentlichen Bereich. In einem Ländervergleich der USA mit Großbritannien, denen unterschiedlich organisierte Blutspendesysteme zugrunde liegen, argumentiert etwa Richard M. Titmuss, dass ökonomische Anreize zur Blutspenden ihre Qualität mindern. Es spenden häufiger finanziell schlechter situierte und damit häufiger weniger gesunde Menschen Blut, um sich Geld dazuzuverdienen. Außerdem wird altruistisches Verhalten durch ökonomische Anreize unterminiert. In der freiwilligen unentgeltlichen Blutspende sah Titmuss »die moderne Gabe par excellence«, da die spendende Seite die empfangende Seite nicht kennt und weder eine materielle Belohnung für die Spende zu erwarten ist noch eine Strafe, wenn die Spende unterlassen wird (Adloff/Mau 2005: 25). Für Titmuss bildete die Blutspende den zentralen gesellschaftspolitischen Bereich, der auf Altruismus gegenüber anonymen Anderen basiert.[37]

An Titmuss' Klassiker anknüpfend fragte sich Kieran Healy (2000), wie es kommt, dass es in einigen EU-Ländern wesentlich mehr Blutspenden gibt als in anderen. In Frankreich wird zum Beispiel wesentlich mehr gespendet als in Luxemburg. Bedeutet dies, dass in Frankreich altruistische Haltungen verbreiteter sind als in Luxemburg? Healy argumentiert, dass altruistische Einstellungen nicht ausschlaggebend sind, sondern vielmehr die unterschiedlichen Blutspenderegimes darüber bestimmen, wie viel Blut gespendet wird. Ihnen gelingt es in einem unterschiedlichen Grad, soziale Gruppen zu erreichen. Blut zu spenden, bzw. altruistisches Handeln, sollte

---

36 Einen Überblick über die Rezeption der französischen Debatte zur Gabe in der US-amerikanischen Anthropologie bietet Schrift 1997.

37 Mary Douglas hat hierbei auf ein Missverständnis in der Rezeption der Gabe bei Titmuss hingewiesen. Eine Gabe ohne Gegengabe sei ein Widerspruch, Mauss hätte Titmuss widersprochen: »He would have said ›Nonsense‹! just as heartly to Titmuss' idea that the archetypal pure-gift relationship is the anonymous gift of blood, as if there could be anonymous relationships. Even the idea of a pure gift is a contradiction« (Douglas 1990: X). Auch wenn ich mich Douglas anschließe, dass es keine reine Gabe geben kann, kann auch die Blutspende meines Erachtens durchaus als Gabenökonomie bezeichnet werden, da, wie in der Organspende auch, eine imaginierte Gemeinschaft konzipiert wird.

damit weniger als eine Eigenschaft eines Individuums gesehen und davon abgeleitet werden als vielmehr vom institutionellen Setting. Diese These belegt er zudem in einer weiteren Untersuchung von postmortalen Organspenderaten in US-amerikanischen Bundesstaaten. Dort rekonstruiert Healy (2004), dass die unterschiedlichen Spenderaten davon abhängen, wie es den Organisationen gelingt, in Krankenhäusern präsent zu sein und mit Angehörigen eines Verstorbenen in ein Gespräch zu kommen.

Wenn man sich von dem Begriff der Gabe löst und die Perspektive auf Reziprozitätsnormen erweitert, gibt es in der englischsprachigen Soziologie eine breite Auseinandersetzung. Ein prominenter Vertreter ist Robert D. Putnam, der in seiner Arbeit *Bowling Alone* (1999) die rapide sinkenden Mitgliederzahlen von Vereinen in den USA in Verbindung mit dem Verlust von sozialem Vertrauen und damit einer Schwächung der Zivilgesellschaft diskutiert. Denn soziale Netzwerke, so Putnam (2001), haben vielfältige Effekte auf die Individuen. Das Vertrauen, das in sozialen Netzwerken entsteht, stärkt die Individuen und hält sie zu verantwortungsvollem Handeln an: »Soziale Interaktion [...] ermutigt die Menschen, sich selbst dann als vertrauensvoll zu verhalten, wenn sie sich sonst nicht so verhalten würden. Wenn wir nicht für jeden Austausch sofort eine Gegenleistung erbringen müssen, können wir viel mehr erreichen« (2001: 21).

Putnam geht davon aus, dass soziales Vertrauen die Kooperation zwischen den Individuen erleichtert. Diese entstehende Norm generalisierter Reziprozität trägt wiederum zur Lösung sozialer Probleme bei und sichert damit Netzwerke zivilgesellschaftlichen Engagements und generalisierte Reziprozitätsnormen ab. Die Reziprozitätsnormen eines Vereins werden von Putnam als Vertrauenserfahrungen gedeutet, die es ermöglichen, dass auch abstrakte Reziprozität wie das Prinzip des Wohlfahrtsstaats Unterstützung finden kann. Auch wenn Putnam, wie mittlerweile vielfach kritisiert wird, Ursachen und Wirkungen von sozialem Kapital zu vermischen scheint (vgl. Braun 2001), bietet sein Ansatz dieser Untersuchung eine Möglichkeit, die geringe Spendebereitschaft von bestimmten Gruppen zu begründen. In den USA gilt die Gruppe der Afroamerikanerinnen und -amerikaner als weniger organspendebereit als die weiße US-amerikanische Mehrheitsgesellschaft. Wie ich im vierten Kapitel mit Putnam argumentiere, weisen bestimmte Gruppen dann eine geringe Bereitschaft zur Organspende auf, wenn sie Diskriminierungserfahrungen machen. Soziales Misstrauen, ließe sich in Umkehr von Putnam formulieren, verunmöglicht abstrakte Reziprozitätsnormen. Warum sollte man an unbekannte Menschen Organe spenden, wenn man davon ausgehen muss, dass man im Zugang zur Transplantationsmedizin diskriminiert wird?

In der deutschsprachigen Soziologie zeigt sich nach einer langen Abwesenheit allmählich ein Wiedererwachen des Interesses an der Gabe. Zum einen wird Mauss' Werk gewürdigt und weiter beforscht (vgl. Moebius/Papilloud 2006; Moebius 2006, 2009) und die Werke von an Mauss anschließenden französischen Gabenforschern wie Alain Caillé oder Jean-Luc Marions vorgestellt (vgl. Caillé 2008; Gabel/Joas 2007). Zum anderen wird auch empirisch zur Gabe gearbeitet (vgl. Adloff/Mau 2005; Ortmann 2004; Voswinkel 2005). Charakteristisch für die deutschsprachige Gabenforschung ist die insbesondere in den 1990er Jahren vertretene Annahme, dass die Relevanz der Gabe im Anschluss an Lévi-Strauss nur auf den privaten Bereich des Schenkens beschränkt bleibt (vgl. Berking 1996; Schmied 1996). Dagegen führen Frank Adloff und Steffen Mau (2005a) in ihrem Sammelband eine Reihe von Beispielen dafür an, dass die Gabe auch außerhalb des privaten Bereichs nicht an Bedeutung verliert. Die Herausgeber entfalten die Argumentation, dass der Übergang zur modernen Gesellschaft zwar mit einer Ausdifferenzierung, nicht aber mit dem Verschwinden sozialer Sphären und reziproker Austauschverhältnisse einhergeht (vgl. ebd.: 10). Frank Adloff analysiert zusammen mit Steffen Sigmund (2005) das Stiftungswesen als eine Gabenökonomie, die im Wesentlichen auf der engen Verbindung von Identität und Gabe basiert. In Stiftungen wird die Gabe an Fremde institutionalisiert, die den Zusammenhalt moderner Gesellschaften stärken kann. Betina Hollstein (2005) diskutiert die Wirksamkeit der vielfältigen Formen von Reziprozitätsverpflichtungen in familiären Generationenbeziehungen. Sie zeigt auf, dass die Bereitschaft zur Gegengabe von Kindern an ihre Eltern vorhanden ist, die Bedingungen für die Umsetzung sich jedoch geändert haben. Faktoren, die unter dem Stichwort sozialer Wandel diskutiert werden, wie die gestiegene Frauenerwerbsquote, die verstärkte Arbeitsmarktmobilität und die Individualisierung im Alter, haben jedoch neue Zwänge begründet, die es erschweren, Reziprozitätsverpflichtungen nachzukommen (vgl. ebd.).

2.2 Die Vorgegebenheit des Menschen: Judeo-christliche Perspektiven

Talcott Parsons, Renée Fox und Victor Lidz betonen in ihren religionssoziologischen Untersuchungen, dass das Leben des Menschen in der judeochristlichen Tradition als von Gott gegeben gilt und damit ebenfalls im Anschluss an Mauss als Gabe bezeichnet werden kann (Parsons/Fox/Lidz 1999). Hans Joas argumentiert im Anschluss an Parsons, Fox und Lidz, dass es den meisten Menschen heute nur noch auf einer biologisch-organischen Ebene plausibel erscheint, das eigene Leben als Gabe aufzufassen: »Wir alle wissen, dass wir uns in unserer körperlichen Existenz nicht selbst geschaffen haben, sondern unser Leben einem Akt der Zeugung und jahrelanger Betreuung meist durch unsere Eltern verdanken« (2007a: 148). Wir fühlen uns unseren Eltern verpflichtet, so Joas, was hierbei allerdings fehlt, ist die Auseinandersetzung mit dem Tod. Zumindest in westlichen Gesellschaften wird der Tod von der Vorstellung des Lebens als Gabe entkoppelt. Parsons, Fox und Lidz erklären, dass der Tod in der judeochristlichen Tradition als eine »Fortsetzung des Lebens oder als ein Weiterreichen der Gabe des Lebens« gedacht werden kann (Joas 2007a: 148). Der Tod des Individuums, so die These, wird in dieser Tradition als Gegengabe konzipiert: »the trend of religio-cultural development within this tradition has been toward defining the death of the individual, especially in the fullness of a complete life, as itself the gift which constitutes a full reciprocation of the original gift of life« (Parsons/Fox/Lidz 1999: 125).

Die Vorstellung, dass ein Mensch in der Rolle eines Gebenden stirbt, lässt sich auf den Mythos der Verkündung zurückverfolgen. Gott sendet nicht ein göttliches Wesen in die Welt, vielmehr schenkt ein Mensch, nämlich Maria, Jesus das Leben: »Jesu Leben ist so eine Gabe Gottes in einem viel radikaleren Sinn als das Leben der Einzelnen vorher. Gott hat dieses Leben gegeben aus Liebe zur Welt und den Menschen« (Joas 2007a: 149). Jesus verkörpert damit das Leben in Liebe. Besonders deutlich wird dies im Symbol des Opfertods von Jesus. Parsons erklärt, dass die Wirkung des Selbstopfers von Jesus darin besteht, Menschen die Fähigkeit zu geben, ihr eigenes Leben als Gabe aufzufassen. In der Konzeption des Lebens als Gabe kommt sowohl die Liebe zum Anderen, die Nächstenliebe, als auch die Liebe zu Gott als Erwiderung von Gottes Liebe für die Welt zum Ausdruck.

Der Tod von Jesus bedeutet in dieser Lesart die Rückgabe des Lebens an Gott (vgl. Parsons 1978; Parsons/Fox/Lidz 1999).

Aus judeo-christlicher Perspektive lässt sich, wenn man Parsons, Fox und Lidz folgt, die Geschöpflichkeit und damit der Gabecharakter der menschlichen Existenz herleiten. Diese Gabe des Lebens kann eine großzügige oder eine »knauserige« sein – je nachdem, ob man viel Glück oder viel Unglück erfährt –, in beiden Fällen geht von der Gabe des Lebens die Verpflichtung zu Reziprozität aus (Parsons/Fox/Lidz 1999: 125). Das heißt, die Tatsache, dass wir das Leben nicht selbst geschaffen haben, begründet eine Schuld, aus der wiederum eine Ethik der Verantwortung abgeleitet wird. Martin Lintner (2007) leitet aus der Vorgegebenheit des Menschen das Kommodifizierungsverbot des Körpers ab. Die Kommodifizierung der Organspende käme in diesem Horizont einer »Selbstentfremdung des Subjekts« gleich (ebd.: 70). Das Leben als Gabe aufzufassen, so auch Hans Joas, stellt damit einen der »stärksten Schutzwälle gegen seine Instrumentalisierung« dar (2007a: 157).[38]

Wie bereits ausgeführt, besteht Mauss' Verdienst vor allem darin, die Vorstellung einer reinen altruistischen Gabe *ad acta* gelegt und vielmehr auf die Reziprozitätsverpflichtungen der Gabe verwiesen zu haben (vgl. Douglas 1990). Mit den hier skizzierten Überlegungen der judeo-christlichen Vorstellung eines Lebens als Gabe kann gezeigt werden, dass auch diese Konzepte der Nächsten- und Gottesliebe in Reziprozitätsbeziehungen gebettet sind: Sie basieren auf der Verdanktheit und der Vorgegebenheit des Lebens.

In der Organspende wird Bezug auf die Geschöpflichkeit und die Vorgegebenheit des Lebens als Gabe genommen, wenn sie als Akt der Nächstenliebe bezeichnet wird. Es wird auf die Schuld verwiesen, die in der Vorgegebenheit und der Verdanktheit des Menschen begründet liegt. Die Organspende erscheint damit als paradoxe Möglichkeit, die Schuld der eigenen Vorgegebenheit bereits vor dem Tod abtreten zu können. Die Paradoxie besteht darin, dass durch die Organspende die Schuld im Leben abge-

38 Der allen Menschenrechtserklärungen zugrunde liegende Gedanke, dass alle Menschen qua Geburt Würde haben, lässt sich ebenfalls aus den Gedanken des Lebens als Gabe zurückführen: »Wenn wir hören, dass ›all men are created equal‹, hören wir heute mehr auf das ›equal‹ als auf das ›created‹« (Joas 2007a: 157).

tragen, gleichzeitig der Tod, der ja in der judeo-christlichen Tradition die Gegengabe zum Leben des Menschen bildet, durch die Transplantationsmedizin hinausgezögert werden kann. Damit muss die Gegengabe nicht mehr aus dem eigenen Tod bestehen, sondern kann durch die Organspende im Leben erfolgen.

Die Medizin gerät hier allerdings in Widersprüche, solange sie sich weiterhin in einer judeo-christlichen Tradition verortet. Traditionell hat sie den Auftrag, das von Gott gegebene Leben zu schützen (vgl. Parsons 1978). Mit den Praktiken der Transplantationsmedizin beschränkt sie sich jedoch nicht mehr auf das Heilen von kranken Menschen, sondern schiebt den Tod des Menschen hinaus (vgl. Parsons/Fox/Lidz 1999). Ein Leben, das als ein »reciprocal gift to God« (ebd.) interpretiert werden kann, muss jedoch auch den Tod in das Leben einbeziehen und es als gottgewolltes Ereignis verstehen (vgl. ebd.; Brandt 1993: 294). Die Historikerin Anna Bergmann bezeichnet die Organspendepraxis deswegen auch als »verweltlichte Version christlicher Nächstenliebe, die nun die Voraussetzung für den medizinischen Überwindungsversuch der menschlichen Unsterblichkeit bietet« (2004: 313).

Für Baudrillard hat die Vorstellung einer Verdanktheit des Menschen durch Gott in säkularen Gesellschaften keine Gültigkeit mehr. Aus diesem Grund ist die Welt, wie bereits erwähnt, »unannehmbar« geworden (2000: 23). Auf die Gabe des Lebens folgt keine Gegengabe mehr. Deshalb ersetzen Menschen die Welt durch eine »künstliche«, sodass sie »niemandem mehr Rechenschaft schulden« (ebd.). Die »Überwindung alles Natürlichen« und das »Verschwinden des Realen« (ebd.: 164) werden durch technischen und medizinischen Fortschritt zur Perfektion getrieben. Baudrillards These ließe sich damit als Begründung dafür lesen, dass Menschen Organtransplantationen durchführen. Er widerspricht mit ihr dem Selbstverständnis der Transplantationsmedizin, wonach Organe zu transplantieren eine anthropologische Konstante bildet, die endlich Wirklichkeit werden konnte (vgl. Schlich 1998b). Baudrillards These, dass die Vorstellung einer Vorgegebenheit des Lebens in säkularen Gesellschaften keine Gültigkeit mehr hat, scheint jedoch übertrieben. Schließlich ist Säkularisierung nicht mit einem vollständigen Verlust an judeo-christlichen Traditionen gleichzusetzen. Auch lassen sich Zweifel an seiner dichotomen Gegenüberstellung von Natur und Kultur bzw. Technik formulieren.

2.3 Geschlechterkonstruktionen des Gabentauschs

Wenn man die frühen anthropologischen Klassiker zur Geschlechterfrage im Gabentausch befragt, muss zunächst der Eindruck entstehen, dass Frauen keine aktive Rolle im Gabentausch hatten. Als ein hierfür prominentes Beispiel gilt Claude Lévi-Strauss' Argument (1993), demgemäß das Inzestverbot in nichtwestlichen Gesellschaften mit der Schenkung von Schwestern an Männer außerhalb der eigenen Gruppe durchgesetzt wurde. Der Frauentausch bildet die Grundlage von Verwandtschaft. Frauen sind somit Objekte und nicht Subjekte des Gabentauschs. Sie tauschen nicht, sie werden getauscht. Seit Mitte der 1980er Jahren liegen eine Reihe von Arbeiten von US-amerikanischen Anthropologinnen vor, die dagegen die aktive Rolle von Frauen im Gabentausch unterstreichen (vgl. Strather 1988; Weiner 1992). Marilyn Strather (1988) argumentiert in *The Gender of The Gift* am Beispiel ihrer Feldforschungen in Melanesien, dass Frauen ebenso wie Männer Subjekt und Objekt des Gabentauschs werden können.

In den frühen 1980er Jahren entstehen in den USA und in Kanada erste systematische soziologische Untersuchungen, in denen Schenkpraktiken erforscht werden (vgl. Caplow 1982; Cheal 1983, 1987, 1988). Geschenkt wird nicht in Erwartung eines materiellen Gegengeschenks, wie in Theorien des sozialen Austauschs angenommen wird. Die frühen Untersuchungen heben vielmehr hervor, dass Schenken einen Bestandteil des *emotion managements* bildet und somit emotionale Bindungen stärkt (vgl. Hochschild 1983). In diesen Hintergrund ist die Untersuchung zu Weihnachtsgeschenken einzubetten, die Theodore Caplow (1982) vorlegt. Die Soziologin rückt die dominante Rolle von Frauen bei Schenkpraktiken im US-amerikanischen Middletown ins Zentrum. Frauen sind stärker als Männer damit befasst, was geschenkt werden soll, sie kaufen häufiger Geschenke und packen Geschenke auch häufiger ein. Frauen verschenken allein oder mit ihren Männern 84 Prozent aller Präsente, während sie 61 Prozent aller Geschenke erhalten. Männer sind lediglich für 16 Prozent aller Geschenke verantwortlich. Nur 4 Prozent aller Geschenke werden zwischen Männern gegeben und 17 Prozent zwischen Frauen. Signifikant sind zudem Altersunterschiede: Die meisten Geschenke werden von älteren an jüngere Personen überreicht (vgl. Caplow 1982). Auch David Cheal (1987) belegt in seiner Untersuchung von Hochzeits- und Weihnachtsgeschenken im kanadischen Winnipeg, dass Frauen in der Schenkarbeit stärker involviert sind als Männer. Cheal begründet die höhere Aktivität von Frauen als Schenkende mit der traditionellen Geschlechterordnung und der damit in Verbindung stehenden vergeschlechtlichten Trennung von Arbeitssphären nach Erwerbsarbeit und *carework*. In der Untersuchung von Cheal sind die Geschenke von Männern an ihre Frauen zudem wesentlich teurer als umgekehrt, was auch gültig bleibt, wenn Frauen ein höheres Einkommen haben (ebd.). Cheal interpretiert dies als Form der männlichen Kontrolle über Frauen. Mit den teuren Geschenken an ihre Frauen bekräftigen Männer bestehende Machtunterschiede zwischen den Geschlechtern: »In particular, he describes the ›courtesy system‹ through which men convey the belief that women are precious, ornamental and fragile. Rituals of this sort have a place in the social construction of female dependance« (Cheal 1987: 152). Wenn man im Anschluss an Cheal davon ausgeht, dass Frauen nicht per se das altruistischere Geschlecht bilden, sondern dass sich Schenkpraktiken der Geschlechter in Machtstrukturen begründen, dann stellt sich die Frage, wie sich diese Machtstrukturen konkret gestalten: Wer profitiert in diesen Konstellationen? Bestätigen Frauen durch ihre Schenkpraktiken ihre soziale Position im Geschlechterverhältnis?

Aafke Komter (2005) bietet vier Erklärungsmodelle für weibliches Schenken an: In einem ersten Modell lässt sich das Schenken von Frauen als asymmetrische Reziprozität beschreiben, die für Männer einen sozialen Vorteil bedeuten. Von Frauen wird gesellschaftlich ein höherer Einsatz für Schenkpraktiken erwartet, weshalb sie sich dem auch kaum entziehen können. Diese Version bezeichnet das Schenken als Arbeit, die in den Aufgabenbereich von Frauen fällt, wie eben auch andere vermeintlich private Aktivitäten wie Pflege, Haushalt und Kindererziehung. Die untergeordnete Position von Frauen wird in diesem Modell durch weibliche Schenkpraktiken abgesichert. Frauen und Männer unterscheiden sich zwar in ihren Schenkpraktiken, so eine zweite Erklärung, die Schenkpraktiken lassen sich allerdings als komplementär beschreiben. Die Reziprozität ist äquivalent (ebd.: 88). Während die Marktökonomie von Männern dominiert wird, sind Frauen für die Gabenökonomie verantwortlich: »Women and their gifts are, so to speak, the ›greasing oil‹ of our society, without which the human machinery would certainly break down. In contrast, men are in large part responsible for economic transactions« (ebd.: 89). Schenkpraktiken von Frauen, so eine dritte Lesart, bilden eine asymmetrische Reziprozität, die für Frauen vorteilhaft ausfällt. Wenn man Schenken als Beziehungspflege begreift, lässt sich herausstreichen, dass mit weiblichen Schenkpraktiken eine Stärkung sozialer Beziehungen einhergeht (ebd.: 91). Auch wenn Männer über mehr ökonomische Ressourcen verfügen als Frauen, lassen sich die sozialen Ressourcen als für persönliches Glück wesentlicher beschreiben. Keines dieser drei Modelle ist zufriedenstellend, so Komter: Frauen schenken weder nur aus Zwang, der in ihrer traditionellen Rolle begründet ist, wie in der ersten Erklärung, noch nur deshalb, weil sie Bestätigung und Freude durch Schenken erfahren, wie im dritten Modell. Die Ressourcen, über die Männer und Frauen verfügen, sind zudem nicht äquivalent, wie in der zweiten Deutung, sondern ermöglichen vielmehr unterschiedliche Zugänge zu sozialen Feldern. Mit dem vierten Modell, der alternierenden Asymmetrie, unterstreicht Komter, dass die soziale Bedeutung von Schenkpraktiken von den Umständen abhängt, in denen sie erfolgen. Dass Frauen in westlichen Gesellschaften häufiger als Männer schenken, kann nicht getrennt von ihren sozialen Positionen diskutiert werden, aus denen heraus sie schenken. Genauso wenig ist der Machtgewinn zu ignorieren, den Frauen als »society's prime intermediaries in creating and recreating social relationships« erfahren (ebd.: 95). Zudem dürfen auch die Differenzen innerhalb der Geschlechter nicht übersehen werden. Schließlich bilden Frauen in Bezug auf ihre Machtpositionen keine homogene Gruppe.

Der geschlechtersensible Blick auf die Gabe unterstreicht damit die bereits angedeutete Ambivalenz bzw. hier die Paradoxie der Gabe. Schenken kann einen Machtverlust und einen Machtgewinn bedeuten, und Schenken ist gleichzeitig immer Ausdruck von Zwang und Freiwilligkeit.

2.4 Die Gabe und die Ware

In den bisherigen gabentheoretischen Ausführungen blieb die Auseinandersetzung mit der Ware noch unberücksichtigt. Die Ware ist für die Untersuchung eine bedeutungsvolle Kategorie, da die Organspende ihre Legitimität daraus bezieht, dass Organe nicht verkauft werden. Der Organhandel wird häufig als Negativfolie entworfen. Im dritten Kapitel stelle ich allerdings auch Vorschläge eines staatlich regulierten Organhandels im Diskurs des Organmangels vor. Damit halten auch ökonomische Forderungen in die Auseinandersetzung um die Organspende Einzug.

In der wissenschaftlichen Literatur der 1970er und 1980er Jahre wurden die Begriffe Gabe und Ware[39] als Gegensätze begriffen. In jüngeren Untersuchungen wird dagegen argumentiert, dass Gaben und Waren nicht als Gegensätze zu verstehen sind. Ihre Unterscheidung ist vielmehr graduell (vgl. Bourdieu 1993; Komter 2005; Vandevelde 2000). Der Gegensatz zwischen Gabe und Ware stellt eine analytische Unterscheidung dar. Er ist nicht mehr als ein »moralischer Gegensatz« (Kumoll 2006: 132). In Mauss' Essay ist die Kritik an der Dichotomisierung von Gabe und Ware bereits angelegt, da der Autor die Unterscheidung von Interesse und Desinteresse an der Tauschbeziehung sowie Egoismus und Altruismus als bedeutungslos einstuft (vgl. Vandevelde 2000). Bevor ich die Argumentation ausführe, dass sich die strikte Differenzierung zwischen Gabe und Ware nicht aufrechterhalten lässt, möchte ich jedoch zunächst an der analytischen Differenz der Begriffe festhalten und die Eigenschaften der Ware näher beleuchten: Was ist eine Ware?

Der Anthropologe Igor Kopytoff (1986) definiert die Ware als eine Sache, die einen Wert hat und die in einer Transaktion durch ein Gegenstück ausgetauscht werden kann. Im Zustandekommen des Austausches erhält das Gegenstück im Kontext des Austausches einen äquivalenten Wert (ebd.). Das Gegenstück lässt sich dann ebenfalls als Ware verstehen. Eine Ware ist allerdings keine Eigenschaft eines Gegenstandes, vielmehr ist die Frage, ob ein Gegenstand als Ware oder als Gabe veräußert wird, abhängig von dem Kontext. In diesem Sinne plädiert der Anthropologe Arjun Appadurai (1986a) für eine Kontextualisierung von Waren, die sich nicht nur auf den Produktionsprozess beschränkt, sondern sich auch auf die Bereiche des Austausches und der Konsumption erstreckt. Der Warenaustausch kann direkt erfolgen oder indirekt über Geld. Alles, was für Geld gekauft werden kann, ist für Appadurai eine Ware. Der Wert ist der Ware nicht zu eigen, vielmehr wird er sozial vermittelt. Wie bereits Karl Marx betonte, kommt im Wert der Ware nicht die tatsächliche Arbeitskraft zum Ausdruck (vgl. Marx 2006: 623f.). Vielmehr drückt sich in der Wertbestimmung die gesellschaftliche Eigenschaft der Ware aus, dass sie einen Anteil des warenförmigen gesellschaftlichen Reichtums darstellt (vgl. ebd.). Während die Gabe einzigartig ist, stellt die Ware ein »Durchschnittsexemplar ihrer Art« dar (ebd.: 51). Wenn also von der Ware die Rede ist, ist ein Warentypus

39 Unter Ware wird im Folgenden Handelsware (engl. *commodity*) verstanden.

gemeint (ebd.). Der Wert einer Ware drückt sich in Quantitäten einer bestimmten Äquivalentware aus oder eben in Geld (ebd.: 106).

Gesellschaften stellen ein Einverständnis darüber her, dass einige Dinge nicht kommodifizierbar sind. Diese sind res extra commercium und damit sakral. Das bedeutet nicht, dass sie einem religiösen Kontext entspringen müssen, auch wenn sakrale Gegenstände oft der Religion entstammen. Der menschliche Körper ist hierfür ein Beispiel. Wenn Organe nur als Gaben verschenkt und nicht verkauft werden dürfen, das heißt, wenn von der Kommodifizierung des Körpers Abstand genommen werden soll, dann zeigt sich in der Bezeichnungspraxis von Organentnahmen als Organspenden die Bemühung, den Körper aus der Sphäre des Marktes auszuschließen. Es ist ein wesentlicher Aspekt westlichen Denkens, so Igor Kopytoff (1986), dass physische Objekte oder Dinge der Sphäre der Waren zugeordnet werden, während Menschen die Sphäre des Individuellen und Singulären bilden.[40] Wie im vorherigen Abschnitt ausgeführt, steht das im westlichen Denken verankerte Kommodifizierungsverbot in einer judeochristlichen Tradition. Es wird aus der Vorstellung einer Vorgegebenheit des Menschen durch Gott abgeleitet. Den größten Verstoß gegen die Trennung in eine Welt der Waren und eine Welt der Menschen bildet die Praxis der Sklaverei. Von Sklaverei wird gesprochen, wenn Menschen wie Eigentum behandelt werden. Auch die Verurteilung von Arbeiten, in denen menschliche Dienste kommodifiziert werden, lässt sich auf die Debatten über die Sklaverei zurückführen. Vor diesem Hintergrund wird auch der illegal praktizierte Organhandel als moderne Form der Sklaverei bezeichnet, da Körperteile des Menschen als veräußerbarer Besitz gehandelt werden (vgl. Goodwin 2006; Scheper-Hughes/Wacquant 2002).[41]

Die analytische Unterscheidung der Gabe von der Ware lässt sich damit folgendermaßen zusammenfassen: Gaben werden als persönlich und

40 Der Verkauf von Sportlerinnen und Sportlern und Schauspielerinnen und Schauspielern wird akzeptiert, da die Person, dessen Arbeitskraft verkauft wird, die Kontrolle hat und damit die Entscheidungen trifft. Auch wird das Angebot an sexuellen Dienstleistungen als weniger verwerflich bewertet als die Arbeit von Zuhältern (ebd.: 85).

41 In Auseinandersetzungen mit gegenwärtigen Formen der Sklaverei fehlen jedoch weitgehend Bezüge zum Organhandel (vgl. Arlacchi 1999; Deile/Deutsches Institut für Menschenrechte 2008).

unverkäuflich konzipiert. Waren dagegen als etwas Veräußerbares. Gaben stiften Beziehungen, Waren lassen über den Moment des Geschäftsabschlusses hinaus keine sozialen Bindungen entstehen. Die Gabe ist unabgeschlossen, die Ware dagegen kennzeichnet einen Austausch mit einem Ende. Die Gabe hat zudem keinen Wert, der vergleichbar ist wie der der Ware. Die Gabe ist einzigartig und nicht austauschbar. Zudem lässt sich eine Gabe nicht einfordern, die Ware dagegen nach Bezahlung schon. Kopytoff formuliert vor diesem Hintergrund den Idealtypus einer Gaben- und einer Warenwelt:

»The perfect commodity would be one that is exchangeable with anything and everything else, as the perfect commoditized world would be one in which everything is exchangeable or for sale. By the same token, the perfect decommoditized world would be one in which everything is singular, unique, and unexchangeable« (1986: 69).

Wie bereits angedeutet, wird dagegen in jüngeren wirtschaftssoziologischen und -ethnologischen Arbeiten argumentiert, dass sich die Unterscheidung von Gaben und Waren nicht aufrechterhalten lässt. Alfred Gell stellte hierbei die These auf, dass sich der Gaben- vom Warentausch vielmehr in Bezug auf die sozialen Kontexte unterscheidet:

»For our purpose ›gifts‹ are transactions in objects which occur in the contextual setting of social reproduction through marriage, and alliance. ›Commodity‹ transaction are transaction in objects in a setting definable as ›trade‹, ›barter‹, and the like. The objective is to understand the linkage between transaction in these two contextual settings« (Gell 1992: 146).

In der gegenwärtigen Wirtschaftssoziologie hat sich damit die Annahme durchgesetzt, dass Markttransaktionen in modernen Gesellschaften auch von Vertrauen und Netzwerkstrukturen abhängig sind. Die Frage ist weniger, ob wirtschaftliches Handeln in Soziales eingebunden ist, sondern *wie* sie eingebunden ist (vgl. Beckert 1999; Kumoll 2006). Wenn man davon ausgeht, dass die Gabe und die Ware keine Gegenspieler bilden, muss folglich auch die Vorstellung von reinen Gaben- oder Warengesellschaften verworfen werden. Anstatt die Trennung der Gaben- und Warenwelt zu konstatieren, verfolgen die beiden Anthropologen Igor Kopytoff und Arjun

Appadurai eine prozessorientierte Perspektive auf Dinge. Kopytoff fragt nach der »kulturellen Biographie von Dingen« (1986), Appadurai spricht von ihrem »sozialen Leben« (1986b). Kopytoff schlägt einen biographischen Ansatz vor, im Zuge dessen Dinge nach ihrer Herkunft, ihrem Status und ihrem Alter befragt werden: Wie verändert sich der Nutzen einer Sache mit der Zeit, und was passiert mit der Sache, wenn sie abgenutzt ist? Biographien von Dingen geben nicht nur Aufschluss über diverse Möglichkeiten ihrer Verwendung in verschiedenen Stadien ihrer Existenz, sie verweisen zudem auf Prozesse der Kommodifizierung in bestimmten sozialen und ökonomischen Zusammenhängen. Leslie Sharp schlägt im Anschluss an Kopytoff vor, ein Organ als Verkörperung einer kulturellen Biographie in den Blick zu nehmen (1995). Die Biographie des Organs gerät in dem Moment in Bewegung, in dem seine Geschichte zu Zwecken der Transplantation aufgezeichnet wird: »Did it previous ›owner‹ smoke or drink; is the organ diseased, or scarred from previous injury or surgery? Thus, through the act of recording its history, the organ takes on, in essence, a life of its own« (ebd.: 378). Ein Gegenstand bildet damit nicht per se eine Gabe oder eine Ware, vielmehr sind die sozialen Konstellationen dafür verantwortlich, ob der Gegenstand verkauft oder verschenkt wird. Mit Kopytoff können sich diese Konstellationen verändern, was gemäß seinen Ausführungen dafür spricht, dass sie eine Biographie haben.

2.5 Die Gabe in der Organspende und der Organtransplantation

Die ersten systematischen sozialwissenschaftlichen Auseinandersetzungen mit Organtransplantationen sind in den USA in den späten 1970er Jahren entstanden. In den Untersuchungen, die vorrangig im Kontext von Lebendorganspenden durchgeführt wurden, bestehen noch keine Zweifel an der Präsenz der Gabe[42]: »Transplantation has been defined by the medical pro-

42 Die Gabe bildete bereits in den Anfängen der modernen Medizin, aus der sich die Transplantationsmedizin entwickelte, eine zentrale Kategorie: Bergmann (2004) analysierte die Praxis der Menschenvivisektion an Häftlingen als eine Form der Gabe. Mitte des 18. Jahrhunderts wurde in Frankreich und Preußen Häftlingen angeboten, dass sie, wenn sie in Vivisektionen einwilligen, in die Freiheit entlassen werden. Die Verbrechensschuld sollte durch »den Schmerz im

fession and society as large as a ›gift of life‹ since the first human organ graft were performed« (Fox/Swazey 1992: 32). In *The Courage to Fail* von Renée Fox und Judith P. Swazey (2002 [1978]) und *Gift of Life* von Susan D. Klein, Roberta G. Simmons und Richard L. Simmons (1987 [1977]) erhält die Gabe im Anschluss an Marcel Mauss eine Schlüsselrolle zur Erklärung von Reziprozitätskonstellationen:

»The giving and receiving of a gift of enormous value [...] is the most significant meaning of human organ transplantation. This extraordinary gift exchange however, is not a private transaction between the donor and the recipient. Rather it takes place within a complex network of a personal relationship that extends to the families, the physicians, and the members of the medical team who are involved in the operation. Within the network of these relations, a complex exchange occurs through which considerably more than the organ is transferred« (Fox/Swazey 2002: 5).

Wie in dem Zitat ersichtlich, wird die Lebendorganspende als Gabentausch zunächst sehr positiv bewertet. Unter dem Schlagwort der Tyrannei der Gabe beschreiben die Autorinnen im Anschluss an Mauss allerdings auch Phänomene, denen zufolge in der Empfängerin oder dem Empfänger ein Teil der Identität der Spenderin oder des Spenders zurückbleibt (vgl. ebd.: 383). Die Gabe, die die Organspenderin oder der Organspender gibt, ist von solch einem hohen Wert, dass sie nicht erwiderbar ist. Da es kein symbolisches oder materielles Äquivalent zur dieser Gabe gibt, befinden sich spendende und empfangende Seite in einer misslichen Lage, in der sie aneinander gebunden scheinen. In Interviews mit Angehörigen, die für eine Lebendorganspende infrage kommen, stellen Klein, Simmons und Simmons fest (1987), dass die Entscheidung für die Spende häufig auch unter Zwang entsteht. Mit der Spende wird versucht, Fehler der Vergangenheit wieder gutzumachen oder eine bessere Position im Familiengefüge zu erlangen. Oft sind die Spenderinnen oder Spender diejenigen Familienangehörigen, die in der Familie mit Problemen assoziiert werden. Die Lebendorganspende, so stellten sie heraus, erfolgt immer innerhalb eines sozialen Settings, das eine Vorgeschichte hat und das von der Organspende weiter

---

Sinne einer Gabe gesühnt« werden (ebd.: 230). Auf dem Wissen, dass aus Vivisektionen gewonnen wurde, basiert die moderne Chirurgie und damit auch die Transplantationschirurgie.

beeinflusst wird (ebd.). Interessanterweise befragten sie auch Angehörige, die sich dagegen entschieden, eine Niere zu spenden. Nach einem langen Zeitraum, fünf bis neun Jahre nach der Transplantation, geben sie in den Interviews überwiegend an, dass sie sich von ihren Familien entfernt haben (vgl. ebd.: XXV). Wenn das Erbitten der Gabe verweigert wird, kann dies, wie in diesem Beispiel, einen Abbruch der sozialen Beziehung zur Folge haben.

Im Abschnitt zu den Leibdimensionen einer Organtransplantation erörterte ich bereits, dass Angehörige der Spenderinnen und Spendern die Transplantate mit der Leiblichkeit der toten Person verbinden. Die Angehörigen interessieren sich aus diesem Grund oftmals für die empfangende Seite. Wie Kalitzkus (2003) zeigt, kann diese Auseinandersetzung für die Angehörigen auch tröstlich sein, da dem Tod etwas von seiner Endgültigkeit genommen worden zu sein scheint. Auch dies verweist auf die Wirksamkeit der Gabe bei der Empfängerin oder bei dem Empfänger, da das »entnommene Organ als intimer Teil des Körpers – auch nach dem Tod des Menschen als noch eng mit dessen Person und Selbst verknüpft wird« (ebd.: 93). Wie bereits ausgeführt, stellen Organe damit eine »Verlängerung des Selbstes der verstorbenen Personen dar« (ebd.). Denn mit der Übertragung des Organs ist eine Beziehung zwischen der spendenden und der empfangenden Seite entstanden. Die nach der Logik der Gabe zwingende Frage nach Reziprozität und damit nach dem Erwidern der Gabe ist innerhalb der medizinischen Logik irrational. In der Praxis resultiert dies jedoch in einem unvollständigen Gabentausch: Die Patientinnen und Patienten befinden sich in dem Dilemma, ein unbezahlbares Geschenk erhalten zu haben und der Verpflichtung zur Gegengabe nicht nachkommen zu können. Aufgrund der Anonymität können Empfängerinnen und Empfänger den Angehörigen der oder des Verstorbenen nicht ihren Dank aussprechen. Sie haben damit ein Geschenk erhalten, dass sie nicht erwidern können. Dies kann als psychisch belastend empfunden werden und sich zum Beispiel in Schuldgefühlen äußern.[43] Die Gabe von Organen kann nur unbeantwortet bleiben. Die Ethno-

43 Frick und Fühles (2000) berichten von psychodramatischen Seminaren, in denen sie die Rollenkonzepte Geben und Nehmen mit den an der Organspende Beteiligten bearbeiten. LaRhonda Clayville (1999) stellt die Arbeit eines kanadischen Transplantationsprogramms vor, in dem Kontakt zwischen der spendenden und der empfangenden Seite hergestellt wird.

login beschreibt, dass Organempfängerinnen und Organempfänger auf anderen Wegen versuchen, ihre Dankbarkeit auszudrücken, wie zum Beispiel indem sie sich für Organspenden engagieren.

Auf der anderen Seite zeigen ihre Gespräche, dass auch den Angehörigen der verstorbenen Spenderinnen und Spender Dankbarkeit und Anerkennung fehlt.[44] Denn nach der Explantation reißt der Gabentausch ab. Sie erfahren weder etwas über den Verbleib der Organe noch ein »Dankesritual« (vgl. ebd.: 247f.). Gerade im Fall von Organentnahmen bei Kindern kann es bei den Eltern zu Schuldgefühlen kommen. Die Konzeption des Geschenkes und auch die »Unmöglichkeit von Seiten direkt Betroffener, den Körper des Organspenders als vollständig losgelöst von dessen Person zu betrachten«, verdeutlichen, dass eine soziale Beziehung zwischen den Angehörigen der spendenden und der empfangenden Seite entstanden ist (ebd.: 216), was ein Charakteristikum der Gabe bildet. Kalitzkus fordert aus diesem Grund eine Änderung der Praxis: Die Dimension der Gabe, die bei vielen Angehörigen mitschwingt, müsste sich in einer »institutionalisierten Gegengabe von gesellschaftlicher bzw. transplantationsmedizinischer Seite niederschlagen« (ebd.: 50).

Die Medizinethnologin deutet das Interesse der beiden Seiten aneinander als Zeichen dafür, dass der medizinische Blick auf den Körper nicht von allen Beteiligten geteilt wird. In der Transplantationsmedizin herrscht zwischen der spendenden und der empfangenden Seite entsprechend der Vorstellung von Organen als Bioressourcen Anonymität. Diese Regelung soll die Betroffenen vor psychischen Belastungen schützen. Durch die Perspektive der Transplantationsmedizin, die den Körper als eine Bioressource betrachtet, und durch die entsprechenden Regelungen erscheint das Organ nicht als lebenswichtige Gabe, sondern als Ware. Damit wird der Körper des Spenders oder der Spenderin auch profaniert. Doch erst diese Profanierung, das heißt erst die Umwandlung von Organen in eine Bioressource, ermöglichen Organtransplantationen: »Erst die Loslösung des biologisch noch lebenden Körpers vom Selbst des hirntoten Patienten rechtfertigt den massiven Eingriff in das Sterben und die Übertragung von Organen in einen anderen Körper« (ebd.: 43).

44 Die *Deutsche Stiftung Organtransplantation* verschickt allerdings mittlerweile Kondolenzschreiben.

Angehörige, Empfängerinnen und Empfänger, die dem biomedizinischen Wissen folgend in der Organentnahme eine anonyme Spende an Fremde ohne Erwartung einer Gegengabe sehen, kommen laut Kalitzkus am besten mit der gegenwärtigen Praxis der Transplantationsmedizin zurecht. Wenn das Organ mit Leibaspekten des toten Spenders verbunden wird, so erschwert dies die Loslösung. Die Vorstellung von beseelten Transplantaten, die eine Geschichte haben, ist eine soziokulturelle Deutung, und sie könnte aus medizinischer Sichtweise als esoterisch abgetan werden. Es lässt sich jedoch nicht leugnen, dass es auch zahlreichen Ärztinnen und Ärzten nicht gelingt, die Organe als dumpfe Ersatzteile zu abstrahieren, obwohl sie dies in ihrem Berufsalltag trainieren. Lock berichtet zum Beispiel von einem Interview mit einem Chirurgen, der sich gegen die Organspende von Häftlingen vor Vollstreckung der Todesstrafe ausspricht. Seine Bedenken gelten nicht ethischen Fragen, sondern der Tatsache, dass das Organ des Kriminellen in dem Empfänger auf unvorteilhafte Art wirksam werden könnte (Lock 2001).[45]

2.6 Ambivalente Ökonomien der Gabe

Zusammenfassend lässt sich festhalten, dass das Konzept der Gabe auch weiterhin ihre Gültigkeit hat und das sich die Trennung in eine archaische Gaben- und eine moderne Warenwelt nicht aufrechterhalten lässt. Eine Gabe bildet in Mauss' Theorie der Verpflichtung bereits eine Gegengabe. Gegeben wird, weil bereits genommen wurde und erwidert werden muss. Mit Mauss lässt sich zudem davon ausgehen, dass Geben keine autonome und rationale Handlung ist. Will man erfahren, warum sich die Spendebereitschaft in den Ländern unterscheidet, ist es folglich gewinnbringender, das institutionelle Setting zu untersuchen und nicht davon auszugehen, dass Geben bzw. Altruismus eine individuelle Eigenschaft von Menschen ist. Dieser Gedanke wird wieder aufgenommen, wenn es im vierten Kapitel um die Frage nach der Spendebereitschaft geht.

Im Zusammenhang mit der judeo-christlichen Fundierung der Organspende erscheint es als paradox, dass einerseits von einer Vorgegebenheit des menschlichen Lebens durch Gott ausgegangen wird, die eine Schuld

45 Ulrike Baureithel und Anna Bergmann (1999) stellten in ihrem Interviewband ebenfalls Vorbehalte des medizinischen Personals vor.

und eine Ethik der Verantwortung begründet. Der Tod bildet die Gegengabe für das menschliche Leben. Andererseits bietet eine Organspende auch die Möglichkeit, bereits im Leben die Schuld der Vorgegebenheit des Lebens abzutreten. Eine Organspende gabentheoretisch zu fassen, bedeutet zudem, den Blick auf die Ambivalenzen des Feldes zu richten. Vor allem medizinanthropologische Arbeiten belegten dies deutlich. Dass ein Organ in der Organspende eine Gabe bildet, rührt nicht aus der Materialität des Organs, dem Fleisch und Blut eines Menschen. Weil wir das Fleisch und Blut eines Menschen als res extra commercium begreifen, es mit seinen Leibdimensionen vielmehr als etwas Sakrales bezeichnen und erleben, ist ein Organ niemals nur ein therapeutisches Ersatzteil, sondern eine Gabe, in der, wie Mauss schreibt, Sache und Person des Spenders oder der Spenderin vermischt werden. Wenn Transplantationsmedizinerinnen und -mediziner behaupten, es werden nur dumpfe Ersatzteile transplantiert, ignoriert dies, dass in westlichen Gesellschaften kulturell fest verankert ist, dass menschliche Körper außerhalb der Marktsphäre stehen (vgl. Kopytoff 1986). Wenn Körper und Teile des Körpers verkauft werden, wird dies als Tabubruch erlebt. Für die somatische Gabe ist zudem ihre Einzigartigkeit charakteristisch. Weil der menschliche Körper mit Leibdimensionen in Verbindung gebracht wird, verweisen Organe auf die Identität und das Selbst der Spenderin oder des Spenders.

Ein Gegenstand bildet damit niemals als solches eine Gabe, vielmehr müssen die sozialen Konstellationen und damit die Konstruktionsprozesse beachtet werden, die einen Gegenstand als Gabe benennen. Folglich kann wissenschaftlich nur die Befragung des empirischen Materials darüber Auskunft geben, ob und wenn ja, wie, ein Organ als Gabe konstruiert wird. Der Ort, an dem ich die Bedeutung von Organen untersuche, ist der fachöffentliche Diskurs des Organmangels. Bevor ich die diskursive Produktion des Organmangels vorstelle, soll zunächst jedoch noch ausgeführt werden, was es bedeutet, dass die Organspende und der Diskurs des Organmangels einen Ort biopolitischen Regierens bilden.

3 Biopolitisches Regieren

Organspende im Allgemeinen und der Diskurs des Organmangels im Besonderen bilden einen Ort biopolitischen Regierens. Um diese These zu entfalten, diskutiere ich erstens und zunächst voneinander unabhängig die Begriffe Biopolitik und Regierung aus dem Forschungsumfeld der Gouvernementalitätsstudien. Vor diesem Hintergrund schlage ich zweitens vor, den Ruf nach Organspenden als Anrufung zu verstehen, und stelle die christliche und sozialethische Fundierung der Anrufungen der Organspende dar. Drittens bette ich das biopolitische Regieren der Organspende in den Kontext der Ökonomisierung des Sozialen und exemplifiziere dies am Beispiel der genetischen Diagnostik und der Veränderungen von Sterben und Tod.

3.1 Das Leben als Problem von Macht – Biopolitik und Regierung bei Foucault

Der Begriff der Biopolitik verweist auf eine hundertjährige Geschichte, und auch trotz der Konjunktur, die er gegenwärtig erfährt, ist er weiterhin wenig konturiert (vgl. Lemke 2007). Foucault hat ihn in seinem Werk uneindeutig verwendet, u.a. auch, da er kein konsistentes Konzept vom Leben bzw. dem Lebendigen vorgelegt hat (vgl. Muhle 2008). Neben Biopolitik spricht Foucault des Weiteren auch von Biomacht. Wie sich die Begriffe voneinander unterscheiden, bleibt ebenfalls weitgehend unklar.

Lemke (2007) schlägt eine werkgeschichtliche Unterteilung von drei verschiedenen Verwendungen von Biopolitik vor: Erstens bezeichnet Biopolitik eine politische Zäsur, in der die Souveränitätsmacht relativiert und refomuliert wird. Zweitens analysiert Foucault Biopolitik im Zusammenhang mit der Entstehung des Rassismus, und drittens verbindet Foucault Biopolitik mit einer Form des Regierens, die erst im Liberalismus auftaucht. Diese dritte Perspektive, in der er auch Überlegungen zum Neoliberalismus vorlegt, wird von Foucault allerdings vielmehr angeregt als selbst ausgearbeitet. Mit dem Begriff der Biopolitik haben in den vergangenen Jahrzehnten eine Reihe von Autorinnen und Autoren gearbeitet. Sie haben teils an Foucaults Überlegungen angeknüpft, teils haben sie andere Akzente gesetzt. Da es mir nicht darum geht, eine Systematik des Forschungsprogramms der Biopolitik zu entwerfen, sondern vielmehr für die soziologische Erforschung der Organspende und des Diskurses des Organmangels einen theoretischen Rahmen zu finden, führe ich in dieser Arbeit lediglich die Foucault'sche Perspektive auf die Verbindung von Regierung und Biopolitik aus und verweise auf die biopolitischen Überlegungen anderer (vgl.

Agamben 2002, 2004; Greco 1993; Hart/Negri 2002, 2004; Lemke 2007; Maasen 2008; Rose 1996, 2007; Wehling 2008). An dieser Stelle soll bereits eine Definition von Biopolitik vorgestellt werden, die im folgenden Abschnitt erläutert wird: Biopolitik lässt sich als Ökonomisierung des Lebens bezeichnen, bei der erstens das Leben als biologische Ressource zum Gegenstand der Politik wird, zweitens das Leben in Wissenschaftsdiskursen als wissenschaftliche Tatsache hervorgebracht wird und drittens Individuen als Subjekte einer vermeintlich normalen, natürlichen oder gesunden Lebensführung angesprochen bzw. angerufen werden.

Ausgangspunkt für Foucaults Überlegungen zur Biopolitik ist zunächst die Diagnose eines fundamentalen Bruchs in den Logiken der Macht am Übergang zur Moderne. Den Hintergrund bildet hierbei seine These, dass sich mit der Steigerung der landwirtschaftlichen und ökonomischen Produktion sowie dem Anstieg an medizinischem Wissen der »Eintritt des Lebens in die Geschichte« vollzieht (Foucault 1983: 169). Neben der Souveränitätsmacht, darunter fasst er das Regime der souveränen Macht eines Monarchen, ist im Verlauf des 18. und des 19. Jahrhunderts ein weiterer Machttypus aufgetaucht und dominant geworden, den er als Disziplinarmacht ausweist. In *Überwachen und Strafen* (1994) führt Foucault detailreich aus, wie die Disziplin aus bloßen Körpern Häftlinge und Soldaten machte. Durch Dressur, Kontrolle und Überwachung wurden Körper abgerichtet. Sie verinnerlichten die äußeren Normen und wurden durch die Arbeit an Maschinen oder an Waffen zu ›produktiven‹ Mitgliedern der Gesellschaft. Die Disziplin ist hierbei jedoch nicht nur auf das 18. und 19. Jahrhundert beschränkt, sondern lässt sich bis weit in das 20. Jahrhundert hinein als Modus der Vergesellschaftung verstehen. In der zweiten Hälfte des 18. Jahrhunderts trat neben die Disziplin ein weiterer Machttypus, der die Bevölkerung als wissenschaftliches Objekt im Visier hatte. Foucault bezeichnet diesen Machttypus als Regulierung. Die Regulierung zielt in einem politisch-operativen Sinn auf die umfassende Verwaltung und auch auf die Reproduktion einer Bevölkerung. Mit Bevölkerung ist hier eine »biologische Entität« gemeint (2001: 288), die sich durch eigene Lebensprozesse definieren lässt: »Die Bio-Politik befasst sich mit der Bevölkerung als politischem Problem, als zugleich wissenschaftlichem und politischem Problem, als biologischem Problem und als Problem der Macht. Ich glaube, dass dies der Augenblick ist, in dem die Bevölkerung in Erscheinung tritt« (ebd.: 33). Im Zentrum steht also die Frage, wie Lebensprozesse optimiert werden können: Mit welchen Maßnahmen kann die öffentliche Hygiene sichergestellt werden, wie lassen sich Geburtenraten regulieren oder Epidemien verhindern? Eng mit eben genanntem Aspekt verbunden, zielt die Regulierung zudem auf den kollektiven Körper als Gegenstand des Wissens. Um eine Bevölkerung regulieren zu können, muss folglich Wissen in Form von Prognosen, Statistiken und Messverfahren vorliegen (vgl. 2001).

Die Disziplin und die Regulierung gehen in der zweiten Hälfte des 18. Jahrhunderts Verbindungen ein, während die souveräne Macht an Bedeutung verliert. Diese neue Verbindung von Disziplin und Regulierung benennt Foucault als Biomacht. Mit der Biomacht wird das Leben zu einem Problem der Macht, das heißt die Steigerung, die Erhaltung, die Reproduktion und die Förderung von Leben wird zum zentralen Gegenstand naturwissenschaftlicher, medizinischer und auch staatstheoretischer Diskurse (vgl. ebd.). Damit wird die Bevölkerung zugleich als biologisches und ökonomisches Phänomen in den Blick genommen. Das Leben bildet zum einen eine zu erforschende naturwissenschaftliche Tatsache, und zum anderen organisiert sich das Leben in »einen Bereich von Nutzen und Wert« (1983: 171).

Eine wesentliche Rolle bei der Entstehung dieser Biomacht spielte, wie eben angedeutet, das wachsende wissenschaftliche und insbesondere medizinische Wissen über Körper. Die Hauptaufgabe der Medizin ist es, die öffentliche Hygiene sicherzustellen. Als Voraussetzung dafür wird die Vermessung und Verdatung der Bevölkerung. Mit dem Bedeutungsgewinn von Statistiken, Prognosen und Messverfahren etabliert sich ebenfalls die Statistik als Wissenschaft. Mit dem Aufkommen statistischer Verfahren zur Regulierung der Bevölkerung werden Individuen um eine Norm herum gruppiert. Das absolute Gesetz des Souveräns wird im Regime der Biopolitik durch eine Macht ersetzt, die »eher qualifizieren, messen, abschätzen, abstufen« muss: »Statt die Grenzlinie zu ziehen, die die gehorsamen Untertanen von den Feinden des Souveräns scheidet, richtet sie die Subjekte an der Norm aus, indem sie sie um diese herum anordnet« (ebd.: 172).

Regierung, Rationalitäten und Programme

In seiner *Geschichte der Gouvernementalität* (2006a, 2006b) stellt Foucault die wechselseitige Formierung des modernen Staates und des modernen Subjekts ins Zentrum. Um dieses Verhältnis analysieren zu können, führte er den Begriff der Regierung ein. Der Vorgang der Subjektivierung ist zu einer Regierungsaufgabe geworden, wobei Regierung nicht auf Staatlichkeit begrenzt wird. Foucault konzipiert Regierung vielmehr in einem weiten und umfassenden Sinne:

»In der weiten Bedeutung des Wortes ist Regierung nicht eine Weise, Menschen zu zwingen, das zu tun, was der Regierende will; vielmehr ist sie immer ein bewegliches Gleichgewicht mit Ergänzungen und Konflikten zwischen Techniken, die Zwang sicherstellen, und Prozessen, durch die das Selbst durch sich selbst konstruiert oder modifiziert wird« (Foucault 1993: 193, Übersetzung nach Lemke 2007c).

Foucault greift hierbei auf ein Verständnis von Regierung zurück, dass diesem Begriff bis in das 18. Jahrhundert hinein anhaftete. Regierung war auf die Verbindung von Formen der Macht und Subjektivierungsformen bezogen. Es ging um die

»Lenkung des Verhaltens von Individuen und Gruppen: von Kindern, Seelen, Gemeinschaften, Familien, Kranken. Es umfasst nicht nur institutionalisierte und legitime Formen politischer und ökonomischer Unterordnung, sondern mehr oder weniger überlegte und berechnete Handlungsweisen, die jedoch darauf abzielten, die Handlungsmöglichkeiten anderer Individuen zu beeinflussen« (Foucault 2005b: 256).

Regieren heißt vor diesem Hintergrund »das mögliche Handlungsfeld anderer zu strukturieren« (ebd.). Foucault fragt sich, wie es der Macht gelingt, Teil des Handelns der Subjekte zu werden. Welcher Mechanismus bewirkt, dass sich ein »scheinbarer Konsens« (Gutiérrez Rodríguez/Pieper 2003: 11) zwischen staatlichen Führungstechniken und dem Handeln der Subjekte herstellt? Mit diesem weiten Regierungsbegriff zielt Foucault darauf ab, Staatlichkeit gerade nicht als »Universalie« oder »autonome Machtquelle« zu analysieren (2006b: 14), sondern vielmehr als Effekt sozialer Praktiken und Technologien des Regierens (vgl. Lemke 1997, 2007; Bröckling/Krasmann/Lemke 2000a).

Vor dem Hintergrund dieser theoretischen Perspektive kommt dem Begriff der Rationalität eine zentrale Bedeutung zu. Denn Rationalität bildet bei Foucault kein Synonym für eine abstrakte Vernunft. Foucault schlägt vielmehr vor, Rationalität als relationalen Begriff zu verwenden, der in sozialen Praktiken manifest wird. Der Rationalitätsbegriff lässt sich damit als Verknüpfung von sozialer Praxis und Wissen verstehen. Foucault argumentiert, dass die öffentliche Hinrichtung des Königsmörders Damien nicht irrationaler war als die Inhaftierung eines Häftlings in einer Zelle. Vielmehr war die Marter Damiens irrational in Bezug auf einen Typus des Strafens, der die Besserung und Erziehung des Häftlings zum Ziel hat. Um die Rationalität des Strafens zu erforschen, ist es damit nicht gewinnbringend, von einer abstrakten, transzendentalen Vernunft auszugehen. Stattdessen stellt sich die Frage, wie sich die Rationalität des Strafens in Praktiken manifestiert:

»Es handelt sich sozusagen nicht darum, die Praktiken an der Elle einer Rationalität zu messen, durch die man sie als mehr oder weniger perfekte Formen der Rationalität bewerten würde, sondern eher darum, zu sehen, wie diese Formen der Rationalität sich in Praktiken oder Systemen von Praktiken niederschlagen, und welche Rolle sie in diesen spielen. Denn es gibt in der Tat keine ›Praktiken‹ ohne ein bestimmtes Regime der Rationalität« (Foucault 2005a: 33).

Um politische Rationalitäten von Regierungen fassen zu können und gleichzeitig Reduktionen in der Analyse von Regierungen zu umgehen, führt Foucault in seinen Vorlesungen von 1978 bis 1979 am *Collège de France* den Begriff der Gouvernementalität ein (2006a, 2006b). In dem Begriff der Gouvernementalität – Foucault spricht auch von Regierungskunst – kommt Foucaults These der wechselseitigen Konstitution von Machttechniken zum Ausdruck. Die Verkopplung der beiden Begriffe *gouvernemental* und *mentalité* steht hierbei für Foucaults Annahme, dass eine Analyse der Machttechnologien die ihr inhärenten politischen Rationalitäten einbeziehen muss.[46] In den Vorlesungen rekonstruiert er eine Geschichte der Gouvernementalität, die von der Auseinandersetzung mit der griechischen Antike bis zum moderndend Neoliberalismus reicht. Foucault benennt drei Aspekte, die er aus Perspektive der Gouvernementalität untersuchen möchte: erstens

46 Zur Kritik an einer Fehldeutung von Gouvernementalität als Regierungsmentalität in der deutschsprachigen Rezeption vgl. Sennelart (2006: 482, FN 125). Anstatt Regierungsmentalität ist die bessere Übersetzung von *gouvernementalité* meines Erachtens Regierungsrationalität im Sinne der Denkweisen und Wissensformen von Regierungen.

die institutionelle, diskursive und strategische Grundlage der Ausübung der Regierungsmacht, zweitens die historische Entwicklung, die zur Vorherrschaft der Regierungsmacht über Souveränität und Disziplin führt und drittens Charakteristika des modernen Staates in Abgrenzung zum Staat der frühen Neuzeit (vgl. 2006a). In seinen Vorlesungen ab 1979 schlägt Foucault den Begriff der Gouvernementalität als ein »Analyseraster« vor, dass es ermöglicht, Machtverhältnisse nach der »Art und Weise, mit der man das Verhalten der Menschen steuert«, zu rekonstruieren (ebd.).[47] Der Begriff der Regierung steht nicht für einen bestimmten politischen Inhalt, wie Sozialismus oder Liberalismus, und auch nicht für eine politische Führungselite, sondern bezeichnet eine Form der Problematisierung. Wie Thomas Lemke ausführt, »definiert [er, M.M.] einen politisch-epistemologischen Raum, innerhalb dessen historische Probleme auftauchen [können] und bietet zugleich – möglicherweise konfligierende oder widersprüchliche – Lösungs- und Bearbeitungsstrategien für diese Probleme an« (Lemke 2000: 32).

Gouvernementales Regieren, so auch Katharina Pühl, geht damit zunächst von einer »neuen Problemdefinition aus, die anschließend als lösungsbedürftig im Raum steht« (Pühl 2008: 106). Dies bedeutet nicht, dass diese Probleme willkürlich sind, sondern dass sie Effekte spezifischer Diskurse sind, die wiederum spezifische Lösungen nahelegen. Die politische Rationalität einer Regierung stellt bereits eine intellektuelle Bearbeitung der Realität dar, an der Technologien anknüpfen. Damit lässt sich auch der Organmangel als Ort des Regierens beschreiben, da er ebenfalls eine lösungsbedürftige Problematisierung in den Raum stellt. Das Neue an dem Problem ist nicht der Mangel als solcher, denn wie ich in der Einführung zeigte, ist der Mangel an Organen ein strukturelles Element der Organtransplantation. Es hat schon immer zu wenige Organe zur Transplantation

47 Wie bereits an dieser Stelle deutlich wurde, verwendet Foucault den Begriff der Gouvernementalität teils synonym mit seinem weiten Regierungsbegriff, teilweise benennt er damit spezifische historische Machtkonstellationen, zum Beispiel wenn er von liberaler oder neoliberaler Gouvernementalität spricht. Diese begriffliche Nähe ist nicht verwunderlich, da Foucault gerade darauf abzielt, nicht die Inhalte, sondern die Rationalitäten von Regierungsformen zu untersuchen, was beide Konzepte verbindet. Ich beschränke mich im Folgenden auf den Begriff der Regierung.

gegeben. Der Organmangel wird jedoch vielmehr in den USA seit Mitte der 1980er Jahren und in Deutschland seit Mitte der 1990er Jahren zum lösungsbedürftigen und damit sozialen Problem erklärt.

3.2 Anrufungen der Organspende

In der Organspende im Allgemein und im Diskurs des Organmangels im Besonderen werden Individuen als veräußerbare Subjekte, das heißt als Gebende, angerufen. Was bedeutet diese für die Untersuchung zentrale These? Was lässt sich unter einen Anrufung verstehen? Louis Althusser (1977) legte ein Erklärungsmodell für das Werden eines Subjekts vor, das bis heute in subjekttheorethischen Überlegungen einen prominenten Platz einnimmt. Er schlägt vor, Subjektwerdung als Anrufung zu verstehen, die Individuen annehmen und dadurch zu Subjekten werden. Althusser veranschaulicht sein Modell der Anrufung am Beispiel einer Straßenszene, in der ein Passant von einem Polizisten gerufen wird: »›He, Sie da!‹ Wenn wir einmal annehmen, daß die vorgestellte theoretische Szene sich auf der Straße abspielt, so wendet sich das angerufene Individuum um. Durch diese einfache physische Wendung um 180 Grad wird es zum Subjekt« (ebd.: 143f.). Bei dieser Straßenszene handelt es sich um eine Disziplinierung, bei der ein Vertreter des Gesetzes zur Ordnung ruft (vgl. Butler 2001). Der Name, der gerufen wird, oder der Ruf »He, Sie da!« lässt sich als Anrufung eines sozialen Titels lesen. Butler setzt an dieser Stelle einen wichtigen Akzent, wenn sie erklärt, dass Anrufungen mit Identitäten verkoppelt werden. Das bedeutet, dass Individuen unter dem Namen bestimmter sozialer Kategorien angerufen werden.

Butler (2006) kritisiert an Althusser die Konzeption eines Adressaten der Anrufung, womit sie seinen Machtbegriff tangiert. Mit Foucault geht sie dagegen davon aus, dass Anrufungen nicht von konkreten Adressaten, wie etwa einem Polizisten, erfolgen, sondern in und durch Diskurse. Auf diese Weise kann die Anrufung auch ohne einen Sprecher auskommen, wie zum Beispiel in bürokratischen Formen wie Volkszählungen, Adoptionsunterlagen oder Einstellungsformularen (vgl. ebd.). Wenn Individuen mit sozialen Titeln angerufen werden, erfordert dies, dass sie sich umwenden, das heißt, dass sie sich mit den sozialen Titeln identifizieren, um als Subjekte des entsprechenden Titels sprechen zu können.[48] Wie deutlich wird, ist in der Anrufungsszene ein reflexiver Moment angelegt. Dieser reflexive Moment wird von Althusser mit dem Gewissen und mit einer im Vorhinein bestehenden Schuld in Verbindung gebracht. Althusser argumentiert, dass die Anrufung des Polizeibeamten beim Passanten ein Gefühl der Schuld *hervor-ruft*, das nur deshalb hervorgerufen werden kann, weil es bereits vorher existent war. Die Schuldfrage bzw. die Rückkopplung auf das Gewissen lässt sich als den Moment beschreiben, in dem das Subjekt zu sich in ein Verhältnis tritt, es reflexiv wird, sich selbst befragt und sich zum Gegenstand, zum Objekt macht. Der Vorgang des Schuldanerkennens fällt bei Althusser damit mit der Subjektwerdung zusammen.

Althusser geht davon aus, dass Sprache »uns ›spricht‹, so wie der Mythos den Schöpfer ›spricht‹« (Hall 2004: 48). Die göttliche Stimme gibt einen Namen und ruft in der Benennung der Namen die Subjekte hervor. Der Ruf Gottes verbindet sich mit der Möglichkeit, mit der Anerkennung der Schuld Identität zu gewinnen (vgl. Butler 2001). Wie Butler ausführt, bildet die religiöse Ideologie des Christentums bei Althusser zwar nur ein Beispiel für eine Anrufung, seine Konzeption scheint jedoch gar nicht denkbar ohne die »Metaphorik der religiösen Autorität« (ebd.: 104).

Die fiktive Rede, um Althussers Modell auf die postmortale Organspende zu übertragen, könnte hier lauten: »He, Sie da! Spenden Sie ihre Organe, um anderen Leben zu schenken.« Die Anrufungen als Organspenderin oder als Organspender können, wie in der Einleitung skizziert, Individuen über Anzeigen in Zeitungen oder in Fernseh- oder Radiospots ereilen, über Spenderausweise, die in Apotheken ausgelegt werden, oder Informa-

48 Die zeitliche Abfolge von Anrufung, Umwendung und Subjektivierung, die Althussers Beispiele nahelegen, trügt allerdings, denn wie Althusser auch selbst ausführt, sind die Existenz der Ideologie und die Anrufung der Individuen als Subjekte nicht voneinander verschieden. Die Individuen, so Althusser, sind »immer-schon Subjekt« (ebd.: 144). Indem das Individuum dem Ruf folgt und damit auch sich selbst als Subjekt anerkennt, verkennt es die Prozeduren seiner Konstitution. Die Ideologie bildet bei Althusser keine Manipulation einer falschen Weltanschauung, sondern gibt den Individuen erst die Möglichkeit der Konstitution als Subjekt in einer Gesellschaft (ebd.: 130). Die Verkennung, die im Begriff der Ideologie angelegt ist, bedeutet, dass die Individuen ihre Entstehungsprozesse leugnen, sodass sie sich als frei und autonom begreifen.

tionsmaterial, das in Arztpraxen verteilt wird. Diese Anrufungen zielen darauf, dass Organspendeausweise ausgefüllt werden, sodass im Falle eines Hirntodes, Organe entnommen werden können. In der Lebendorganspende kann die Anrufung sehr mittelbar erfolgen, sodass ein nierenkranker Ehemann seine Ehefrau ganz direkt fragen kann, ob sie ihm nicht ein Organ geben möchte.

Eine zentrale und in der Organspende viel zitierte Anrufungsinstanz bilden die Kirchen. Die Kirchen legitimieren und befürworten Organspenden. In einer gemeinsamen Erklärung der *Deutschen Bischofskonferenz* und des *Rates der Evangelischen Kirchen* (1990) wird die Organspende als Akt der Nächstenliebe benannt. Damit wird sie nicht nur befürwortet, sondern als ethisch verantwortliche Tat empfohlen. Das Leben und der Leib des Menschen gelten nach christlichem Verständnis als ein »Geschenk des Schöpfers«, über das Menschen nicht einfach beliebig verfügen dürfen, die sie jedoch »nach sorgfältiger Gewissensprüfung aus Liebe zum Nächsten« einsetzen dürfen (Deutsche Bischofskonferenz/Rat der Evangelischen Kirchen Deutschland 1990). Wer sich für die Organentnahme entschließt, handelt »ethisch verantwortlich«, da anderen Menschen geholfen werden kann, deren Leben »aufs Höchste belastet oder gefährdet ist« (ebd.). Auch wenn Angehörige sich für die Entnahme entscheiden, bildet dies keine pietätlose Entscheidung. Vielmehr handeln sie verantwortlich, da sie »ungeachtet des von ihnen empfundenen Schmerzes im Sinne des Verstorbenen entscheiden«, anderen zu helfen und »durch Organspende Leben zu retten« (ebd.). Aus diesem Grund ist aus christlicher Sicht die »Bereitschaft zur Organspende nach dem Tod ein Zeichen der Nächstenliebe und Solidarisierung mit Kranken und Behinderten« (ebd.).

Mit Althusser kann gezeigt werden, dass das eben skizzierte Verständnis der christlichen Kirchen das ist, worin Althussers Anrufung der religiösen Ideologie des Christentums besteht. Wenn in der Organspende mit der Metapher des Leben-Gebens geworben wird und die christlichen Kirchen auf die Geschöpflichkeit des Menschen durch Gott verweisen, lässt sich nachzeichnen, dass sich die christlichen Anrufungen auf eine Art »christliches Gewissen« beziehen (Bergmann 2004: 313). Dieses christliche Gewissen basiert, wie bereits im Kontext der gabentheoretischen Überlegungen ausgeführt, auf der Vorstellung der Vorgegebenheit und der Verdanktheit des menschlichen Lebens durch Gott (vgl. II.2.2).

Die Schuld, die von Anrufungsinstanzen der Organspende formuliert wird, lautet, dass Menschen auf der Warteliste sterben, da es zu wenige Organspenden gibt. Wer die Schuld anerkennt und dem Ruf als Organspender folgt, gewinnt an Identität. Es ist die Identität des moralisch guten Menschen, der seine Organe nicht verschwendet und sie nicht mit ins Grab nimmt. Das Individuum, das sich gegen die Organspende entscheidet, wird nicht bestraft, es unterlässt allerdings eine moralisch gebotene Tat. Dadurch wird jedoch, so Werner Schneider, die Grenzziehung zwischen einem guten und einem schlechten Sterben vollzogen:

»Und ein weiterer entscheidender Punkt in diesen Überlegungen liegt darin, dass, mittels Sterben und Tod und mittels der Bereitschaft des Einzelnen, sich mit seinem Sterben und seinem Tod prospektiv auseinanderzusetzen, eine moralische Ordnung im Diesseits konstituiert wird, die eine signifikante soziale [weil moralisch markierbare] Grenze zwischen den Individuen aufmacht. Die Folge ist eine Aufteilung in spendebereite und spendeunwillige Menschen, in soziale und weniger soziale« (1999: 274).

Eine Bestrafung bleibt zwar aus, auch wird gesellschaftlich nichts unternommen, um Menschen, die sich gegen die Spende entschieden haben, mit ihrer Entscheidung zu konfrontieren. Dafür wird ihnen gesellschaftlich vermittelt, dass sie eine gute Tat unterlassen.

Denkbar ist auch, wie im vierten Kapitel noch deutlich wird, dass die Anrufung nicht wie in diesem Modell erfolgen muss, denn wie bereits Althusser argumentiert, besteht in der Regel die Umwendung bereits vor der eigentlichen Anrufung. Das heißt, für manche Ehefrauen kann sich manchmal gar nicht die Frage stellen, ob sie ihrem nierenkranken Ehemann ein Organ spenden möchten oder nicht. Vielleicht verstehen sie die Organspende als selbstverständliche Ausweitung ihrer familiären Pflicht? Wenn ihr Partner der Hauptemährer der Familie ist, zögert sie womöglich noch weniger, das Risiko einzugehen und eine Niere zu spenden.

Denkbar ist des Weiteren, dass eine Anrufung scheitert. Wenn die Anrufung an die Subjekte scheitert, dann deshalb, weil im Prozess des Subjektwerdens der Moment der Umwendung angelegt ist. Die Umwendung, das Reflexivwerden, impliziert die Identifikation des Individuums mit dem ihm zugewiesenen sozialen Titel (vgl. Villa 2006). Mit der Anrufung wird folglich vielmehr nur der Versuch unternommen, den Angesprochenen »ins

Sein zu bringen« (Butler 2001: 91). Wenn man davon ausgeht, dass Subjektivität im Anschluss an Butler und Foucault ein Produkt des Diskurses ist, so lässt sich zeigen, dass der Diskurs, aus dem und durch den Subjektpositionen entstehen, nicht identisch ist mit den konkreten Identitäten: »Der Diskurs ordnet nämlich ein Sein an, die Praxis aber ist ein beständiges Werden« (Villa 2006: 229). Auch für die Anrufung als Organspenderin oder als Organspender ist charakteristisch, dass sie sehr häufig scheitert. Auch dies führe ich im vierten Kapitel insbesondere auf Basis quantitativer Daten aus. Damit soll allerdings nicht der Eindruck einer Beliebigkeit vermittelt werden. Der Passant, der vom Polizisten gerufen wurde, hat sich in Althussers Modell nicht zufällig umgedreht. Butler nimmt hier eine Freud'sche Ergänzung an Althussers Modell vor, wenn sie erklärt, dass die Umwendung des Passanten ein Symptom für sein leidenschaftliches Verhaftetsein mit dem Gesetz ist. Damit definiert sie das Gewissen als Form, die »das leidenschaftliche Verhaftetsein mit der Existenz annimmt« (Butler 2001: 121). Vor diesem Hintergrund muss auch das Scheitern der Anrufung in Verbindung mit dem leidenschaftlichen Verhaftetsein gelesen werden. Die Intensität der Leidenschaft des Verhaftetseins mit dem Gewissen basiert mit Butler darin, dass die Annahme eines sozialen Titels, auch wenn er temporär totalisierend, normativ und sogar verletzend sein kann, mit einem Gewinn von Identität einhergeht, der nicht unbewertet bleiben kann. Denn die Negation der Annahme eines sozialen Titels bedeutet, dass ein Individuum sich nicht des im Vorhinein bestehenden Schuldvorwurfs entledigen kann.

Wie Butler ausführt, könnte die »Kraft der Anrufung« (2006: 59) zudem weitergehen, sodass Menschen, die keine Organe spenden möchten, zum Beispiel ein schlechtes Gewissen haben könnten, wenn sie von niereninsuffizienten Patientinnen und Patienten erfahren. So wird auch in der Forschung zur Organspendebereitschaft darauf hingewiesen, dass ein Faktor, der die Wahrscheinlichkeit eines ausgefüllten Spenderausweises erhöht, darin besteht, dass jemand einen kranken Angehörigen hat, dessen Name auf der Warteliste für ein Spenderorgan verzeichnet ist. Im Angesicht eines kranken Angehörigen muss es nahezu unmöglich erscheinen, sich zu widersetzen. Um an die vorherigen Überlegungen anzuknüpfen, soll hier betont werden, dass die These, Individuen würden in der Organspende als veräußerbare Subjekte angerufen, keinen kausalen Zusammenhang zwischen der Anrufung, das heißt dem Programm einer Regierung und der Annahme der Anrufung auf Ebene der Subjekte nahelegt. Um dieser Verkürzung nicht aufzusitzen, schlagen Katharina Pühl und Susanne Schultz den Begriff der programmatischen Subjektivitäten vor und erklären: »›Programmatische Subjektivitäten‹ korrespondieren nicht umstandslos mit empirischen Subjektivitäten von Männern und Frauen« (2001: 105). Die Anrufungsprozesse sind damit als Regierungsprogramme und nicht als totalisierende Disziplinierungstechnologien zu verstehen.

3.3 Regieren in der Ökonomisierung des Sozialen

Wenn Foucault von der liberalen Gouvernementaltität spricht, scheint er diesen Begriff an manchen Stellen synonym mit Biopolitik zu verwenden. Gouvernementalität und Biopolitik in einer engen Verbindung zu verstehen, legt zudem die Betitelung seiner Arbeit nahe, da er seine zweite Vorlesungsreihe zur Geschichte der Gouvernementalität *Die Geburt der Biopolitik* (2006b) benennt. Zudem greift Foucault in seiner *Geschichte der Gouvernementalität* auf seine Thesen zur Regulierung der Bevölkerung zurück, die er unter dem Stichwort der Biopolitik ausgearbeitet hat. Diesen Zusammenhang arbeitet Foucault allerdings nicht weiter aus (vgl. Graefe 2007a).

Im Anschluss an seine Überlegungen zur Rationalität von Regierungen analysiert Foucault den Liberalismus nicht als politische Theorie oder als Ideologie, sondern als »Prinzip und Methode der Rationalisierung der Regierungsausübung« (2005a: 181). Denn die liberale Rationalität, so Foucault, geht von der Maxime aus, dass Regierung nicht Selbstzweck sein kann. Damit bricht sie mit jener Staatsräson, die seit dem 16. Jahrhundert die Stärkung des Staates als Leitprinzip hatte. Die liberale Regierungsrationalität ist vielmehr von dem Prinzip durchdrungen, dass zu viel regiert wird. Der Staat verliert zunehmend die Aufgabe, die Marktfreiheit zu überwachen. Freiheit wird damit zu einer Technologie, einem Instrument der Macht. Sie bildet den Raum, in dem Selbst- und Fremdführungen im Liberalismus und auch im Neoliberalismus ihre Wirksamkeit entfalten können (vgl. Osborne 2001). Der Liberalismus basiert im Wesentlichen auf einer Freiheit, die unablässig bedroht ist und deshalb mit Technologien der Sicherheit geschützt werden muss. Sicherheit konstituiert zudem die Bevölkerung als Masse und als Gesamtheit von schutzbedürftigen Individuen. Foucault argumentiert, dass die Prozesse naturalisiert werden, innerhalb derer Sicherheiten als solche erfunden werden. Sie werden als natürlich und der

Intervention von Sicherheitstechnologien bedürftig konstruiert. Die Freiheit, über Dinge zu verfügen, und die Sicherheit, die die Freiheit wiederum schützt, bilden damit die integralen Bestandteile der liberalen Regierungsrationalität.

Der Liberalismus organisiert folglich die Bedingungen, unter denen Individuen frei sein können (vgl. Lemke 1997), wobei den Individuen ein Rahmen angebotenen wird, innerhalb dessen sie ihre »Freiheit diszipliniert ausüben, damit sie die Sicherheit nicht gefährden« (Opitz 2004: 58). Die Freiheit bezieht sich sowohl auf das freie Individuum wie auch auf den freien Markt. Sicherheit bildet für Foucault somit eine genuin andere Form der Regierungsrationalität als Disziplin und Souveränität: Im System der Souveränität war der Souverän seinen Untertanen verpflichtet. Er war für ihren Schutz und ihre Gesundheit verantwortlich. Die direkte Beherrschung der Individuen erweist sich jedoch aus Sicht des Liberalismus als unproduktiv, wie Foucault bereits zur Biopolitik ausführte. Freiheiten gehen damit immer auch mit Kontrollverfahren und auch Zwangsmechanismen einher. An das Regieren durch Freiheit setzen bestimmte Risikotechnologien an, mit denen sich Konflikte in berechenbare und damit individuell handhabbare Unsicherheiten umformulieren lassen.

Mit der neoliberalen Regierungsrationalität verändert sich das Verhältnis von Staat und Markt, denn der Markt selbst wird zum organisierenden Prinzip des Staates. Die neoliberale Regierungsrationalität ersetzt, so Lemke, ein »begrenzendes und äußerliches durch ein regulatorisches und inneres Prinzip« (2000: 15). Mit der Durchsetzung von Marktmaximen wie Effizienz, Mobilität und Selbstverantwortung werden Individuen dazu aufgerufen, ihr Leben nach Maßgabe des Unternehmerischen auszurichten:

»Schließlich soll das Leben des Individuums selbst etwa mit seinem Verhältnis zu seinem Privateigentum, seinem Verhältnis zu seiner Familie, zu seinem Haushalt, seinem Verhältnis zu seinen Versicherungen, zu seiner Rente aus ihm [dem Individuum] und seinem Leben so etwas wie ein ständiges und vielgestaltiges Unternehmen machen« (Foucault 2006b: 334f.).

Die Orientierung am Ökonomischen durchzieht, wie im Zitat deutlich wurde, prinzipiell alle gesellschaftlichen Bereiche, auch solche, die bislang außerhalb ökonomischer Gesetzmäßigkeiten standen. Auch Liebesbeziehungen (vgl. Illouz 2007) oder Gesundheit lassen sich nach ökonomischen

Kriterien neu justieren (vgl. Ehrenberg 2008; Greco 1998). So bilden auch ökonomischer Erfolg und Selbstverwirklichung keine Widersprüche. Denn sie folgen dem Imperativ eines unabschließbaren Wachstums (vgl. Reckwitz 2006). Im Falle der eigenen Überforderung fällt es in den Verantwortungsbereich der Individuen, sich professionelle Hilfe zu suchen. So unterschiedlich therapeutische Programme und betriebswirtschaftliche Maximen auch sind, beide treffen sich in dem Wunsch, dem unternehmerischen Selbst zu entsprechen (vgl. Rose 2000).

In der Gouvernementalitätsforschung wird argumentiert, dass es hierbei nicht zu einem Abbau an Staatlichkeit kommt, sondern zu einer Neuschreibung des Sozialen in ökonomischer Form, das heißt zu einer Ökonomisierung des Sozialen (vgl. Rose 2007). Der Abbau wohlfahrtsstaatlicher Leistungen führt damit nicht zu einem Verlust an Steuerungsmechanismen des Staates. Vielmehr lassen sie sich als Umstrukturierung der Regierungstechniken begreifen, die sich am Leitbild der und des selbstverantwortlichen und rationalen, das heißt entscheidungsfähigen Bürgerin und Bürgers orientiert. Deren Aufgabe besteht darin, Risiken, denen sie oder er ausgesetzt zu sein glaubt, selbst zu kalkulieren. Zudem macht sich der Staat Funktionen zu eigen, die bislang nicht in sein Aufgabenfeld gefallen sind: Er entwickelt Regierungstaktiken, die Individuen zu einem bestimmten Handeln anleiten, ohne dass er die Verantwortung für die Folgen des Handelns übernimmt. Vielmehr formuliert er gesellschaftliche Risiken wie Armut oder Krankheit als Problem der individuellen Eigenverantwortung. Risiken, die bis zum Ende des 20. Jahrhunderts an Formen der Regierung des Staates gebunden waren, werden damit sukzessive privatisiert. Das Regierungsprogramm des Neoliberalismus besteht damit in der »Konstruktion verantwortlicher Subjekte, deren moralische Qualität sich darüber bestimmt, daß sie die Kosten und Nutzen eines bestimmten Handelns in Abgrenzung zu möglichen Handlungsalternativen rational kalkulieren« (Lemke 2000: 38). Mit der Orientierung am Unternehmerischen setzt die neoliberale Gouvernementalität, wie Alex Demirovic formuliert, die »Ontologie der Ungewissheit« und damit die als positiv bewerteten Ängste in Gang (2008: 245). Ungewissheit und Unsicherheit sind Wesenszüge der neoliberalen Rationalität. Die Annahme der Anrufung als unternehmerisches Selbst verspricht zwar vielfältige Optionen und Konsumchancen, gleichzeitig impliziert es ein unablässiges Kalkulieren von Risiken und damit eine Angst vor den eigenen Fehlkalkulationen. Zudem kennzeichnet das Regieren der Sicherheit und der Unsicherheit der neoliberalen Rationalität widersprüchliche Verhaltensnormen: Die Individuen werden einerseits als vorausschauende Subjekte aufgerufen, ihr Leben und damit ihre Risiken selbstverantwortlich zu kalkulieren, gleichzeitig wird von ihnen ein unternehmerisches und damit risikoreiches Handeln erwartet und sogar als »gesellschaftliche Tugend« prämiert (Lemke 2004: 93).

Regieren von Sicherheit – Regieren durch Risikokalkulation

Wie bereits deutlich wurde, erhält in der Gouvernementalitätsforschung die Frage nach der gesellschaftlichen Bedeutung von Risiken und damit zusammenhängend die Frage nach dem Regieren von Sicherheiten einen zentralen Stellenwert (vgl. Brunnett/Graefe 2003; Meyer/Purtschert/Winter 2008). Das empirisch Normale lässt sich nun statistisch berechnen.

In der Soziologie ist die Auseinandersetzung mit Risiken seit den frühen 1980er Jahren fest verankert. Die Perspektive der Gouvernementalitätsforschung bildet hierbei nur eine Blickrichtung. Auch aus systemtheoretischer (vgl. Luhmann 1991) und anthropologischer Sicht (vgl. Douglas 1985) wurden zentrale Arbeiten verfasst. Eine Schlüsselrolle in dieser Debatte erhält die Theorie der reflexiven Modernisierung, wie sie von Ulrich Beck, Anthony Giddens und Scott Lash vorgelegt wurde. Ulrich Beck (2008) definiert als Risiko die Antizipation einer Katastrophe. Während in der Industriegesellschaft, der ersten Moderne, Risiken noch kalkulierbar waren, ist es das Spezifikum der Risikogesellschaft, der zweiten Moderne, dass sie ihre Risiken selbst produziert, die zudem unkalkulierbar werden (vgl. ebd.). Diese unkalkulierbar werdenden Risiken betreffen prinzipiell alle Menschen. Denn wenn ein Risiko die Antizipation einer Katastrophe bedeutet, kennt sie noch keine raumzeitliche oder soziale Konkretion (vgl. ebd. 2008). Zudem brechen Risiken Klassenschranken auf und haben damit egalisierende Wirkungen.

Die heutigen Risiken, und Beck denkt hierbei vor allem an Risiken, die durch naturwissenschaftliches Wissen entstehen wie atomare Strahlungen von Kernkraftwerken oder die chemische Belastung von Lebensmitteln, sind nicht mehr fassbar oder erfahrbar (vgl. Joas/Knöbl 2004). Beck unterstreicht, dass wir Risiken nur mit Hilfe von wissenschaftlichem Wissen wahrnehmen können, wie zum Beispiel durch die Bestimmung von Grenzwerten (vgl. Bogner/Menz 2005). Er geht damit davon aus, das Wissen um Risiken diskursiv und durch Wissenschaften vermittelt ist. Sie sind immer soziales Konstrukt und Aushandlungsprodukt zugleich. Bei Risikoanalysen spielen damit Definitionsprozesse eine große Rolle. In seiner späteren Arbeit *Weltrisikogesellschaft* (2008) betont Beck zudem die Bedeutung von medialen Inszenierungen, um Risiken als solche wahrzunehmen. Denn nur durch die »Vergegenwärtigung« und damit durch die »Inszenierung des Weltrisikos wird die Zukunft der Katastrophe Gegenwart« (ebd.: 30).

Wenn Beck argumentiert, dass Risiken für Definitionsprozesse prinzipiell offen sind, bezieht er sich bei dieser Aussage auf die Wahrnehmung und die Einschätzung von Risiken. Für Beck (1986) ist es aber ein Faktum, dass Risiken sprunghaft angestiegen sind. Sie sind mit der Produktion von Reichtum systematisch einhergegangen.[49] Anders als Beck akzentuiert François Ewald (1990, 1993) die Künstlichkeit des Risikos, das keine Entsprechungen in der Realität zu haben scheint. Risiken folgen bei Ewald nicht direkt aus der industriell-gesellschaftlichen Realität, sondern bilden vielmehr ein Schema einer Rationalität, das bei nahezu jedem Thema Anwendung finden kann. Risiken präsentieren eine spezifische Art, über Ereignisse zu denken, die mit dem Versuch verbunden ist, sie vorhersehbar und beherrschbar zu machen. Der Risikobegriff zeichnet sich in der Gouvernementalitätsforschung vor allem durch Berechnung und statistische Wahrscheinlichkeiten aus und damit nicht durch Gefahr:

»Ein Risiko resultiert nicht aus dem Vorhandensein einer bestimmten Gefahr, die von einem Individuum oder auch einer konkreten Gruppe ausgeht. Es ergibt sich daraus, daß abstrakte Daten oder Faktoren, die das Auftreten unerwünschter Verhal-

---

49 So plausibel Becks These der Risikosteigerung vor dem Hintergrund des politischen Tagesgeschehens zunächst erscheinen mag und insbesondere im Kontext des Reaktorunfalls in Tschernobyl auch erschien, wird er für diese These viel kritisiert. Wie etwa Richard Münch zeigt, lassen sich bei näherer Analyse verschiedener Risikoquellen keine Anhaltspunkte mehr ausmachen, denen zufolge Risiken in der zweiten Moderne im Vergleich zur ersten gestiegen sein sollen (2002; vgl. Alexander/Smith 1996). Zudem bleibt bei Beck offen, so Nassehi (1997), unter welchen Bedingungen überhaupt von Risiken gesprochen werden kann und unter welchen Bedingungen nicht. Das Risiko wird bei Beck zu einem ontologischen Objekt.

tensweisen mehr oder weniger wahrscheinlich machen, zueinander in Beziehung gesetzt werden« (Castel 1983: 59).

Darüber hinaus lassen sich Risiken auch als ökonomische und moralische Techniken beschreiben. Das Beispiel der Untersuchung von Versicherungsrationalitäten von François Ewald (1993) zeigt dies: Zunächst beruhen Versicherungsrationalitäten auf Statistik und Wahrscheinlichkeitsrechnungen. Das Risiko ist vor dem Hintergrund von Versicherungsrationalitäten auch eine ökonomische Technik. Das Risiko bildet zudem eine moralische Technik, da bestimmte Verhaltensweisen wie zum Beispiel Vorsorge als Tugenden prämiert werden. Diese Aspekte machen für Ewald die Versicherung zu einer politischen Technologie. Es geht damit weniger um die Frage der Verteilung von Gefahren als um das Problem der Risikoproduktion. Risiken bilden eine spezifische Art der gesellschaftlichen Problematisierung, eben eine politische Rationalität. Denn die konstruierten Risiken erscheinen mit Hilfe bestimmter Sicherheitstechnologien als regulierbar.

Risikotechnologien, so lässt sich zusammenfassen, produzieren Sicherheitsstrategien, genauso wie sie neue Unsicherheiten hervorbringen (vgl. Schultz 2006). Die Produktion von Unsicherheit sowie die Entwicklungen von Sicherheitsregimen, die zu ihrer Kontrolle entworfen werden, sind hierbei Teil derselben Regierungsrationalität. Risiken sind demnach nicht durch naturwissenschaftliche Technologien sprunghaft angestiegen, vielmehr präsentieren sie eine »Form des Denkens der Realität – mit dem Ziel, sie ›regierbar‹ zu machen« (Bröckling/Lemke/Krasmann 2000b: 22). Aus Perspektive der Gouvernementalitätsforschung stellt sich folglich die Frage, wie Risiken erfunden und nicht gefunden wurden. Hierbei ist ein zentrales Moment, wie bereits skizziert, die Produktion von Ängsten, das heißt die Produktion eines Bedürfnisses nach Sicherheit. Ein weiteres zentrales Merkmal des Regierens der Sicherheit der neoliberalen Rationalität bildet die Verschiebung von Sicherheitstechnologien: »Zu beobachten ist eine Bewegung weg von einer defensiven Gefahrenabwehr oder nachträglicher Kompensation von gesellschaftlichen Risiken hin zu deren Prävention und der aktiven Steuerung der Eintrittswahrscheinlichkeiten von (unerwünschten) Ereignissen« (Lemke 2004: 94).

Dies ist insbesondere für den Bereich der Gesundheit zutreffend: Von Individuen wird ein hohes Niveau in ihrer Auseinandersetzung mit gesundheitsrelevanten Verhaltensweisen erwartet. Durch Aufklärungskampagnen wird

Individuen vermittelt, eine möglicherweise eintreffende Krankheit sei kein Schicksal, sondern das Ergebnis eigener Verhaltensweisen. Zur Leitkategorie wird die Prävention von Krankheitsrisiken. Gesundheitliche Risiken sollen abgemildert werden, bevor die Krankheit möglicherweise eintreffen kann.[50] Auch wird gesundheitsschädigendes Verhalten nicht verboten, wie die immer wieder auflebende Debatte um höhere Krankenkassenbeiträge für Raucher oder Übergewichtige verdeutlicht. Verhalten, das sich negativ auf die Gesundheit auswirken kann, wird vielmehr negativ sanktioniert.[51] Damit wird Gesundheit zum Zeichen von Initiative und Verantwortungsbereitschaft, während Krankheit auf mangelnden Unternehmergeist, auf einen unzureichenden Willen oder eine falsche Selbstführung verweist (vgl. Greco 1993). Maßnahmen der Gesundheitsförderung werden nicht nur als Angebot im medizinischen Versorgungssystem, sondern zunehmend auch in den Lebenswelten gesunder Menschen verankert (vgl. Borgetto/Kälble 2007). Daher bestimmen gegenwärtig nicht gesetzliche Regelungen, sondern das »Paradigma der Gesundheitsverantwortung« die Gesundheitspolitiken (Schultz 2006: 224). Vor diesem Hintergrund bildet auch der Organmangel keine Naturkatastrophe. Der Diskurs des Organmangels steht vielmehr mit einer Rationalität in Verbindung, die Körper als veräußerbar konzipiert und damit das Eintreffen einer Niereninsuffizienz als Risiko

---

50 Der Gedanke, dass Individuen für die Entstehung von Krankheiten mitverantwortlich sind, ist bereits in Parsons' Überlegungen angelegt. Parsons argumentierte allerdings, dass der oder die Kranke für den Verlauf und die Heilung der Krankheit keinen Beitrag leisten kann. Man kann »von dem kranken Menschen nicht erwarten [...], er solle gesund werden, indem er sich ›zusammen nimmt‹, durch einen Willensakt also. Auch in diesem Sinne ist er von Verantwortlichkeit befreit – er befindet sich eben in einer Situation, in der ›man sich seiner annehmen‹ muss. Sein ›Befinden‹, nicht seine ›Einstellung‹ muss geändert werden« (ebd. 1958: 17). Die Patientin oder der Patient ist allerdings dazu verpflichtet, fachkundige Hilfe zu suchen, das heißt eine Ärztin oder einen Arzt aufzusuchen und mit ihr oder ihm zu kooperieren. Die Verantwortung besteht damit lediglich darin, dem medizinischen Personal zu folgen.

51 Medizinsoziologisch lässt sich dagegen einwenden, dass sich der gesundheitliche Lebensstil nicht einfach durch Aufklärung ändern lässt. Er gilt vielmehr als habituell im Lebensstil der Individuen verankert und abgesichert (vgl. Richter/Hurrelmann 2006).

eines gesunden Menschen vorstellbar macht. Unsicherheit tritt in das Körperinnere ein (vgl. Motakef 2010a).

Biopolitisches Regieren in der Ökonomisierung des Sozialen

Wie deutlich wurde, verband Foucault mit dem Begriff der Biopolitik eine Forschungsperspektive, in deren Zentrum die Frage steht, wie das Leben als Gegenstand der Politik aufgetaucht ist, wie es optimiert werden kann und welche Subjektivierungsweisen dominant werden. Eine Analyse der Probleme des Lebens der Gegenwart, das heißt der neoliberalen Gouvernementalität, hat Foucault angeregt, allerdings nicht selbst verfolgen können (vgl. 2006b: 443). Worin bestehen folglich Spezifika der Biopolitik neoliberaler Rationalitäten? Im Folgenden skizziere ich überwiegend aus der Gouvernementalitätsforschung Arbeiten, in denen untersucht wird, wie Individuen als Subjekte biopolitischer und neoliberaler Rationalitäten angerufen werden.

Normierung durch Prävention: Genetische Diagnostiken

Der genetischen Diagnostik kommt im Zuge der neoliberalen Maxime, Risiken des Körpers wie ein Unternehmen zu kalkulieren, eine Schlüsselrolle zu. Auf molekulargenetischer Grundlage liefert sie voraussagende Informationen über die Ausstattung genetischen Materials von Individuen und Gruppen. Durch Aufklärung von Gesundheitsrisiken und entsprechender medizinischer Präventions- und Diagnosetechnologien erscheint Krankheit als prinzipiell vermeidbar. Mit den Entwicklungen der Molekularbiologie entstehen nicht nur neue Möglichkeiten, Leben zu verstehen. Lebensprozesse werden nicht nur repräsentiert, sondern vielmehr umgeschrieben:

> »Das ist, unter epistemologischen Gesichtspunkten, die Prozedur, die die Praxis der Molekularbiologie als eines molekularen ›engineering‹ von den traditionellen Formen der Intervention in den Biowissenschaften und in der Medizin unterscheidet. Diese Form der Einmischung zielte auf die Reprogrammierung metabolischer Vorgänge, nicht bloß auf ihre Modifikation« (Rheinberger 1996: 291).

Dadurch verändert sich die Wahrnehmung von Krankheit: Von einer individuellen Leidenserfahrung abgelöst, so der Wissenschaftshistoriker Hans-

Jörg Rheinberger, wird sie zu einer Funktionsstörung, die einer technischen Korrektur bedarf (ebd.). Krankheit bezeichnet in der gentechnischen Perspektive keine Ausnahme vom Gesundsein, sondern wird zu einer »normalen Behinderung« (ebd.). Hierbei verliert der Berufsstand der Ärztinnen und Ärzte an Bedeutung, ins Zentrum rücken Genetikerinnen und Genetiker, die sich an technischen Normen und naturwissenschaftlichen Parametern orientieren (ebd.). An die Stelle der »reaktiven Heilkunst« tritt die Prävention von Risiken, die sich auf die Verhinderung von Krankheiten und die Diagnose von Anlagen genetischer Defekte konzentriert (ebd.). Dies wiederum verändert das Verständnis des Körpers, denn er wird profanisiert, veräußert und mit einer genetischen Identität ausgestattet. Das unternehmerische Selbst wird in Bezug auf seine körperliche Kondition optimier- und ausbeutbar: »Die Individuen werden angehalten, mit ihrem berechen- und bewertbarem biologischen Kapital auf ›ökonomische Weise‹ umzugehen, um höchsten Lebensgewinn zu erzielen und der Gesellschaft möglichst wenig Kosten aufzuerlegen« (ebd.: 240).

Krankheit wird folglich nicht als eine Konsequenz individueller Verhältnisse, wie Armut oder belastende Arbeitsbedingungen, diskutiert, sondern als Konsequenz individuellen Fehlverhaltens. Damit lassen sich gendiagnostische Testverfahren auch als moralische Technologien lesen.

Wenn Risiken auf individuelle Körper bezogen werden, lassen sich Daten von Individuen nach ihren Abweichungen von einem statistischen Mittelwert benennen. Damit verbindet sich die Rationalität des Risikos und damit das Regieren von Sicherheit immer auch mit normalisierenden Technologien. Das Eintreffen einer Erkrankung wird zu einem Durchschnittsphänomen, das die Individuen unterschiedlich häufig treffen kann. Das Ereignis erhält eine Zukunft, die entscheidbar und beeinflussbar wird.

In der Pränataldiagnostik zum Beispiel definiert eine Expertin oder ein Experte mit den diagnostischen Daten der Schwangeren deren Position im normalistischen Feld (vgl. Samerski 2002). Solange die Einzelnen rechtzeitig dafür sorgen, dass sie Risiken abwenden, werden sie von ihrer individuellen Schuld entlastet: »Das behinderte Kind wird nur dann zum Risiko, wenn man davon ausgeht, dass es mit der richtigen Entscheidung verhindert werden könnte« (Waldschmidt 2002: 135). Anne Waldschmidt argumentiert hierbei, dass die Klientinnen der Pränataldiagnostik zu einer Autonomie ermutigt werden, die sie durch eine »Logik der Sicherheit« (2002: 131) wiederum beschränkt sieht:

»Sie [die Experten, M.M.] müssen die diagnostischen Daten sozusagen an die einzelne Schwangere rückkoppeln, das durchschnittliche Risiko in eine spezielle Risikoziffer umrechnen und der Klientin außerdem dabei helfen, sich in Kenntnis des persönlichen Risikos in dem weiten Feld von Normalität und Abweichung zu positionieren« (ebd.: 135).

Zusammenfassend ist festzuhalten, dass die genetische Diagnostik als moralische und normalisierende Technologie beschrieben werden kann. Indem sie Krankheit als individuelles Fehlverhalten und als Resultat von schuldhaftem Verhalten umdefiniert, verweist sie auf moralisch gebotenes, nämlich Risiken kalkulierendes Handeln. Zudem normalisiert sie, indem sie die Risiken einer Person als Abweichung eines Mittelwerts bestimmt.

Sterben und Tod autonomer Subjekte?

Werner Schneider (1999) beobachtet im Diskurs des Hirntodes die Konstruktion eines autonomen Subjekts, das selbstbestimmt entscheidet, was mit seinen Organen im Falle eines Hirntodes passieren soll. Schneider zitiert exemplarisch einen Informationstext der evangelischen Kirche Berlin-Brandenburg, in der auf den Konflikt von Organentnahmen hingewiesen wird, dass nämlich einerseits die Würde des Sterbens gewahrt werden muss und andererseits das Leben eines anderen gerettet werden kann. Die Entscheidung für oder gegen die Entnahme von Organen obliegt den Individuen selbst. Sie müssen diesen Konflikt selbst lösen. Schneider beobachtet hier eine »radikale Subjektivierung des Todes« (ebd.: 294). Er formuliert starke Zweifel an dem Konzept des autonomen Subjekts, das die evangelische Kirche voraussetzt, da gerade der eigene Tod ein Phänomen bildet, das sich nicht rational fassen lässt und damit nicht zum Gegenstand von Abwägungen werden kann.

Neben der Konstruktion eines autonomen Subjekts im Hirntod-Diskurs analysiert Schneider die Organtransplantation zudem als moralisierende Technologie: In seiner wissenssoziologischen Diskursanalyse rekonstruiert er das Deutungsmanagement einiger Transplantationsbefürworter und erkennt darin eine moralische Aufladung. In dem Plädoyer für die Erhöhung der Spendenbereitschaft entlarvt Schneider die diskursive Strategie der »Umdefinition des Organmangels als einem eigentlichen Ressourcenproblem der Transplantationsmedizin zu einem sozialen Problem, indem es um das Leben und die Lebenssituation von schwerkranken Menschen geht« (ebd.: 183). Angesichts des möglicherweise eintreffenden Todes von Patientinnen und Patienten wird die Verweigerung der Organspende moralisch negativ aufgebaut. In dem Slogan ›Organspende rettet leben – Schenken sie Leben!‹, der Devise einer Informationsbroschüre der *Bundeszentrale für Gesundheitliche Aufklärung*, liest Schneider eine »semantische Anknüpfung an den in der westlich-abendländischen Kultur ehemals geheiligten schöpferischen Akt des Lebenspendens durch Gott« (ebd.: 185). Das Neue besteht hierbei nicht darin, dass etwas Altes gerettet werden kann, vielmehr erschafft die Organspenderin oder der Organspender, in dieser Diskursstrategie, etwas Neues und noch nicht Existentes.

Die Konstrukte Körperlichkeit und Krankheit bleiben hiervon nicht unberührt. Vor dem Hintergrund, dass Organe nicht mehr als »zu heilend bzw. als unheilbar krank gedacht werden, sondern als ›krank‹ im Sinne von ›defekt‹ und ›gesund‹ im Sinne von ersetzbar«, beobachtet Schneider eine fundamentale Verschiebung von Gesundheit und Krankheit (ebd.: 298). Gesundheit ist weniger etwas, was man hat, sondern etwas, das man beständig erwirbt und wieder verlieren kann (ebd.).

In ihrer Auseinandersetzung mit Patientenverfügungen stellt Stefanie Graefe heraus, dass auch der Tod Teil individueller Risikokalkulation wird. Denn mit Patientenverfügungen wird das Anliegen verbunden, dass

> »Patienten noch in ›gesunden Tagen‹ ›präventiv‹ für Situationen, in denen sie möglicherweise nicht mehr einwilligungsfähig sind, über gewünschte und nicht gewünschte medizinische Maßnahmen, inklusive den teilweisen oder umfassenden Behandlungs- und Versorgungsabbruch entscheiden« (Graefe 2007b: 274).

Diese Entscheidungen sind für das medizinische Personal in jedem Fall rechtsverbindlich, wobei diese Entscheidungen ausdrücklich nicht nur Situationen betreffen, in denen es um Leben und Tod geht. Patientenverfügungen werden den Individuen als Stärkung der Patientenautonomie vermittelt. Dabei verliert das ärztliche Ethos, unbedingt Leben zu retten, an Bedeutung: »Statt überindividueller Norm bildet nun die Subjektivität der Betroffenen den Maßstab für die ärztliche Entscheidung über Leben und Tod« (ebd.). Damit wird aus dem Patientinnen- oder Patientensubjekt, dass sich dem medizinischen Regelwerk unterwirft, das Subjekt der Patientenverfügung, das autonom, selbstbestimmt und eigenverantwortlich die Bedingungen des eigenen Todes bestimmt. Hierbei werden jedoch die ökonomischen Dimensionen ausgeblendet, vielmehr scheint es, als vollziehe sich die Entscheidung für oder gegen die Patientenverfügung jenseits ökonomischer Zwänge. Im Diskurs der Patientenautonomie wird folglich ein Subjekt konstruiert, das einen Willen hat, den eigenen Tod mitzubestimmen. Der Staat orientiert sich nicht mehr an kulturellen Werten oder Normen des Sterbens, sondern geht von der individuellen Entscheidung der selbstbestimmten Individuen aus (vgl. Nassehi/Pohlmann 1992). Gleichzeitig fixiert der Staat die individuellen Wertvorstellungen in einem Gesetz. Das Subjekt der Patientenverfügung ist damit paradox:

»Es bringt gegen den Staat und dessen kodifizierte ›allgemeine Wertvorstellungen‹ seine unverwechselbare Individualität ins Spiel, verlangt aber nach einem Gesetz, das dieses Spiel juristisch fixiert. Es folgt der Stimme seines ganz und gar ›eigenen Willens‹, die aber spricht in Ankreuzoptionen, Textbausteinen und Standardformulierungen. Es ist einerseits flexibel [...] und verfügt andererseits über eine Art unveränderlichen Subjektkern, der garantiert, dass auch die denkbar existentenziellste Veränderung, die Menschen üblicherweise erleben, nämlich der Übergang vom Leben zum Tod, an dem zuvor ›widerspruchsfrei‹ dokumentierten ›Willen‹ nicht rüttelt« (Graefe 2007b: 279).

3.4 Der Organmangel als Ort biopolitischen Regierens

Im vorhergehenden Abschnitt habe ich die Argumentation dargelegt, dass der Diskurs des Organmangels einen Ort biopolitischen Regierens bildet, in dem Individuen als veräußerbare Subjekte angerufen werden. Im Diskurs des Organmangels werden Individuen als moralische Subjekte angerufen, ihre Organe nicht zu verschwenden. Sie sollen sie an andere abgeben. Sie werden nicht repressiv zur Organspende gezwungen, ihnen wird die Organspende vielmehr als moralisch richtige und gute Tat nahegelegt. Das »mögliche Handlungsfeld« der Individuen wird damit vorstrukturiert (vgl. Foucault 2006a: 256).

Mit dem Begriff der Rationalität einer Regierung verband Foucault eine bestimmte Form der Problematisierung und eine bestimmte intellektuelle Bearbeitung der Realität, an der spezifische Technologien anknüpfen können. Auch der Organmangel stellt eine intellektuelle Bearbeitung der Realität dar, indem er als soziales Problem benannt und damit als lösungsbedürftig in den Raum gestellt wird. Der Organmangel soll durch die Steigerung von Organspenden behoben werden. Seit der breiten Einführung der Organtransplantation als therapeutischer Methode in den frühen 1980er Jahren gab es nie ausreichend Organe. Der Mangel an transplantierbaren Organen ist somit kein neues Phänomen, neu ist hingegen die Problematisierung als solche. Wenn man den Organmangel als lösungsbedürftiges soziales Problem benennt, impliziert dies, dass das medizinisch Mögliche darüber bestimmen sollte, wie weit die Organspende ausgedehnt wird. Hier soll es nicht darum gehen, den Organmangel als Übertreibung oder als Lüge zu entlarven, vielmehr soll herausgestellt werden, dass der Organmangel für eine bestimmte Rationalität steht.

Biopolitik bezeichnet im Anschluss an Foucault eine Ökonomisierung von Lebensprozessen. Lebensprozesse werden hierbei als wissenschaftliche Tatsachen in Wissenschaftsdiskursen hervorgebracht. Des Weiteren werden Individuen als Subjekte einer normalen, natürlichen oder gesunden Lebensführung angesprochen bzw. angerufen. Der Machttypus der Biopolitik zielt damit auf die Optimierung und Effizienzsteigerung von Lebensprozessen. Der Diskurs des Organmangels bildet einen Ort biopolitischen Regierens, da die Wissenschaften einen erheblichen Einfluss darauf haben, die Vorstellung eines veräußerbaren Subjekts hervorzubringen, das auf freiwilliger Basis seine Organe verschenkt. An keinem anderen öffentlichen Ort wird der Organmangel so intensiv debattiert wie in der Fachöffentlichkeit. Zudem, und dies ist für das Verständnis des biopolitischen Regierens zentral, werden Individuen in dem Diskurs des Organmangels als Subjekte einer optimierbaren Lebensführung angesprochen. Das Gebot des Optimierens lässt sich auf zwei Ebenen verorten: Zum einen ist eine Organinsuffizienz durch Prävention vermeidbar. Das Gesundheitsverhalten der Individuen kann hier optimiert werden. Zum anderen geht es auch um die Lebensprozesse als solche, die optimiert werden sollen, da mit der Organtransplantation der Todeszeitpunkt von Menschen hinausgezögert werden soll. Durch die Transplantation gesunder Organe lassen sich alte und kranke Organe ersetzen und das Leben verlängern.

Dem Aspekt der Optimierung der Lebensprozesse kommt im Zuge der Ökonomisierung des Sozialen eine herausgehobene Bedeutung zu: Denn mit der Durchsetzung von Marktmaximen werden Individuen dazu angerufen, ihr Leben wie ein Unternehmen zu kalkulieren. Damit befindet sich die Bedeutung von Gesundheit und Krankheit in einem fundamentalen Wandel.

Denn eine möglicherweise eintretende Krankheit wird zu einem Risiko umdefiniert, das vor dem potentiellen Auftreten kalkuliert werden soll. Das Krankwerden lässt sich damit als Schuld umdeuten, da im Zweifelsfall nicht genug Prävention betrieben wurde. Vor diesem Hintergrund kann auch das Eintreten einer Organinsuffizienz als Risiko definiert werden. Wie ich im folgenden Kapitel verdeutliche, wird erst auf diese Weise plausibel, das Verbot eines Organclubs oder eines Organhandels als protektionistisch zu bezeichnen.

III Verfügbare Körper – veräußerbare Subjekte. Der Diskurs des Organmangels

Mit dem Regierungsbegriff soll im Folgenden der Diskurs des Organmangels als eine spezifische Form der Problematisierung in den Blick genommen werden. Der Organmangel wird als lösungsbedürftiges Problem in den Raum gestellt, an das wiederum bestimmte Lösungen zur Bearbeitung des Problems anknüpfen. Im Diskurs des Organmangels werden insbesondere Modelle dafür entworfen, wie er behoben werden kann. Darüber hinaus wird die gegenwärtig gültige Regelung legitimiert und verteidigt. Da herausgearbeitet werden soll, dass diese Modelle gerade nicht neutral sind, sondern für spezifische Rationalitäten stehen, fasse ich sie als Programme bzw. als Regierungsprogramme. Den Regierungsprogrammen liegen Konstruktionen von Körpern und ihren Teilen sowie Subjektformen zugrunde, die rekonstruiert werden. Die Regierungsprogramme nehmen zudem auf vielfältige Weise auf die Gabe Bezug. Bevor die Ergebnisse der Diskursanalyse präsentiert werden, soll jedoch zunächst das methodische Vorgehen dargestellt werden.

1 Das methodische Vorgehen: Der Diskurs des Organmangels als Ort des Regierens

Der Regierungsbegriff dieser Arbeit ist der an Michel Foucault anschließenden Gouvernementalitätsforschung entlehnt. Seit der Jahrtausendwende ist vor allem in der politischen Soziologie eine Reihe von Arbeiten entstanden, in denen rekonstruiert wurde, wie das Handlungsfeld von Individuen im Rahmen von sogenannten fortgeschritten liberalen oder vereinfacht neoliberalen Rationalitäten strukturiert wird (vgl. II.3.2). Nach etwa einem Jahrzehnt, in dem nun auch im deutschsprachigen Raum zahlreiche Studien zur Gouvernementalität der Gegenwart vorgelegt wurden, wird das Forschungsprogramm auf den Prüfstand gestellt. Es findet eine kontroverse Debatte mit den Begrenzungen, Verkürzungen und blinden Flecken dieses Forschungsprogramms statt (vgl. Angermüller/van Dyk 2010; Bührmann 2005; Kessl 2007; Langemeyer 2007; Lemke 2000; Schultz 2006).

Ein zentraler Vorwurf lautet, dass die Umwälzungen des Sozialstaates aus gouvernementaler Perspektive häufig als lineare oder gar abgeschlossene Entwicklung präsentiert wurden (vgl. Lemke 2000; Pühl 2008). Dabei sind die Heterogenitäten und Widersprüche der Regierungsrationalitäten sowie die Beständigkeiten von repressiven und autoritären Momenten von Regierungen aus dem Blick geraten. Lemke kritisiert zudem einen »impliziten Finalismus« (2000: 41): Häufig wird eine Kontinuität zwischen Regierungsrationalitäten und der »Effektivierung der Führungsverhältnisse« unterstellt (ebd.). Da in der Regel auch methodische Überlegungen ausbleiben, ist für Reiner Keller der Eindruck einer »vergleichsweise monolithisch daherkommenden allgegenwärtigen Eindimensionalität neoliberalen Regierens« entstanden, »die gleichsam aus dem Nichts erscheinend umfassende und umstrittene Präsenz entfaltet« (2010: 46). Fast alle Studien, die sich der Ökonomisierung des Sozialen aus einer gouvernementalen Perspektive nähern, unterlassen des Weiteren die systematische Einbeziehung von Sozialstrukturkategorien wie Geschlecht, Ethnizität und Klasse. Dadurch gerät aus dem Blick, welche Neuarrangements die Transformationen des Sozialstaates zur Konsequenz haben (vgl. Bührmann 2005; Lengersdorf/Motakef 2010; Pühl/Schultz 2001).

Damit steht ein weiterer und vielfach geäußerter Kritikpunkt in Verbindung: Die Gouvernementalitätsforschung fokussiert meist ausschließlich auf Programme und schaltet vor diesem Hintergrund häufig Programm und Praxis gleich (vgl. Denninger et al. 2010; Müller 2003). Dadurch werden die subjektiven Aneignungen und Verwerfungen ignoriert. Denn wie Pühl und Schultz formulieren, lassen sich die »programmatischen Subjektivitäten« nicht umstandslos mit »empirischen Subjektivitäten von Frauen und Männern« gleichsetzen (2001: 105). Dies hat zur Folge, dass Widerstandspotential nicht erfasst werden kann (vgl. Bührmann 2005; O'Mally/Weir/Shearing 1997; Pühl/Schultz 2001). Keller diagnostiziert der Gouvernementalitätsforschung deswegen eine »Erschöpfung« (2010: 45): Solange sie sich auf Programmanalysen beschränkt, wiederholt sie ihre Aussagen und Ergebnisse.

Zweifelsfrei sind Untersuchungen, die im Vorhinein neoliberale Rationalitäten benennen und diese im Forschungsprozess lediglich bestätigen, ebenso wenig überraschend wie gewinnbringend. Auch die Gleichschaltung von Programm und Praxis kann nicht überzeugen. Fabian Kessl (2007) wendet ein, dass das Problem jedoch nicht in der Fokussierung auf Programme besteht, sondern vielmehr in der häufig fehlenden Offenlegung der Grenzen der Perspektive. Damit wird mehr versprochen, als geleistet werden kann. Dem ist hinzuzufügen, dass gerade im Kontext biowissenschaftlicher Phänomene mit der Regierungsperspektive der Finger in eine Wunde gelegt werden kann, die häufig als solche gar nicht wahrgenommen wird. Sie kann nämlich offenlegen, dass in der Schwangerenvorsorge, der Patientenverfügung oder eben auch der Organspende eine Entscheidungsfreiheit und Selbstbestimmung vermittelt wird, die sich in empirisch-analytischer Hinsicht als äußert problematisch entpuppt. Denn die Regierungsperspektive eröffnet den Blick darauf, dass die Entscheidungsfreiheit von Individuen diskursiv und normativ vorgeprägt ist (vgl. Wehling 2008). Hier müsste es jedoch gerade darum gehen, nicht vorschnell Machttypen und Regierungslogiken zu konstatieren, die im Laufe der Analyse bestätigt werden. Statt vermeintliche homogene Programme zu rekonstruieren, sollte der Blick auf die Ambivalenzen und Widersprüche gerichtet werden. Auch von der stärkeren Verknüpfung der Analyse von Regierungsprogrammen mit den Aneignungen und Verwerfungen der empirischen Individuen lassen sich zentrale Erkenntnisse erwarten. Von daher ist es meines Erachtens nicht zu einer Erschöpfung der Gouvernementalitätsforschung (vgl. Keller 2010) gekommen, vielmehr sollten eine höhere Sensibilität für Ambivalenzen und Widersprüche entwickelt sowie methodische Fragen stärker elaboriert werden. Um dies zu erreichen, müsste die Gouvernementalitätsforschung stärker mit der qualitativen Sozialforschung verknüpft werden. Um diesem Anspruch gerecht zu werden, wird im Folgenden das methodische Vorgehen ausführlich dargelegt.

Methodisches Design und Forschungsfragen

In das Forschungsprogramm der empirischen Wissenssoziologie bzw. Wissenschaftssoziologie eingebettet, besteht das methodische Vorgehen in einer Rekonstruktion der Deutungsmuster wissenschaftlicher Aussagen des Diskurses des Organmangels. Zu dem Diskurs zähle ich fachöffentliche Aussagen vielfältiger Wissenschaftskulturen, die von 1997 bis 2007 veröffentlicht wurden und die auf die deutschsprachige Debatte zum Organmangel Bezug nehmen. Ausgewählte Texte wurden einer Deutungsmusteranalyse unterzogen.

Die Fragestellungen, die ich auf den Kategorien Körper, Gabe und Regierung aufbauend verfolge, lauten: Auf welche Programme von Regierungen verweisen die Aussagen des Diskurses des Organmangels? Welchen Rationalitäten folgen diese Programme? Welche Bedeutungen von Organen bzw. von Körpern und welche Subjektformen[52] werden hierbei konstruiert? Nachdem ich die Programme, die Konstruktionen von Körperteilen und Subjektformen in den Blick genommen habe, wird im nächsten Kapitel untersucht, wer spendet. Mit Althusser gesprochen, lautet die Frage, wer sich als Organspenderin oder als Organspender anrufen lässt. Dies bearbeite ich allerdings nicht empirisch, sondern anhand einer multidisziplinären Auswertung des Forschungsstandes zur Organspendebereitschaft.

Zu den Begriffen

Der an Foucault anschließende Diskursbegriff hat sich in den vergangenen vier Jahrzehnten in den Geistes- und Gesellschaftswissenschaften stark verbreitet. Im Zuge eines *cultural*, *linguistic*, *corporal* und *performative turn* der vergangenen Jahre ist er zu einem Schlüsselbegriff geworden. Die hohe Popularität des Begriffs hat u.a. dazu geführt, dass er unklare Konturen und Unschärfen zu anderen Begriffen wie Kultur, Debatte oder Ideologie aufweist. Foucault selbst hat in seinem Gesamtwerk nur an wenigen Stellen

52 Während die Analysekategorie der Subjektivation den Prozess umfasst, in dem Individuen als Subjekte angerufen werden, sich umwenden und den Ruf annehmen können, meint Subjektform den im Diskurs stabilisierten Ort, von dem aus Angebote an mögliche Sprecherinnen und Sprecher generiert werden.

Hinweise zur Diskursanalyse vorgelegt oder überhaupt auf den Begriff verwiesen (vgl. Keller 2005a). In der *Geburt der Klinik* (1973) und dem Vorwort zu *Die Ordnung der Dinge* (1971) führt Foucault den Diskurs in sein Werk ein. In der *Archäologie des Wissens* (1981) stellt er dann eine methodische Systematik vor, die er allerdings noch als Aussagenanalyse bezeichnet. In dieser Arbeit baut er seine Verfahrensweise auf den Begriffen Diskurs, Archiv und Aussage auf. Für sein methodisches Vorgehen fand Foucault im Laufe seiner Werkgeschichte immer wieder andere Bezeichnungen: von der Diskurs-, zur Aussagenanalyse, der Archäologie, der Genealogie bis hin zur Macht- und Dispositivanalyse.

Diskurs definiere ich im Anschluss an Michel Foucault (1971, 1981) als eine machtvolle und historisch spezifische Form der Konstitution des Wissens. Diskurse bilden eigenständige Ordnungen, sie lassen sich nicht bruchlos auf die Intentionen der Individuen zurückführen. Ein Diskurs bildet eine geregelte Sprechweise, ihr unterliegt eine Ordnung, in der Regeln darüber ausgehandelt werden, welches Wissen als wahr gilt und welches Wissen verworfen wird. Der Diskurs bezeichnet damit kein »innerweltliches ontologisches Objekt«, sondern stellt einen »hypothetisch unterstellten Strukturierungszusammenhang« dar (Keller 2005a: 63). Diesem liegen vielfältige und verstreute diskursive Ereignisse zugrunde. Die an den unterschiedlichen Orten getroffenen Aussagen müssen typisch für diesen Diskurs sein, sodass sich bei aller Heterogenität von einem Diskurs sprechen lässt.

Die Perspektive der Diskursforschung lässt sich nicht als konsistentes Programm beschreiben, das die qualitativ interessierte Forscherin zu konkreten Schritten der Analyse anleitet. Vielmehr muss die Diskursanalyse gegenstandsangemessen theoretisch eingebettet und ein Auswertungsinstrument gewählt werden. Spätestens seit der Jahrtausendwende liegt auch in der deutschsprachigen Soziologie eine Reihe von methodischen und methodologischen Überlegungen vor (vgl. Angermüller/Nonhoff/Bunzhoff 2001; Angermüller/van Dyke 2010; Bublitz 2003; Bublitz/Bührmann/Hanke 1998; Bührmann/Schneider 2008; Jäger 1999; Keller/Hirseland/Schneider 2001, 2003, 2005; Keller 2004, 2005b).

Wissenschaftliche Aussagen und Wissenschaftskulturen

In der *Archäologie des Wissens* (1981) entwickelt Foucault die Vorstellung, dass diskursive Praktiken Gegenstände des Wissens hervorbringen. Foucault bestimmt hier die Aussage als die Grundeinheit des Diskurses. Er fragt nach den Bedingungen für deren Existenz. Da in einer bestimmten Zeitepoche niemals all das, was die »unbegrenzte Kombinatorik der sprachlichen Elemente« ermöglicht, gesagt werden kann, nimmt die Aussage keinen beliebigen Platz innerhalb einer Ordnung oder eines Aussagefeldes ein (ebd.: 173). Von Bedeutung ist, dass an einer bestimmten Stelle des Diskurses eine bestimmte Aussage auftaucht und keine andere. Damit ist nicht relevant, ob etwas Gesagtes wahr oder falsch ist, entscheidend ist, dass sich die Aussage auf etwas Wirkliches, etwas Konkretes bezieht. Eine Aussage ist zudem immer ein Korrelat zu der diskursiven Formation, zu der sie zugehört. Es ist damit nicht relevant, dass zum Beispiel die Aussage ›Körperteile sollten nach marktwirtschaftlichen Prinzipien distribuiert werden‹ richtig oder falsch ist. Bemerkenswert ist ihr Auftauchen zu einem bestimmten Zeitpunkt im diskursiven Gefüge der Organspende. Um wahrnehmbar zu sein, braucht eine Aussage einen »Erscheinungskörper« (Gehring 2004: 58). Durch die Anbindung an einen Körper oder eine Institution erhält die Aussage ihre Materialität und wird wiederholbar. Sie unterscheidet sich von anderen sprachlichen Formen darin, dass sie »mit einem Subjekt eine bestimmte Beziehung unterhält« (ebd.: 134). Damit ist gemeint, dass nicht jede Person befugt ist, über alles zu sprechen. Aus diesem Grund müssen die Kriterien ausfindig gemacht werden, wie das Äußerungssubjekt einen bestimmten Platz einnehmen kann, um als Subjekt der Aussage wahrgenommen zu werden. Subjekt einer wissenschaftlichen Aussage können zum Beispiel nur Individuen sein, die bestimmte Qualifikationsstufen durchlaufen haben. Sie müssen zudem an einer wissenschaftlichen Einrichtung angesiedelt sein und bestimmten disziplinären Regeln folgen. Um als Subjekt einer wissenschaftlichen Aussage anerkannt zu werden, müssen sich die Subjekte einem »innerfachlichen Konformitätsdruck« (Waldschmidt 1996: 67) aussetzen. Dieser ist Bestandteil des akzeptierten Paradigmas der Wissenschaftskultur (Knorr-Cetina 2002a, 2002b).

Soziologische Gesellschaftskonzepte wie das der Risikogesellschaft (vgl. Beck 1986), der Wissensgesellschaft (vgl. Bell 1973; Stehr 1994) oder der Informationsgesellschaft (vgl. Lyotard 1984) verweisen auf die herausragende Bedeutung wissenschaftlichen Wissens für gegenwärtige westliche Gesellschaften. In den Ansätzen, in denen die wachsende gesellschaftliche Bedeutung von Wissen akzentuiert zum Vorschein kommt, wird immer auch die Verwobenheit der Entstehung von Wissen mit dem sozialen Leben hervorgehoben. Der Begriff der Wissenschaftskultur, den ich dieser Arbeit zugrunde lege, verweist darauf, dass Wissenschaft keine außersoziale Praxis, sondern situiertes Wissen ist (vgl. Haraway 1995). Wissenschaft produziert keine jenseits von Raum und Zeit universal gültigen Wahrheiten (Knorr-Cetina 2002a, 2002b). Wie bereits Karl Mannheim mit dem Begriff der Seinsverbundenheit des Denkens argumentierte, beeinflussen die gesellschaftlichen Bedingungen und damit auch das Alter und das Geschlecht von Autorinnen und Autoren immer auch ihr konkretes Denken (vgl. Mannheim 1959). Knorr-Cetina schlägt vor diesem Hintergrund einen Begriff von Wissen vor, der das »Gewicht auf Wissen [verlegt, M.M.], wie es ausgeübt wird – im Rahmen von Strukturen, Prozessen und Umwelten, die spezifische epistemische Kulturen ausmachen« (2002b: 18). Mit dem Begriff der Wissenschaftskultur argumentiert sie, dass wissenschaftliches Wissen nicht ein lineares Erkenntnisprodukt bildet, das von seinem Entstehungsprozess abgeschnitten bleibt. Vielmehr ist auch das Handeln der Wissenschaftlerinnen und Wissenschaftler von »Alltagswissen, [...] religiösen Glaubenshaltungen, [...] nationale[r] Identität, lokale[n] Mythen etc.« (Weingart 2003: 132) geprägt. Wenn sich Wissenschaftlerinnen oder Wissenschaftler zur Organspende und dem Organmangel äußern, dann sprechen sie nicht nur als Expertinnen und Experten ihrer Disziplin, sondern vielleicht auch als Angehörige einer Religionsgemeinschaft, die eine bestimmte Position zur Organspende vertritt, oder als Angehörige von kranken auf der Warteliste stehenden Patientinnen und Patienten. Sie sprechen zudem selbst als Menschen, die vermutlich Erfahrungen mit der medizinischen Praxis in Deutschland gemacht haben und sich bestimmte Änderungen wünschen. Vielleicht tragen sie auch selbst Sorge, zukünftig auf ein Spenderorgan angewiesen zu sein.

Deutungsmuster

Wenn man von Oevermanns (2001) Überlegungen zum Deutungsmuster für die Objektive Hermeneutik absieht, wird das Deutungsmuster überwiegend uneinheitlich und weit gefasst verwendet. Es lässt sich nicht auf eine theoretisch-methodische Richtung festlegen, sondern ist vielmehr als ein »forschungspragmatisch-heuristischer Begriff« zu verstehen (Lüders 1991: 380; vgl. Meuser 2011). Konsens besteht in der Regel darin, dass Deutungsmusteranalysen eine Variante der empirischen Wissenssoziologie bilden (vgl. Lüders/Meuser 1997). Meuser und Sackmann definieren Deutungsmuster als eine »kulturelle, kollektive bzw. überindividuell (re-)produzierte Antwort auf objektive Handlungsprobleme aufgebende gesellschaftliche Bedingungen« (1992: 15). Damit muss in die Analyse der Deutungsmuster miteinbezogen werden, auf welche sozialen Probleme sie eine Antwort geben. Deutungsmuster sind somit auch immer kollektive Sinngehalte, und sie haben normative Geltungskraft (vgl. Meuser/Sackmann 1992).

In die wissenssoziologische Diskursforschung hat Keller das Deutungsmuster eingeführt (vgl. Keller 1998, 2004, 2005a). Im Unterschied zu den meisten Ansätzen sozialwissenschaftlicher Deutungsmusteranalysen wird in der diskursanalytischen Perspektive nicht von konsistenten, in sich abgeschlossenen Sinn- und Fallstrukturen ausgegangen. Rekonstruiert wird nicht die Sinnstruktur in einem abgeschlossenen Fall, vielmehr werden die Texte als Diskursfragmente (vgl. Jäger 1999) verstanden, die auf ein »textübergreifendes Interpretationsrepertoire« verweisen (Keller 2003: 211). Das bedeutet, dass die Diskursfragmente nicht nur einen Fall repräsentieren, sondern auf Deutungsmuster verweisen, die sich über mehrere Texte erstrecken können. Das Deutungsmuster der Diskursanalyse setzt sich damit nicht nur aus Sachinhalten zusammen, sondern kann, wie in der vorliegenden Untersuchung, Subjektformen und Körperteilkonstruktionen umfassen: »Es handelt sich um allgemeine Deutungsfiguren [nicht nur für ›Sachverhalte‹, sondern bspw. auch für ›Subjektpersonen‹], die in konkreten Deutungsakten und Handlungsweisen zum Einsatz kommen« (Keller 2005a: 68f.).

Forschungspraktisch gesprochen, muss im Diskurs der »sozial typische Sinn einer Aussageeinheit« rekonstruiert werden (Keller 2004: 104). Wenn ich im Folgenden davon spreche, dass der Diskurs des Organmangels Bedeutungen von Körperteilen generiert, bedeutet dies nicht, dass diese Bedeutungen als einzelne Zeichen oder einzelne Aussagen vorliegen. Ich gehe vielmehr davon aus, dass sie in Form von Deutungsmustern den Diskurs konstituieren. Damit lässt sich ein Diskurs auch über die diskursspezifischen Konstellationen beschreiben, die sich zu einer Deutungsfigur verdichten. Das Sprechen über den Organmangel ist folglich als eine Antwort auf eine Problematisierung zu verstehen. Im Diskurs des Organmangels werden Deutungsmuster, wie zum Beispiel der Organclub oder der staatlich regulierte Organhandel, generiert, denen sich wiederum spezifische Vorstellungen von Körpern und Subjektformen entnehmen lassen.

Rekonstruktion und Konstruktion des Diskurses

Der Diskurs des Mangels an Organspenden wird nicht einfach vorgefunden und in seiner Wirklichkeit dargestellt. Vielmehr wird er durch die Analyse erst konstruiert (vgl. Bührmann 1998). Die von mir vorgenommene Materialzusammenstellung und auch der von mir gewählte Fokus sind nicht die einzigen Möglichkeiten, nach der sich das Material strukturieren lässt (vgl. Bublitz/Bührmann/Hanke 1998). Im Mittelpunkt der Untersuchung stehen wissenschaftliche Aussagen zur Regelung der Organverteilung. Zu dem von mir bestimmten Diskurs des Organmangels fasse ich damit die Gesamtheit wissenschaftlicher Aussagen, die auf die Verfügbarkeit von Körperteilen in der Nierentransplantation Bezug nehmen. Ich beschränke mich hierbei nicht nur auf Beiträge zum Organmangel. Damit soll gewährleistet werden, dass auch Stimmen Berücksichtigung finden, die die Transplantationsmedizin ablehnen. Es wurden wissenschaftliche Texte einbezogen, die zwischen 1997 und 2007 erschienen.[53] Im Jahr 1997 trat das deutsche Transplantationsgesetz in Kraft, das ich als Diskursereignis verstehe. Im Anschluss folgte eine intensive diskursive Produktion, in deren Verlauf der Organmangel den Hirntod als dominantes Thema in der Organtransplantation ablöste. Ich nehme keinerlei Einschränkung in der Auswahl der Wissenschaftskulturen vor. Entsprechende Datenbankanalysen zeigen allerdings schnell, dass nur in bestimmten Wissenschaftskulturen der Mangel an Organspenden thematisiert wird. Dies sind die Sozial- und Bioethik, die Sozial-, Wirtschafts- und Rechtswissenschaften, die Theologie und die Nephrologie. Die Suchbegriffe, die ich in die Datenbanken eingab, waren ›Organspende‹, ›Organmangel‹, ›Transplantationsgesetz‹ und ›Organtransplantation‹.

53 Bei Interesse kann die vollständige Liste mit Angaben zu den einbezogenen Texten eingesehen werden.

Ich konstruiere den Diskurs aus wissenschaftlichen Aussagen, da ich zum einen davon ausgehe, dass wissenschaftliche Diskurse in einer wissensbasierten Gesellschaft eine herausgehobene Deutung von Körpern haben. Darüber hinaus lässt sich in keiner anderen gesellschaftlichen Öffentlichkeit über die Organspende eine vergleichbare diskursive Produktivität ausmachen[54]. In der Fachöffentlichkeit wird intensiv und kontrovers über den Organmangel debattiert. Im Anschluss an Anne Waldschmidt gehe ich zudem davon aus, dass die verschrifteten Texte, »die für ein Fachpublikum bestimmt sind, in weit größerem Maße als mündliche Interviewäußerungen als repräsentative Aussagen der Wissenschaftsdisziplin angesehen werden« können (1996: 67).

Von Waldschmidt (1996) stammt auch der Anstoß, in dieser Untersuchung eine Reihe von Schlüsseltexten zu bestimmen, von denen ich ausgehe, dass sie eine besonders herausgehobene Deutung in dem Diskursstrang besitzen. Ich ordnete jedem vorgeschlagenem Modell der Organverteilung Schlüsseltexte zu. Diesen unterzog ich dann eine Deutungsmusteranalyse (vgl. Keller 2004, 2005a, 2005b; Lüders/Meuser 1997; Meuser/Sackmann 1992; Plaß/Schetsche 2001). Die von mir rekonstruierten Modelle der Organverteilung reagieren auf unterschiedliche Problematisierungen bzw. formulieren unterschiedliche Problematisierungen, für die sie eine Lösung

54 Zu Beginn der Untersuchung gab es die Absicht, Materialien von Selbsthilfegruppen einzubeziehen. In Gesprächen mit dem medizinischen Personal der Transplantationsambulanz des Klinikums der Universität Duisburg-Essen wurde ich darüber aufgeklärt, dass sich Patientinnen und Patienten auf der Warteliste nur kaum organisieren, um für Organspenden zu werben bzw. um Organspenden zu bitten. Im Gegenteil wird von Patientinnen und Patienten auf der Warteliste die Bitte um eine Organspende als unmoralische, da anthropophage Anfrage bewertet. Es könnte gesellschaftlich auch so gelesen werden, so ihre Sorge, dass sie sich das Eintreffen von Verkehrsunfällen und damit den Tod von Menschen wünschen, um Organe zu erhalten. Bergmann kritisiert an der Transplantationsmedizin deshalb, dass sie mit der Praxis der »Einverleibung von Menschenfleisch« das Kannibalismustabu berührt (Bergmann 2005: 67). Eine Untersuchung von medialen Berichten oder von Anrufungsprozessen staatlicher Gesundheitspolitiken erschien mir zwar als instruktiv, aus forschungspraktischen Gründen jedoch als kaum möglich, da zum Zeitpunkt der Analyse nur sehr vereinzelt Aussageereignisse dieser Diskursfelder vorlagen.

anbieten. Diese Problematisierungen bestehen keineswegs immer in der Frage, wie der Organmangel behoben werden kann. In einigen Modellen soll die Integrität des Körpers geschützt, in anderen ein hohes Maß an Gerechtigkeit gewährleistet, in einem weiteren Modell Effizienz hergestellt werden. Die Aussagen der Schlüsseltexte wertete ich dann sequenzanalytisch aus (vgl. Lüders/Meuser 1997; Flick 2007). Hierbei suchte ich nach Verbindungen von Deutungsmustern in Diskursfragmenten, die ich zu einem Modell der Organverteilung zusammenfasste. In diesem ersten Schritt der Sequenzanalyse, in dem die Grobstruktur der Texte erfasst wird, strich ich heraus, auf welche Fragen in den jeweiligen Modellen eine Antwort gegeben und welchen Aspekten Priorität eingeräumt wird (wie zum Beispiel der Wahrung der Integrität des Körpers, der Aufhebung des Organmangels, Gerechtigkeit etc.). Der zweite Analyseschritt bestand in der Rekonstruktion der Abfolge der Argumentationen der Diskursfragmente. Mein Blick richtete sich auf die Deutungen von Körpern und den damit zusammenhängenden Subjektformen. Darauf folgte drittens die eigentliche sequenzanalytische Auswertung, in der einzelne wissenschaftliche Aussagen in ihrer Abfolge gelesen wurden. In dieser Phase entwarf ich Deutungen von Körpern und Subjektformen, die ich an den folgenden Aussagen im Lauf der Sequenzanalyse überprüfte.

Die rekonstruierten Deutungsmuster bilden keine Ideologien, die sich von oben bis unten in den Individuen durchsetzen, vielmehr formulieren sie, als Programme gefasst, Normen über die Art und Weise, wie wir uns als veräußerbare Subjekte verfügbarer Körper begreifen sollen. Wie in allen Untersuchungen, die Diskurse als Forschungsgegenstand gewählt haben, wurden damit lediglich »Deutungen« und »Darstellungen von Deutungen« in Programmen analysiert (Schneider 1999: 107). Wie wirkmächtig sich die Deutungsmuster der Diskurse auf der Ebene der Individuen abzeichnen, lässt sich diskursanalytisch nicht beantworten. Wenn ich im Anschluss an Althusser (1977) und Butler (2001) argumentiere, dass Individuen im Diskurs des Organmangels als veräußerbare Subjekte angerufen werden, bedeutet dies nicht, dass sie die Anrufung auch annehmen, sich umwenden und ihre Organe spenden. Anrufungen können vielmehr immer auch scheitern. Es bedeutet jedoch, dass sie sich, wenn sie die Anrufung annehmen, unter bestimmte »normative Regimes« des Sozialen (Villa 2006: 231) unterwerfen und dadurch zum Beispiel als liebende Mütter oder als verantwortliche Christen im Feld der Organspende handlungsmächtig werden.

2 DER DISKURS DES ORGANMANGELS

Die Diskursanalyse wird nach folgendem Ablauf dargestellt: Zunächst stelle ich die gegenwärtig gültige Regelung der Organtransplantation vor, erläutere, auf welche Problematisierung sie eine Antwort bietet, zeichne die Körperkonstruktionen dieser Regelung nach und diskutiere, welche Subjektformen dieser Regelung zugrunde liegen. Die einzelnen Kapitel entsprechen hierbei den jeweiligen Deutungsmustern, die ich im Folgenden nur noch als Programme bezeichne.

Die vorgeschlagenen Programme beziehen sich zudem auf unterschiedliche Phasen der Organtransplantation, wie etwa die Organbeschaffung oder die Organverteilung. Des Weiteren unterscheiden sie sich im Grad ihrer Ausarbeitung: Da zum Beispiel die Erweiterte Zustimmungslösung bereits seit 1997 gilt, wird diese Regelung nicht gefordert, sondern verteidigt. Zur Erweiterten Zustimmungslösung gibt es auch die am weitesten ausgearbeiteten Legitimationen. Der staatlich regulierte Organhandel dagegen ist vor allem in Bezug auf die konkrete Ausgestaltung noch fragmentarisch. Befürworterinnen und Befürworter des Organhandels versuchen vielmehr Vorbehalte gegen die Monetarisierung zu entkräften.

2.1 Die Erweiterte Zustimmungslösung

Die gegenwärtig in Deutschland gültige Erweiterte Zustimmungslösung impliziert, dass Organe Hirntoten nur entnommen werden dürfen, wenn zu Lebzeiten die Bereitschaft zur Organspende auf einem Spenderausweis vermerkt wurde. Der Zusatz erweitert steht dafür, dass Organe auch dann entnommen werden dürfen, wenn die Angehörigen die Explantation befürworten. Die Lebendorganspende ist ebenfalls erlaubt, allerdings gilt das Subsidiaritätsprinzip, das heißt, Organe dürfen nur an Nahestehende gespendet werden und auch nur, wenn kein postmortales Organ zur Verfügung steht. Faktisch wird die Subsidiarität dieser Regelung durch den bestehenden Mangel an Organen jedoch ausgehebelt. Wird eine Person auf die Warteliste gesetzt, kann davon ausgegangen werden, dass zunächst kein Leichenorgan vorhanden ist. Wenn dies zutrifft, dürfen Organe nur an Verwandte ersten und zweiten Grades gegeben werden. Die anonyme Spende von Organen ist in der Lebendorganspende untersagt (vgl. Großkopf 1998). Da die Lebendorganspende mit dem medizinischen Gebot des

Nichtschadens bricht, das heißt, weil sie gesunden Menschen Organe zur Therapie anderer entnimmt, wird für die Lebendorganspende auch nicht geworben.

Die Erweiterte Zustimmungslösung ist für zahlreiche Autorinnen und Autoren der Ausgangspunkt für ihre Kritik. Der zu behebende Organmangel wird als ihr Produkt diskutiert. Tatsächlich hat im Programm der Erweiterten Zustimmungsregelung auch nicht die Behebung des Organmangels Priorität, sondern die Freiwilligkeit der Organspende.

Die Leichenspende

Die Erweiterte Zustimmungsregelung wird christlich fundiert. Zunächst ist dies verwunderlich, da in der christlichen Sozialethik und Anthropologie die ausschließlich naturwissenschaftlich fundierte Sicht auf den menschlichen Körper abgelehnt wird. Gegen Organspende spricht aus christlicher Sicht zudem, dass Tauschgeschäfte sich in der christlichen Sozialethik nur mit Gütern vollziehen lassen, die wir selbst erarbeitet haben und die wir besitzen. Unseren Körper besitzen wir aufgrund der Verdanktheit des Menschen durch Gott jedoch nicht (vgl. Eibach 1999, II.2.2). Der Körper bildet vor diesem Hintergrund eine »›Leihgabe‹ des Schöpfers« (Eibach 1999: 227). Es ist nicht bloß eine »Maschine, über die ein abstrakt leibloser Geist als ›Herr‹ und ›Besitzer‹ nach seinem Gutdünken verfügen darf, von dem er das weggeben darf, was er nicht oder nicht mehr zu gebrauchen meint« (ebd).

Aus christlicher Sicht wird die Organspende als das »Zur-Verfügung-Stellen eines oder mehrerer Organe« bezeichnet (Rethmann 1999: 396). Dennoch besteht dem Leichnam gegenüber eine Pietätspflicht, denn auch nach dem Tod wird Menschen eine Rechtssubjektivität zugeschrieben. Auch wenn die Organe nach der Entnahme aus dem Körper des Hirntoten noch lebensfähig sind, bedeutet dies jedoch nicht, dass sie mit dem Menschen identisch wären, aus dessen Körper sie entnommen wurden. Christinnen und Christen gehen davon aus, dass die »personale geistige Seele mit der Gestaltauflösung des Leibes nicht untergeht, sondern ihr geistig-personales Leben behält – wenn auch in einer ganz anderen Daseinsweise« (Rahner 1958: 18). In der christlichen Konzeption findet die Seele im Tod zu Gott. Der Körper erfährt lediglich eine »Gestaltauflösung« (Rethmann 1999: 394). Der Mensch existiert zwar nicht mehr mit diesem einen konkreten Körper. Dennoch besteht dem Verstorbenen gegenüber Pietätspflicht. Doch der Körper ist nach dem Tod nicht mehr der Ort und das Medium seiner individuellen und einmaligen Existenz (ebd.: 396). Da anderen mit den Organen geholfen werden kann, ist es aus christlicher Sicht sogar geboten, Organspenderin oder Organspender zu werden.

Moralisch verpflichtende Gaben?

Mit den wachsenden Möglichkeiten der medizinischen Therapie, die die Forschung eröffnet, ergeben sich für Menschen mehr Pflichten. Dieses Argument verfolgt der Medizinethiker Dieter Birnbacher (2002). Gleichermaßen wachsen allerdings auch die Widerstände, diese Pflichten zu akzeptieren. Die Lebendorganspende kann nicht als Pflicht bezeichnet werden. Anders gestaltet sich jedoch die Situation im Kontext der postmortalen Spende. Denn für den Medizinethiker Birnbacher nimmt ein Mensch, der nach seinem Tod seine Organe nicht spenden möchte, im Prinzip den Tod eines anderen Menschen in Kauf:

»Angesichts des Umstands, daß eine postmortale Organspende dazu dient, einen universal akzeptierten Wert zu akzeptieren, nämlich subjektiv lebenswertes Leben zu retten oder zu verlängern, und den Organspender keinem wie immer gearteten Risiko aussetzt, meine ich, daß die Organspende eine genuine moralische Verpflichtung darstellt und nicht eine über die Pflicht hinausgehende ›supererogatorische‹ Handlung. Auch wenn man von demjenigen, der die Organspende verweigert, nicht sagen kann, daß er den Tod des potentiellen Organempfängers will, nimmt er diesen Tod doch billigend in Kauf« (ebd.: 50).

Auch der Ethiker Nikolas Knöpffler plädiert dafür, die postmortale Spende als moralische Verpflichtung in den Blick zu nehmen. Knöpffler kritisiert die mangelnde Bereitschaft vieler, sich mit Fragen der Organspende nach dem Tod auseinanderzusetzen. Da menschliche Leichname nicht mehr unter den Schutz der Menschenwürde fallen, müssten sie für lebensrettende Maßnahmen jedoch zur Verfügung stehen. Für den Medizinethiker ist es ethisch fragwürdig, dass Hirntote als Organspender automatisch ausgeschlossen werden, auch wenn sie zu Lebzeiten die Auseinandersetzug mit dem Tod verdrängt haben. Sollen folglich Menschen und ihre Angehörigen über den Verbleib ihrer Organe im Falle ihres Hirntodes bestimmen dürfen?

»Hat jeder Einzelne ein so weit verstandenes Recht, darüber zu verfügen, was mit seinem Leichnam nach seinem Tod passiert, bzw., wenn er sich dazu nicht geäußert hat, seine Angehörigen bzw. Menschen, die dem Verstorbenen besonders nahestanden, dass die Frage nach der Organentnahme darin eingeschlossen ist?« (Knöpffler 2000: 124).

Für Nikolas Knöpffler impliziert das Gebot der Hilfeleistung die Organentnahme. Auch wenn sich alle monotheistischen Religionen gegen ein Verfügungsrecht über Körper aussprechen, stellt es für Dieter Birnbacher eine »Verschwendung« dar, wenn man Organe nach dem Tod nicht spendet (2002: 51): »Es ist sicher christlicher, die eigenen Organe dazu zu verwenden, jemanden das Leben zu retten, als sie schlicht verrotten zu lassen« (ebd.: 51). Auch Knöpffler nimmt diese Argumentation auf: Anstatt Organe zu spenden, »werden Organe, die hätten Leben retten können, in Krematorien verbrannt oder sie verfaulen im Grab« (2000: 119). Verschwendet werden zudem nicht nur Organe, sondern auch Geld, da die Dialyse teurer ist als die Therapieoption Organtransplantation. Ulrich Eibach entgegnet, dass es jedoch nicht das höchste Gebot des Menschen sein kann, mit den medizinischen Mitteln den Tod immer weiter hinauszuzögern. Er kritisiert die Argumentation, dass Personen, die nicht spenden, eine lebensrettende Hilfeleistung verhindern. Aus dieser Argumentation spricht vielmehr eine spezifische Einstellung zu Leben und Tod, die theologisch nicht Bestand haben kann:

»Wenn das irdische Leben das höchste Gut wäre und der Tod das größte Unglück, wenn es höchste und immer vorrangige Verpflichtung wäre, die Gesundheit mit allen möglichen Mitteln zu verbessern und den Tod abzuwenden, nur dann wäre eine solche Zielsetzung zu begründen. Sie ist allerdings ›Produkt‹ neuzeitlich-säkularer Verdiesseitigung des Lebens, der Verdrängung des Todes, menschlicher Allmachtsphantasien, die leugnen, daß nicht der Mensch und seine Medizin, sondern der Tod bei rein diesseitiger Betrachtung in dieser Welt das letzte Wort hat. Wir haben aber nicht die Pflicht, Krankheiten und Tod mit allen technisch möglichen, auch sittlich bedenklichen Mitteln und selbst unter Mißachtung wesentlicher ethischer Grundsätze (…) zu bekämpfen« (1999: 228).

Aus diesen Gründen kann aus christlicher Sicht auch keine Pflicht, sondern höchstens eine moralische Pflicht zur Organspende abgeleitet werden.

Auch Johannes Fischer widerspricht aus Perspektive der theologischen Ethik der Vorstellung einer moralischen Pflicht zur Organspende. Die Behauptung, eine Organspende sei eine moralische Pflicht, suggeriert, dass es diese Pflicht in einem objektiven Sinn gibt. Sie lässt sich jedoch nicht einfach behaupten, ohne die Personen zu berücksichtigen, die in die Pflicht genommen werden (Fischer 2006). Zudem sieht Fischer die Wahrung der Selbstbestimmung der Personen in Gefahr, die keine Organe spenden möchten. Sie würden unter Druck gesetzt. Es ist ein Unterschied, ob Menschen aus Einsicht spenden oder aufgrund der moralischen Pflicht (ebd.: 11).

Moralische und verantwortungsvolle Subjekte

Im Zentrum des Modells der Erweiterten Zustimmungsregelung steht Freiwilligkeit. Wer nach dem Tod spenden möchte, kann dies tun. Wer nicht spendet, wird nicht bestraft. Mit dieser Regelung werden nicht alle Menschen prinzipiell als potentielle Organspenderinnen und Organspender und damit als veräußerbar vorausgesetzt. Die Organspenderin oder der Organspender bilden eher eine Ausnahme. Wer keine Organe spenden möchte, gilt im Programm der Erweiterten Zustimmungsregelung jedoch als unmoralisch und unverantwortlich, da Organe im Grab verrotten, die anderen helfen oder sie sogar retten könnten. Damit entsteht auch die Vorstellung vom schlechten Sterben und von schlechten, nämlich unversehrten, Leichen. Die Freiwilligkeit in der Entscheidung zur Spende ist damit ambivalent. Denn die Entscheidungen, die Individuen freiwillig treffen sollen, finden unter Rahmenbedingungen statt, die diskursiv und normativ bereits die Wahl zwischen den Möglichkeiten vorstrukturieren.

Die Lebendorganspende als bedingte Gabe

Bibeltheologisch und christozentrisch ausgerichtete Ansätze enthalten die Vorstellung, dass der Nächste als *alter ego* anzunehmen ist, dem mit einer Organspende geholfen werden kann. Die Organspende ist damit ein Akt der Nächstenliebe. Der Theologe und Ethiker Ulrich Eibach unterstreicht, dass Nächstenliebe aus biblisch-christlicher Sicht niemals abstrakt gemeint, sondern sich aus »konkreten Lebenssituationen und Lebensbeziehungen« von Menschen speisen muss (1999: 220). Damit ist die Wahrnehmung des Anderen für das Handeln in Nächstenliebe entscheidend: »Das ›Gefühl‹ der Liebe wird also hervorgerufen (verursacht) durch die Lebenssituation des Anderen, dem ich begegne« (ebd.: 221). Aus diesem Grund werden Organe in der Lebendorganspende als bedingte Gaben gespendet. Mit bedingt ist gemeint, dass sie einem konkreten Anderen gegeben werden, durch dessen Lebenssituation ein Gefühl der Liebe hervorgerufen werden kann. Nächstenliebe kann nicht aus den konkreten Lebensumständen der Menschen abstrahiert werden.

Damit bilden jedoch lediglich Lebendorganspenden unter Nahestehenden Akte der Nächstenliebe. Die Spende von Verstorbenen sowie die Lebendspende unter Fremden sind in theologischer Sicht, so Ulrich Eibach, Akte »rational-altruistischer Überlegungen« (ebd.: 221). Die Lebendorganspende wird folglich trotz des Eingriffs in die körperliche Integrität aus theologischer Sicht befürwortet, solange sie an eine »innere altruistische Motivation« gebunden ist (ebd.). Es muss aber auf jeden Fall ausgeschlossen werden, »dass der Spender unter äußerem Druck oder Zwang handelt oder seine Gesundheit aus finanziellen Gründen riskiert« (ebd.; vgl. Achilles 2007). Nur wenn Zwang in der Entscheidung ausgeschlossen werden kann und freiwillig und aus Nächstenliebe gespendet wird, lässt sich sicherstellen, dass Körper nicht versachlicht werden (vgl. Schaupp 2001). Die Gabe oder die Spende von Organen bildet vor diesem Hintergrund ein »Zeugnis wider die Ökonomisierung des menschlichen Körpers« (Lintner 2007: 72). Der Theologe Martin M. Lintner bekräftigt, dass die Tendenz einer zunehmenden Ökonomisierung gesellschaftlicher Bereiche vor dem Körper seine Grenze finden muss. Auch die Vorgegebenheit des Menschen durch Gott verbietet, dass Menschen ihre Körper kommodifizieren. Für Lintner besteht in der Vorgegebenheit der wesentliche Aspekt der Verdanktheit und des Gabecharakters der menschlichen Existenz, die »ungeschuldetes und unentgeltliches Geschenk« ist (ebd.). Eine Kommerzialisierung käme vor diesem Hintergrund einer »Selbstentfremdung des Subjekts gleich« (ebd.: 70). Wenn Menschen aus altruistischen Gründen spenden möchten, werden ökonomische Anreize zudem überhaupt nicht gefordert. Vielmehr würden Menschen, die zur Spende bereit sind, in ihrer »freiheitlichen Selbstbestimmung korrumpiert« (ebd.).

Außergewöhnlich gut Handelnde

Anders als bei einer Geldspende wird in der Lebendorganspende nicht etwas Entbehrliches, im Übermaß vorhandenes, gespendet, ebenso wenig wie in der Blutspende, die höchstens eine kurzfristig Beeinträchtigung mit sich bringt. Der Moraltheologe Dieter Witschen bezeichnet deshalb die Spende von Organen als Hergabe von etwas Substanziellem:

»Mit eigenen Organen, die gemeinhin als etwas strikt dem jeweiligen Individuum Zugehöriges und als etwas Nicht-Verfügbares oder Nicht-Austauschbares betrachtet werden, oder einem Teil von ihnen einem Mitmenschen zu helfen, ist ohne Zweifel eine extraordinäre Art und Weise der Fürsorge« (Witschen 2005: 283).

Die Spende von Organen von Lebenden, sofern sie freiwillig erfolgt, lässt sich damit als »heroische oder außergewöhnliche Tat der Nächstenliebe beschreiben, als eine Großtat der Mitmenschlichkeit, als einen hoch stehenden Akt der Solidarität« (ebd.). Aus diesem Grund wird die Lebendorganspende auch als eine supererogatorische Handlung bezeichnet. Sie bildet eine Handlung, bei der das handelnde Individuum mehr tut, als »gemeinhin als moralisch verpflichtend betrachtet wird« (ebd.: 280). Da es mit der Organspende starke Belastungen und Risiken für jemand anderen auf sich nimmt, vollbringt es ein »Werk der Übergebühr« und transzendiert das »moralisch Geforderte« (ebd.). Für die Qualifizierung der Lebendorganspende als eine supererogatorische Handlung reicht das Herausstellen der besonderen medizinischen und psychologischen Belastungen, die sich aus der Organexplantation ergeben können, jedoch noch nicht aus. Es muss dazukommen, dass die Spenderin oder der Spender keine moralischen Ansprüche gegenüber der Person geltend macht, die das Organ implantiert bekommt (ebd.: 282). Sie ist eine besondere Form der Hilfeleistung, jedoch niemals eine Pflicht. Damit kann auch niemandem ein Vorwurf gemacht werden, wenn sie oder er sich gegen eine Lebendorganspende entschließt:

»Von dieser Person sagen wir nicht, sie habe sich einer unterlassenen Hilfeleistung schuldig gemacht oder eine moralische Bringschuld nicht erbracht. Wer sich jedoch zu einer Lebendspende entschließt, dem sprechen wir besonderes Lob, höchste Anerkennung aus, von dem erklären wir, dass er ein meritorisches Mehr erbracht habe« (ebd.: 288).

Die Lebendorganspende kann damit nicht verpflichtend sein, auch wenn es ein christliches Liebesgebot gibt. Für Christen stellt sich allerdings die Forderung eines »solidarischen Paradigmas«, wonach jede und jeder Einzelne für den Anderen, ob sie oder er ihr nahe steht oder nicht, hilfsbedürftig wie Hilfe gebend werden kann (ebd.). Insofern bedeutet christliche Liebespflicht keinen Zwang zur Spende, Martin Lintner deutet sie vielmehr als Verpflichtung zur Auseinandersetzung mit der Organspende. Doch angesichts des Organmangels stellt sich

»dringlich die Frage, ob diese ›Liebespflicht‹ nicht zumindest darin besteht, sich intensiv mit der Frage der eigenen Spendebereitschaft auseinanderzusetzen. Dies würde für den Einzelnen sowohl eine medizinische Aufklärungsarbeit bedeuten, wodurch oft unterschwellige oder unbewusste Ängste abgebaut oder Risiken sachlich-objektiv eingeschätzt werden könnten, als auch eine Sensibilisierung für die Solidaritätsvernetzung über den eigenen Beziehungsrahmen hinaus in einer mehr und mehr von Individualisierungs- und Ökonomisierungstendenzen geprägten Gesellschaft« (2007: 73).

Aus judeo-christlicher Perspektive handelt das Subjekt der Lebendorganspende als sehr guter Christ oder sehr gute Christin. Das Programm der Lebendorganspende ist damit paradox: Einerseits sieht es keine Anrufungen vor, da die Lebendorganspende den gesunden Menschen durch die Organentnahme schädigt. Andererseits werden die Spenderinnen und Spender als außergewöhnlich gut Handelnde bestätigt.

2.2 Die anonyme Spende

Das Transplantationsgesetz sieht vor, dass die Lebendorganspende auf Freiwilligkeit beruht. Lebende, so die Gesetzgebung, dürfen ihre Organe nur an Verwandte ersten und zweiten Grades spenden. Eine persönliche Verbundenheit ist Voraussetzung. Diese Zusammengehörigkeit verknüpft das Gesetz mit der biographisch gewachsenen Beziehungsgeschichte, wenn auch ohne die Angabe einer Mindestdauer. Die Gesetzgebung wird damit begründet, dass die Lebendorganspende immer ein gesundheitliches Risiko darstellt. Im Zentrum des Gesetzes steht die Idee, die Freiwilligkeit sowie den Ausschluss des Organhandels zu sichern. Aus dieser Regelung folgt das Verbot der sogenannten altruistischen Spende an Fremde.[55]

Wenn man Freiwilligkeit und Altruismus in der Entscheidung zur Spende ernst nimmt, müsste man die Lebendorganspende ausweiten, so das Argument einiger Autorinnen und Autoren. Vor dem Hintergrund des Organmangels fordern sie, dass auch die anonyme Lebendorganspende ohne kommerzielles Interesse legalisiert werden sollte. Eines der zentralen Argumente lautet, dass die Lebendorganspende an nahe Angehörige, unabhängig vom Vorhandensein eines Verwandtschaftsverhältnisses nicht als ein Beispiel für vorzugswürdige altruistische Motivation verstanden werden kann: »Gerade in Verwandtenbeziehungen besteht eine deutliche Gefahr für die Freiwilligkeit«, so exemplarisch der Mediziner und Jurist Hans-Ludwig Schreiber (2006: 95). Innerhalb einer Familie kann die Lebendorganspende aus der Motivation heraus entstehen, dass zum Beispiel der Ehemann wieder erwerbstätig wird oder die Familie wieder in den Urlaub reisen kann (vgl. Gethmann 2006; Schreiber 2006). Die Motivation zur Spende wäre dann zweckgerichtet und nicht altruistisch (vgl. Hoyer 1998; Schroth 2000). Dagegen lässt sich gerade die Spende an Unbekannte als altruistisch motiviert beschreiben. Da »keinerlei potentielle Abhängigkeit« zu erwarten ist, kann hier am ehesten von Freiwilligkeit ausgegangen werden (ebd.: 127).

Darüber hinaus würden bei einer anonymen Spende Schwierigkeiten im Spender-Empfänger-Verhältnis vermieden, da sich die Beteiligten nicht kennenlernen (vgl. Schutzeichel 2002). Der Philosoph Carl Friedrich Gethmann (2006) hält zudem die Annahme für zweifelhaft, dass im Naheverhältnis altruistische Motive am Werk seien und im Fernbereich egoistische. Phänomene wie Gastfreundschaft gegenüber Fremden, universelle Menschenrechte oder auch die Solidarität gegenüber späteren Generationen bilden schließlich keine moralpsychologischen Illusionen. Aus theologisch-ethischer Perspektive unterstreicht Mark Achilles ebenfalls, dass die ano-

55 In den USA ist die anonyme Spende erlaubt. Sie wird von Organisationen wie *MatchingDonors* koordiniert. Das der Arbeit vorgestellte Zitat des Familienvaters Rob White ist hierfür ein Beispiel. In den USA sind auch Organclubs legal, die, wie später deutlich wird, auch für Deutschland vorgeschlagen werden (vgl. Abschnitt 2.7). Im zweiten der Arbeit vorgestellten Zitat wirbt Bill Staton für die Mitgliedschaft im Organclub *LifeSharers*.

nyme Lebendorganspende auch ein bewusster und selbstbestimmter Akt christlicher Nächstenliebe sein kann. Es ist denkbar, dass sich Menschen für die anonyme Lebendorganspende entscheiden, weil sie den drei Konstituenten christlicher Nächstenliebe entspricht: Erstens ist der Bedürftige ein Mitmensch und wird durch das »Erlösungshandeln Christi dem Spender zum alter ego«, das heißt, dass beide in der christlichen »Liebesgemeinschaft« verbunden sind. Zweitens befindet sich der Bedürftige in einer Notlage, und drittens besitzt der anonyme Lebendorganspender das Mittel, dem Betroffenen in seiner Not zu helfen (2007: 32). Für diese drei Aspekte ist das lukanische Gleichnis vom barmherzigen Samariter ein grundlegendes Beispiel. Entsprechend wird die anonyme Lebendspenderin auch als *good samatarian donor* bezeichnet (ebd.). Ebenso argumentiert der Theologe und Sozialethiker Hartmut Kreß, der gleichfalls am Beispiel des Gleichnisses des barmherzigen Samariters ausführt, dass Nächstenliebe bzw. die »moralische Liebespflicht« in einem »umfassenden, entgrenzten« Sinn gemeint sein kann: »Die Leitidee einer Verantwortung im Fernhorizont, die den fernen Nächsten mitbedenkt, trägt ebenfalls dazu bei, die Lebendspende von Organen an Fernerstehende nicht zu verwerfen, sondern sie als ethisch erlaubt anzuerkennen« (2000: 183). Gerade die Spende von Lebenden an unbekannte Menschen lässt sich als Prototyp eines supererogativen Aktes bezeichnen. Bei ihr scheint die altruistische Motivation in »reinster Form gegeben zu sein, bringt der Spender doch ein substantielles Opfer« (Witschen 2005: 286f.).

Das Programm der altruistischen Spende an Fremde und die mit ihr verbundene Herauslösung aus emotionalen oder verwandtschaftlichen Beziehungen stößt jedoch aus theologischer Perspektive auf Kritik. Wie dargelegt, wird eine Vorstellung von Nächstenliebe kritisiert, die nicht in konkrete Beziehungsgefüge eingebettet ist (vgl. Eibach 1999). Zudem ist es nicht die Aufgabe der Medizin, menschliche Allmachtsphantasien zu unterstützen und um jeden Preis den Tod des Menschen aufzuschieben (ebd.) Aus christlicher Sicht ergeben sich damit Bedenken gegen die anonyme Spende in Bezug auf die Glaubenserkenntnis, dass der Mensch nicht Herr über seine Organe ist und beliebig über sie verfügen darf. Von einer umfassenden Autonomie über den Körper wird in dieser Regelung folglich abgesehen. Die altruistische Spende an Fremde leitet sich nicht aus einem Verfügbarkeitsrecht über Körper ab, im Zuge dessen der Körper zu veräußerbarem Eigentum wird. Gerade weil dem Körper Leibaspekte inhärent sind, weil etwas nicht Erwartbares gegeben wird, wird von einer supererogatorischen Handlung gesprochen. Die reine Gabe von Körpern ist damit keine profanierte Körperpraxis. Damit wird die altruistische Spende an Fremde von ihren Befürworterinnen und Befürwortern nicht vorrangig ins Feld geführt, um den Organmangel zu beheben. Auf dieses Modell wird vielmehr verwiesen, um den reinen Altruismus dieses Konzepts zu unterstreichen, die Lebendorganspende an Fremde wird als reine Gabe konstruiert. Die supererogatorische Gabe sollte vom Gesetzgeber nicht kriminalisiert werden.

Gabentheoretisch lassen sich Zweifel gegen die Konzeption einer reinen Gabe anführen. Wie etwa Bourdieu (1993) zeigt, werden die Gebenden durch den Akt des Schenkens als solche bestätigt. Durch die großzügige Gabe wird der Status der Gebenden gleichzeitig bestätigt und verborgen. Die Schenkenden erzeugen eine Schuld, die einer Machtauferlegung gleichkommt. Diese Schuld ist jedoch nicht spezifisch für die anonyme Spende an Fremde. Bourdieus These lässt sich vielmehr als Widerspruch gegen die Annahme lesen, eine Spende sei nur altruistisch motiviert und damit rein (vgl. Bourdieu 1993). Denn auch der oder die supererogatorisch Handelnden erfahren eine Bestätigung und Aufwertung, indem sie vom Transplantationsumfeld als außergewöhnlich gut Handelnde aufgewertet werden (vgl. II.2.1). Das Programm der anonymen Lebendorganspende unterscheidet sich in der Subjektform nicht von der Lebendorganspende der Erweiterten Zustimmungslösung. Wie auch dort ist das Programm paradox, denn einerseits soll nicht für die Lebendorganspende geworben werden, da sie Gesunde schädigt, andererseits werden jene Individuen die sich für die Lebendorganspende entscheiden, mit der Aufwertung als herausragend moralische Subjekte belohnt. Die Körperteilkonstruktion variiert allerdings, denn die Organspende wird als reine Gabe konzipiert.

2.3 Die Überkreuzspende

Im Zentrum des Programms der Überkreuzspende steht die Intention, den Organmangel zu beheben. Es sollen mehr Lebendorganspenden durchgeführt werden. Mit der Legalisierung der Überkreuzspende würde es möglich, dass zwei Paare über Kreuz Organe spenden, wenn zwar die Partnerinnen oder Partner zu einer Spende bereit wären, sie aus immunologischen Gründen innerhalb des Paares jedoch nicht möglich ist. Die Überkreuzspende gilt als mit dem deutschen Transplantationsgesetz nur vereinbar, so lange wie eine besondere persönliche Verbundenheit vorliegt (vgl. Witzke et al. 2005). Diese besondere persönliche Verbundenheit kann jedoch auch noch erreicht werden, so ein Urteil des Bundessozialgerichts, wenn die spendende und die empfangende Seite sich erst bei einem Treffen zum Zwecke der Organtransplantation kennenlernen. Die Dauer der Beziehung ist damit ein wichtiges, aber kein entscheidendes Kriterium (ebd.; Gutmann/Schroth 2002). Der Gesetzgeber wie auch eine Reihe von Nephrologinnen und Nephrologen gehen folglich davon aus, dass sich der Akt der Spende nicht von der gültigen Regelung der Lebendorganspende unterscheidet:

»Die Spendeakte der Beteiligten sind bei phänomenologischer Betrachtung vielmehr, wenn auch indirekt, auf den je eigenen Partner und dessen Gesundheit bezogen, wenngleich der psychologische Gewinn für den Spender im Fall der Überkreuzspende ›diffuser‹ sein mag. Der erwartete ›Nutzen‹, der den Organspender zu einer Überkreuz-Spende motiviert – nämlich seinem Partner zu einem funktionierendem Organ und erhöhter Lebensqualität [und -dauer] zu verhelfen – ist [...] in seiner Art und Qualität kein anderer als bei jeder anderen Lebendspende« (Gutmann/Schroth 2002: 118).

Da die Überkreuzspende einen indirekten Gabentausch darstellt, fällt sie auch nicht unter das Organhandelsverbot (vgl. Schroth 2003; Witzke et al. 2005). Um den Modus der Gabe nicht zu verlassen und damit Organhandel ausschließen zu können, werden Paare in der Transplantationsambulanz miteinander bekannt gemacht und angehalten, eine Beziehung zueinander zu entwickeln. Sie werden darüber informiert, dass die Überkreuzspende nur stattfinden kann, wenn sie eine nicht näher definierte besondere Beziehung nachweisen können. Ihnen wird nahegelegt, sich unabhängig von der Transplantationsambulanz zu treffen, und eine Beziehung aufzubauen. Dies sichert auch die zuständigen Transplantationsambulanzen gegen Vorwürfe des Organhandels ab:

»Nach dem ersten Kennenlernen sollen die Paare die Möglichkeit nutzen, sich privat zu treffen und ihre Beziehung weiter zu entwickeln. Falls es zu einer solchen Entwicklung kommt, erfolgen weitere psychosomatische Untersuchungen in Einzel- und Gruppengesprächen. Kann von beiden Paaren und von psychosomatischer Seite eine besondere Verbundenheit attestiert werden, wünschen wir uns eine notariell beglaubigte Erklärung, in der die Paare uns ihre persönliche Verbundenheit versichern, die auch in die Zukunft gerichtet sein soll« (Witzke et al. 2005: 2702).

Die Transplantationsmedizin tritt hierbei in die Rolle eines Kupplers, der Paare zusammenbringt und ihnen mitteilt, dass ohne ihre besondere Verbundenheit keine Transplantation durchgeführt werden kann. Die Paare müssen nachweisen, dass die künftige Organtransplantation als Gabe erfolgt, also in Reziprozitätskonstellationen stattfinden wird, auch wenn die Verbundenheit nicht aus einer gemeinsam erlebten Erfahrung, einer gemeinsamen Geschichte herrührt, sondern sich erst in der Zukunft ereignen kann. Die Paare geben der Medizin ein Beziehungsversprechen. In diesem Programm wird in besonderem Maße die Zukunft miteinbezogen, sodass Organe als antizipierte Gaben gespendet werden. Idealtypisch würden die Paare mit einem zeitlichen Abstand sagen können, dass sie das Organ an einen nahen Angehörigen gespendet haben, auch wenn sie sich zum Zeitpunkt der Organspende nur kaum kannten.

Die Überkreuzspende lässt sich als antizipierte Gabe beschreiben, als Gabe, von der im Vorhinein angenommen wird, dass sie in Konstellationen eines Naheverhältnisse stattfindet. Eine andere Lesart nähme Überkreuzspenden als indirekte Gaben in den Blick. Die Spenderin oder der Spender geben freiwillig und unter Maßgabe dem Partner zu helfen, auch wenn der oder die faktisch Empfangende nicht der Partner ist. Diese Begründung wird vom Gesetzgeber allerdings nicht akzeptiert, er erwartet den Nachweis der persönlichen Verbundenheit zwischen der spendenden und der empfangenden Seite. In der Subjektform unterscheidet sich dieses Programm nicht von der Lebendorganspende bei der Erweiterten Zustimmungslösung. Die Gabe wird nicht erwartet, sondern als Werk der Übergebühr bezeichnet. Die Lebendorganspende ist auch hier ein außergewöhnlicher Akt christlicher Nächstenliebe. Auch hier wird für die Lebendorganspende nicht geworben. Wenn aber ein gesunder Mensch bereit ist, ein Organ an einen ihm nahestehenden Menschen zu geben, dies aber aus immunologischen Gründen nicht möglich ist, soll die Transplantation über Umwege ermöglicht werden.

2.4 Die Aufhebung der Subsidiarität der Lebendorganspende

Mit der Subsidiaritätsregelung der Lebendorganspende wird die Suche nach einer potentiellen Spenderin oder einem Spender in der Familie der erwachsenen Patientin oder des Patienten nicht verfolgt.[56] Ob in Deutschland Lebendorganspenden stattfinden oder nicht, hängt damit immer auch in großem Maße von dem Engagement des medizinischen Personals, also davon ab, ob sie die Lebendorganspende überhaupt als Option ins Spiel bringen.

Da die Lebendorganspende in Bezug auf ihr sogenanntes Transplantatüberleben der postmortalen Spende medizinisch überlegen ist, fordern eine Reihe von Autoren insbesondere aus der Rechtsmedizin die Aufgabe der Subsidiaritätsregel (vgl. Gutmann 2006; Gutmann/Schroth 2002; Besold/Ritter 2005). Die Lebendorganspende sollte keine nachrangige Option bilden, da manche Empfängerinnen und Empfänger psychische und moralische Probleme haben, mit dem Transplantat eines Verstorbenen zu leben (vgl. Gutmann 2006). Des Weiteren ist es paternalistisch, wenn Erwachsene von ihrem Willen, ein Organ zu veräußern, abgehalten werden (ebd.). Dürfte das medizinische Personal für die Lebendorganspende hingegen aktiv werben, könnte man den Mangel an Organen beheben, ohne dass andere Modelle wie die anonyme Lebendorganspende legalisiert werden müssten.

Wie deutlich wird, soll die Subsidiaritätsregel neben anderen Gründen auch aufgehoben werden, um den Mangel an Organen zu beheben. Dazu ist es nötig, die Lebendorganspende unter nahen Angehörigen nicht mehr als großmütige Tat zu vermitteln, sondern als eine gebotene Handlung: »Es sollte zu einer gesellschaftlichen Selbstverständlichkeit werden, eine Niere für einen nahen Verwandten zu spenden«, so das Team um den Nephrologen Lück (2003: 529). Durch die »professionelle Spendersuche«, das heißt durch das Engagement von Nephrologinnen und Nephrologen, könnte zudem innerfamiliärer Druck abgewendet werden (ebd.). Man würde die Familien in ihren Entscheidungsprozessen nicht allein lassen: »Hierbei gehört es zur ärztlichen Kunst, mit einer Ablehnung gewissenhaft umzugehen und damit das innerfamiliäre Verhältnis nicht unnötig zu belasten« (ebd.). Hier wird ein Arzt-Patienten-Verhältnis entworfen, in dem der Rolle der Arztes

56 Bei niereninsuffizienten Kindern ist dies anders, hier befragt das medizinische Personal die Familie des Kindes.

oder der Ärztin vielfältige Funktionen zukommen, die über das rein Medizinische hinausreichen: Die Ärztin ist nicht nur medizinisch beratend tätig, sondern tritt auch als sensible Entscheiderin familiärer Angelegenheiten auf. Sie fungiert hierbei allerdings nicht als Mediatorin, indem sie zwischen der potentiell spendenden und der potentiell empfangenden Seite vermittelt, sondern verantwortet vielmehr eine Entscheidung darüber, wer letztlich spenden kann oder nicht. Das heißt, wenn zum Beispiel ein Vater medizinisch gesehen spenden kann, aber nicht möchte und diesen Entschluss nicht zu fassen vermag, könnte die Ärztin dem Kind die falsche Information geben, dass der Vater als Spender aus medizinischen Gründen nicht in Frage kommt. Die Ärztin ist hier, wie Renée Fox und Judith Swazey argumentieren, »gatekeeper« und Entscheider für soziale und psychologische Angelegenheiten der Familie (Fox/Swazey 2002: 7). Der Ärztin kommt hierbei ein Maximum an Verantwortung zu. Individuen werden von den Entscheidungen des medizinischen Personals im Prinzip nur noch geleitet.

Im Zentrum dieser Regelung steht eine hohe Akzeptanz der Lebendorganspende. Die Vorsicht, die sich sonst mit dem Eingriff in den Körper eines gesunden Menschen verbindet, wird aufgegeben. Anstatt eine Ausnahme zu bleiben, soll die Lebendorganspende im Naheverhältnis zur Routine werden. Auch wenn die Organe nicht verkauft werden, sie also nicht zur Ware werden, wird die Gabe in diesem Programm profaniert. Denn wenn das Geben des Organs zur Selbstverständlichkeit wird, bedeutet dies mit Bourdieu die Offenlegung der Triade des Gebens, Nehmens und Erwiderns, die sonst durch ein zeitliches Intervall verschleiert wird (vgl. II.2.1).

Zum ersten Mal findet sich im Diskurs des Organmangels die Argumentation, dass es paternalistisch ist, wenn erwachsene Menschen von der Lebendorganspende abgehalten werden. Anders als bei der Frauengesundheitsbewegung der 1970er Jahre sind es hierbei nicht Aktivistinnen und Aktivisten oder Betroffene aus Selbsthilfegruppen, die mehr Rechte und Autonomie über ihre Körper in der Organspende fordern. Vielmehr fordert ein Wissenschaftler, hier ein Rechtswissenschaftler, für die Patientinnen und Patienten mehr Verfügungsrechte über ihre Körper. Plausibilität erhält diese Forderung durch möglicherweise eintretende psychische Probleme, die aus der Transplantation einer Leichenspende resultieren können.

Dieses Programm wird neben medizinischen Argumenten wie den besseren Ergebnissen der Lebendorganspende vor allem mit gabentheoretischen Annahmen fundiert. Die Autoren gehen davon aus, dass das Nehmen eines Organs eines Nahestehenden leichter zu verarbeiten ist als die Annahme eines Organs eines Verstorbenen. Auch das Nehmen einer anonymen Fremdspende wird mit Schwierigkeiten assoziiert. Damit findet in diesem Programm Beachtung, dass mit der Gabe Reziprozität entsteht, die im Naheverhältnis verarbeitet werden kann.

Mit der Routinisierung wird die Lebendorganspende als »Selbstverständlichkeit« moralisch abgewertet, denn sie steht nicht mehr für eine supererogatorische Handlung. Damit wird der Akt des Gebens profaniert (vgl. Lück et al. 2003: 529). Die nahen Angehörigen werden als routinisiert Gebende angerufen. Ihre Körper sind prinzipiell verfügbar. Damit werden sie als prinzipiell veräußerbare Subjekte angerufen, deren Veräußerbarkeit eine Normalität und Selbstverständlichkeit bildet. Die Normalität der Veräußerbarkeit wird hierbei jedoch vielmehr propagiert, als dass sie als empirische Erfahrung aus der Organspenderealität abgeleitet wäre. Damit verändert sich auch die Art und Weise der Anrufung als Lebendorganspenderin und Lebendorganspender: In den bisherigen Programmen waren die Anrufungen leise bis kaum vernehmbar, weder die Kirchen noch die *Deutsche Stiftung Organtransplantation* werben explizit für die Lebendorganspende. Mit der Aufhebung der Subsidiarität wird das medizinische Personal zur zentralen Anrufungsinstanz. Vom medizinischen Personal geht die Initiative und auch die Koordination aus, wer in der Familie spendet und wer nicht.

2.5 Die Widerspruchsregel

Die Widerspruchsregelung impliziert, dass eine Organentnahme bei Hirntoten auch ohne eine vorherige Entscheidung erlaubt ist. Erweiterte Widerspruchslösung bedeutet, dass auch Angehörige mitentscheiden dürfen, ob Organe entnommen werden dürfen oder nicht. Wenn ein Widerspruch vorliegt, ist die Organentnahme nicht zulässig. Befürworterinnen und Befürworter der Widerspruchsregelung versprechen sich von ihr das Organaufkommen zu steigern und gleichzeitig zu gewährleisten, dass die »Kultur der Gabe« (van den Daele 2007: 127) erhalten bleibt.

Die Einführung der Widerspruchsregelung wird mit dem Verweis auf die Gültigkeit dieser Regelung im europäischen Ausland immer wieder gefordert (vgl. Arntz 2003). Zudem wird sie als effektive Strategie gegen die Ausweitung der Lebendorganspende diskutiert: Denn wenn der Mangel an

Organen durch die postmortale Spende behoben werden kann, müsste Angehörigen von nierenkranken Patientinnen und Patienten nicht mehr abverlangt werden, das Risiko einer Organspende einzugehen.

Ein Befürworter der Widerspruchslösung ist der *Deutsche Ethikrat* (2007), der zum Zeitpunkt seines Entwurfs noch *Nationaler Ethikrat* hieß. Er schlägt vor, den Willen der Angehörigen zu berücksichtigen. Sie sollen die Möglichkeit haben, sich verabschieden zu können und den Leichnam zu sehen. Auch in die Entscheidung über die Organentnahme sind sie einzubeziehen. Denn die Legitimation dieser Regelung besteht insbesondere darin, dass Elemente der Erklärungsregel mit ihr verbunden sind: Bürgerinnen und Bürger werden darüber aufgeklärt, dass ihnen, wenn sie nicht widersprechen, Organe entnommen werden. Der *Ethikrat* geht davon aus, dass mit dieser Regelung langfristig die »vermutete Zustimmung« durch eine »wirkliche« ersetzt wird (Nationaler Ethikrat 2007: 37).

Routinisierte Gaben

Ausgangspunkt des *Ethikrates* bildet die Annahme, dass die Bereitschaft zur postmortalen Organspende »faktisch wie normativ« erwartet werden kann (ebd.). Faktisch gilt die Zustimmung zur postmortalen Organspende als sehr hoch. Zudem ist sie normativ erwartbar, da die meisten Menschen im Falle ihrer Niereninsuffizienz selbst Spenderorgane wünschen. In Deutschland gibt es zudem eine hohe Akzeptanz von Kants goldener Regel, derzufolge man zu Leistungen, die man von anderen erwartet oder zumindest erhofft, auch selbst bereit sein sollte (ebd.). Die Öffentlichkeit müsste zunächst ausreichend darüber informiert werden, dass allen Menschen im Falle ihres Hirntodes Organe entnommen werden, wenn sie keinen Widerspruch eingelegt haben. Die wirkliche Zustimmung sollte dann durch eine »allgemeine Aufforderung« zu einer Erklärung erfolgen, dass man Organe spenden will (ebd.). Denkbar wäre die Einführung einer Übergangsfrist (ebd.). Anrufungen als Organspenderinnen und Organspender würden folglich nur während der Übergangslösung erfolgen, dafür wären diese laut und möglichst für alle vernehmbar. Möglichst jede und jeder sollte darüber informiert werden, dass künftig Widerspruch gegen Organspende geleistet werden muss, wenn man verhindern will, dass Organe automatisch entnommen werden. Nach dieser intensiven Phase der Anrufungen, verstummen diese, Individuen werden dann als Organspenderinnen und als Organspender vorausgesetzt. Der *Nationale Ethikrat* geht hierbei davon aus, dass die Spendebereitschaft in der Bevölkerung hoch ist und aus diesem Grund ein hoher Anteil die persönliche Zustimmung ausdrücklich geben würde. Es wäre jedoch auch denkbar, dass sich eine Aufforderung zur Spende negativ auswirken würde, da man Menschen unter Druck setzt, Stellung zu beziehen (ebd.).

Freiwilligkeit und Mitbestimmung zu betonen, heißt nicht, die Idee der Gabe prinzipiell zu verwerfen. Da die Bereitschaft zur Gabe im Vorhinein angenommen wird, wird der Gabentausch vielmehr routinisiert. Organe würden aus dem Grund als routinisierte Gaben transplantiert. Die vom *Nationalen Ethikrat* vorgeschlagene Widerspruchslösung wäre auch geeignet, Forderungen nach ökonomischen Anreizen abzuwehren, so die Autorinnen und Autoren. Denn die Integrität des Körpers würde in keinem Fall angetastet werden:

> »Die Kultur freiwillig geübter Solidarität gehört zu den wichtigsten moralischen Ressourcen der Gesellschaft. Es ist nicht wünschenswert, dass alle zwischenmenschlichen Beziehungen, besonders in dem sensiblen Bereich von Leben und Tod, der Logik des Marktes unterworfen und von den Regeln ökonomischer Tauschprozesse bestimmt werden« (ebd.: 30).

Der Leichnam des Verstorbenen darf auf keinen Fall zu einer käuflichen Sache werden, denn die dem Verstorbenen »geschuldete Pietät und Ehrfurcht verlangen Respekt vor seiner körperlichen Integrität« (ebd.: 25). Hieraus lässt sich jedoch nicht schließen, dass der Leichnam unangetastet bleiben muss. Die Öffnung des toten Körpers sowie die Entnahme von Organen aus dem toten Körper bedeuten keinen Bruch mit dem gebotenen Respekt und der Ehrfurcht. Die Pietät vor dem Verstorbenen kommt vielmehr in der Erinnerung und der Dankbarkeit zum Ausdruck. Die Organspende ist damit keine moralische Pflicht, von der Möglichkeit der Organspende geht jedoch ein Appell an die Bürgerinnen und Bürger aus, zu einer »verantwortlichen und frühzeitigen eigenen Urteilsbildung« zu kommen (ebd.: 28). Das Prinzip der Freiwilligkeit, so der *Ethikrat*, darf auf keinen Fall verlassen werden: »Organspende muss eine Gabe bleiben, zu der man weder rechtlich noch moralisch genötigt werden kann. [...] Organspenden sind Akte der Solidarität und Nächstenliebe, die Menschenleben retten« (Nationaler Ethikrat 2007: 33).

Damit bleibt die Organspende für den *Nationalen Ethikrat* klar christlich fundiert. Die Bereitschaft zur Organspende lässt sich als praktizierter christlicher Glaube lesen: »Dem ethischen Gebot, auf der organisatorischen und der rechtlichen Ebene Möglichkeiten des Helfens und Heilens zu nutzen, entspricht auf der individuellen Ebene die Beistandspflicht, wie sie sich aus dem elementaren Gebot der Nächstenliebe oder der Mitmenschlichkeit ergibt« (ebd.: 31). Auch wenn keine Pflicht zur Spende besteht, ist es zumutbar, zu verlangen, sich mit der Organspende auseinanderzusetzen. Menschen sollten sich darüber Gedanken machen, dass auch sie auf ein Spenderorgan angewiesen sein könnten. Wer sich gegen eine Organspende entscheidet, erfährt keine Konsequenzen. Es soll keine Pflicht zur Veräußerung der Organe geben.

Die Widerspruchlösung würde damit weder gegen die Menschenwürde noch gegen die Glaubens- oder Weltanschauungsfreiheit verstoßen, da das Recht zu entscheiden unangetastet bleibt. Auch müssten im Falle eines Widerspruchs keine Gründe angegeben werden. Wer Widerspruch einlegen will, muss dies allerdings bekunden. Insofern würde die Widerspruchsregelung in die Selbstbestimmung eingreifen, da sie alle, die keine Organe spenden möchten, zwingen würde, ihren Widerspruch zu erklären. Dieser Eingriff würde jedoch nicht den Rahmen überschreiten, den die Verfassung dem Gesetzgeber für mögliche Einschränkungen der Selbstbestimmung ohnehin vorgibt. Der Staat muss, wenn er seiner »Schutzpflicht« nachkommen will, seine Gesetze dem medizinisch Möglichen flexibel anpassen (Nationaler Ethikrat 2007: 31). Die therapeutische Option der Organtransplantation ist in dieser Logik fest im Verantwortungsbereich des Staates verankert: Er muss die Individuen vor dem möglichen Organversagen ihrer Körper schützen. Das Organ, das im Rahmen der Widerspruchslösung entnommen wird, wird damit nicht nur als routinisierte Gabe, sondern auch als öffentliches Gut transplantiert.

Kritiken an der Widerspruchslösung: Folgenlose Stellungnahmen und »Organsozialismus«

Der Ethiker Anton Leist kritisiert an der Widerspruchslösung, dass sie ungeeignet ist, diejenigen, die »nur aus irrationalen Ängsten oder aus Bequemlichkeit verweigern, von denen zu trennen, die tatsächlich eine entsprechende Todesauffassung haben« (Leist 2001: 72). Unter die tatsächlich entsprechende Todesauffassung fasst Leist Positionen, die den Hirntod nicht als den Tod des Menschen akzeptieren. Ähnlich wie in der Wehrpflicht sollten Individuen dann zu einem »vergleichbaren sozialen Dienst« herangezogen werden, wie sie ihn durch ihre Spendebereitschaft erbringen würden. So könnte die Bereitschaft zur Spende an die Krankenkassenpflicht gebunden werden: »Beitragssätze könnten für Nichtspender etwas höher gelegt werden als für Spender« (ebd.). Der Vorteil dieser Regelung bestünde darin, dass ein Bewusstsein darüber entstehen würde, welchen »Wert« Organe haben (ebd.). Stellungnahmen zur Spende würden bewusst getroffen und nicht wie bisher bagatellisiert. Auch der Wirtschaftswissenschaftler Charles B. Blankart kritisiert die Widerspruchslösung als staatlichen Paternalismus. Mit dieser Regulierung entstünde eine »zwangsweise Verstaatlichung der Organe« (2006: 39), Hartmut Kliemt spricht von »latentem Organsozialismus« (2007: 106). Wenn eine Person sich nicht explizit gegen die Entnahme von Organen entscheidet, erhält der Staat automatisch den Zugriff auf die Körper, er »beansprucht das Annahme- und Vermittlungsmonopol für sich« (Blankart 2006: 39).

Routinisierte Gaben prinzipiell veräußerbarer Subjekte

Die Widerspruchsregelung lässt sich als Unternehmung zusammenfassen, einerseits am sakralen, das heißt dem nicht kommerzialisierbaren integralen Status des Körpers festzuhalten (vgl. II.2.4) und gleichzeitig den Organmangel zu beheben. Im Unterschied zu den bisher skizzierten Programmen wird mit dieser Regelung davon Abstand genommen, Organentnahmen als Ausnahmen zu konzipieren. Dies stellt einen weiteren Schritt in Richtung einer Profanierung des humanen Körpers dar. Körper stehen dem gesellschaftlichen Zugriff zunächst prinzipiell zur Verfügung. Die Entnahme von Organen bildet keine Ausnahme, sondern eine Routine und Normalität. Es ist allerdings ausschließlich der hirntote Körper, der prinzipiell verfügbar und veräußerbar ist. Das Ausmaß der Lebendorganspende soll durch diese Regelung vermindert werden. Die Entnahme von Organen von Lebenden wird als großer Eingriff und als Zumutung betrachtet, so dass große Anstrengungen unternommen werden, den Pools an Leichenorganen zu erhöhen. Dieser Pool an Organen wird staatlich reguliert, das heißt, Organe gehören nach dem Tod eines Menschen prinzipiell dem Staat, der über den weiteren Verbleib entscheidet. Organe hirntoter Körper werden damit vergesellschaftet und verstaatlicht. Der Bezugspunkt der Widerspruchsregelung ist die vorgestellte Gemeinschaft, die den Besitz eines möglichst großen Pools an Organen anstrebt, um allen ihren Mitgliedern helfen zu können. Die Autonomie des Individuums besteht lediglich in der Entscheidung gegen die Entnahme.

Mit der Widerspruchslösung wird auch die Freiwilligkeit reformuliert, da sie, also die Bereitschaft zur Entnahme, vorausgesetzt wird. Im Programm der Erweiterten Zustimmung bekennen sich Individuen freiwillig zur Organspende, ansonsten bleibt die Organentnahme aus. Bei der Widerspruchslösung muss man sich gegen die Entnahme aussprechen, wenn man die Organentnahme nicht befürwortet. Man muss sich also engagieren, um die Entnahme zu verhindern. Individuen werden damit nicht mehr als veräußerbare und gebende Subjekte angerufen, sie werden als solche vorausgesetzt. Nur in der Übergangszeit werden Anrufungen überhaupt unternommen. Auch die Widerspruchsregelung ist moralisch und christlich fundiert und erhöht die Bereitschaft die Organentnahme als den besseren Tod. Wer sich gegen die Entnahme entscheidet, muss allerdings, wie auch kritisiert wird, keine Nachteile in Kauf nehmen.

2.6 Solidar-, Motivations- oder Vorsorgeregelungen

Für den Rechtswissenschaftler Hermann Christoph Kühn müsste eine Person, die potentiell zur Spende bereit ist, auch bevorzugt ein Organ erhalten. Denn warum sollte »ein Mitglied der Gesellschaft ein Anrecht auf einen Nutzen haben, wenn es nicht bereit ist, sich an den dazugehörenden Lasten zu beteiligen?« (Kühn 1998: 143). Im Rahmen der Motivations- (vgl. Kühn 1998) oder auch Solidarlösung (vgl. Gubernatis 1997; Gubernatis/Kliemt 1999) würden vorrangig diejenigen Organe erhalten, die sich zu Lebzeiten bereit erklärt haben, ihre Organe zu spenden. In diesen Programmen wird folglich lediglich die postmortale Spende verhandelt.

Zwischen dem eigenen Anspruch auf den Empfang eines Organs und der Gegenleistung in Form der Spendebereitschaft wird eine Verbindung im Sinne eines do ut des hergestellt. Alle Patientinnen und Patienten auf den Wartelisten würden in eine Gruppe mit und eine Gruppe ohne Prioritätsrecht eingeteilt (vgl. Kühn 1998). Kühn formuliert vier Kriterien für ein künftiges Transplantationsgesetz, das auf der Motivationslösung aufbaut: Erstens erfolgt die Entnahme nur nach Zustimmung zu Lebzeiten, zweitens müssen diejenigen, die sich zur Organspende bereit erklärt haben, von dem möglichen Vorteil dieser Entscheidung Kenntnis haben, drittens müssen die Abgabe der Erklärung und auch ihr Abruf in den Krankenhäusern unkompliziert durchzuführen sein und viertens sollte sich die Zahl der Organspenden steigern (vgl. Kühn 1998). Zudem müssten die Bürgerinnen und Bürger regelmäßig von den Behörden über die Möglichkeit einer Spendeerklärung unterrichtet werden. Die Anrufungen müssten regelmäßig erfolgen und für alle vernehmbar sein. Der Mediziner Gundolf Gubernatis, der sich ebenfalls für diese Regelung stark macht, sie jedoch als Solidarmodell bezeichnet, erklärt: »Der Kern des Solidarmodells heißt: Solidarität in der Organspendebereitschaft für alle, aber besonders für diejenigen, die selbst spendebereit und solidarisch sind. Dies bedeutet keinen Ausschluss von Nicht-Solidarität, sondern Bevorzugung der Solidarischen« (1997: 21).

Der Motivationslösung liegt damit kein vorrangig altruistisches Modell zugrunde, vielmehr wird davon ausgegangen, dass die oder der Spendende in der Erwartung das »Opfer bringt«, selbst ein Organ benötigen zu können (ebd.). Damit wird der »altruistische Akt des Schenkens ethisch entwertet« (ebd. 1998: 149). Die ethische Rechtfertigung besteht darin, dass sie die Freiheit und die Selbstbestimmung in Bezug auf den eigenen Körper schützt. Der persönliche Wille des Betroffenen wird respektiert. Niemand wird gezwungen zu spenden. Zudem ist es aus humanmoralischen Gesichtspunkten, das heißt aus der Perspektive der »eigentlichen Natur des Menschen als Wesen mit Gemeinschaftsbezug« (ebd.: 153), für eine Gemeinschaft unabdingbar, dass sie die Einzelnen auch in die Pflicht nimmt, sodass eine »Gegenseitigkeit der Pflichten gewahrt« bleibt (ebd.: 154). Es gilt das elementare Prinzip »wer gibt, dem soll auch gegeben werden« (ebd.). Durch dieses Prinzip lässt sich verhindern, dass der Zusammenhalt der Gemeinschaft verloren geht, da immer nur eine Gruppe einzahlt und eine Gruppe nimmt. Kühn betont, dass durch diese Regelung Menschen motiviert würden, sich freiwillig für die Organspende auszusprechen. Man könne sich der »Erkenntnis« nur schwer verschließen, »daß reiner Altruismus in heutiger Zeit nur bei wenigen ausreicht, ein echtes Opfer für andere zu bringen. Dazu bedarf es motivierender Begleitumstände« (1998: 142).

Bislang ist das Organspendeaufkommen der limitierende Faktor der Organtransplantation. Denn in der derzeitigen Situation haben die wenigsten Menschen einen Organspendeausweis. Dies liegt seines Erachtens auch darin, dass Menschen sich in der Regel nur ungern mit ihrem eigenen Tod beschäftigen. Die Auseinandersetzung mit dem Tod wird in der Regel verdrängt oder abgewehrt. Deshalb sind Menschen auch nicht motiviert, sich darüber Gedanken zu machen, was mit ihren Organen passieren soll, wenn sie sterben. Die Erkenntnis, dass die Organspende einmal wichtig werden könnte, würde sie motivieren, sich mit der Organspende auseinanderzusetzen. Das Solidarmodell könnte dieses Problem lösen:

»Bei Einführung des Solidarmodells wird diese psychische Blockade positiv aufgelöst durch eine Beschäftigung mit dem eigenen Überleben im Falle schwerer Erkrankung, d.h. die ›Entscheidungsvermeidung‹ wird abgelöst durch eine ›Entscheidungssuche‹ bzw. eine ›Entscheidungsbereitschaft‹« (Gubernatis 1997: 23).

Dies würde die »autonome Entscheidung« jedes Menschen fördern (ebd.). Damit tritt die Vorstellung in den Diskurs des Organmangels, dass eine Organinsuffizienz ein Risiko bildet, dass nun präventive Maßnahmen erfordert. Die Bereitschaft zur Organspende bildet hierbei eine solche Maßnahme. Gegeben wird aufgrund der Risikoberechnung. Ein Organ würde hier als kalkulierte Gabe transplantiert. Denn gegeben wird nur aus der Vorsorge heraus, selbst auf ein Organ angewiesen sein zu können. Das Spenderorgan, das man zukünftig erhalten könnte, bildet in diesem Programm bereits die Gegengabe, die auf die Gabe, die Bereitschaft zu spenden folgen kann. Insofern wird in diesem Programm das Organ als kalkulierte Gegengabe konzipiert. Das Solidarmodell fördert zudem Prinzipien des Rechts- und Sozialstaats und wäre damit sogar gerechter als andere Modelle:

»Ein System medizinischer Versorgung ist dann solidarisch, wenn es darauf angelegt ist, möglichst vielen Menschen zu helfen und dabei die Solidarität untereinander zu stärken, indem es bei gleicher medizinischer Bedürftigkeit bevorzugt denen hilft, die selbst zur Hilfe bereit sind oder waren« (Gubernatis/Kliemt 1999: 6).

Der gesellschaftliche Zusammenhalt würde gerade durch das Do-ut-des-Prinzip gestärkt. Ansatzweise wird der Gedanke des do ut des auch vom *Nationalen Ethikrat* formuliert, wenn er es als unfair bezeichnet, im Falle einer Erkrankung ein Organ in Anspruch zu nehmen, ohne selbst bereit zu sein, ein Organ zu spenden (vgl. Nationaler Ethikrat 2007). Der *Nationale Ethikrat* zieht hieraus jedoch in Bezug auf die Regelung der Organverteilung keine Konsequenz. Neben der Behebung des Organmangels steht in diesem Programm Gerechtigkeit im Zentrum. Diese Gerechtigkeit basiert nicht auf einem Solidarprinzip, demzufolge die Spendebereitschaft von der Spende abgekoppelt wird, sondern folgt dem Prinzip des do ut des.

Das Vorsorgeprinzip

Der Wirtschaftswissenschaftler Charles B. Blankart spricht sich für ein Modell aus, das auf dem Vorsorgeprinzip aufbaut. Dieses greift auf eine ähnliche Regelung wie die Motivations- oder Solidarlösung zurück, allerdings legitimiert Blankart seinen Vorschlag anders. Er betont nicht das Gemeinschaftsfördernde des Do-ut-des-Modells (vgl. Kühn 1998) oder den Aspekt der Gerechtigkeit (vgl. Gubernatis 1997). Blankart konzipiert die Vorstellung eines Rechts auf Organe, das Menschen mit der gegenwärtig gültigen Regelung vorenthalten wird. Es ist diskriminierend, so sein Argument, dass Organe ohne Rücksicht darauf verteilt werden , ob eine Patientin oder ein Patient bereits ein Organ gespendet hat oder bereits der postmortalen Spende zugestimmt hat (vgl. Blankart 2006): »Besser wäre es, den Individuen die Rechte über ihre Organe zu belassen und sie durch Interaktionen selbst das Gleichgewicht zwischen ihrer eigenen Spendebereitschaft finden zu lassen« (ebd.: 41).

Der Wirtschaftswissenschaftler schlägt vor, dass Spendewilligen das Recht eingeräumt wird, bei einem Treuhändler die folgende Erklärung hinterlegen zu dürfen: »Ich verfüge, dass meine Organe nach meinem Tod insbesondere an ebenfalls spendebereite Kranke gehen sollen« (ebd.: 42). Mit dem Verweis »insbesondere« sind damit wie in dem Modell der Solidar- oder Motivationslösung Nichtspendewillige nicht prinzipiell ausgeschlossen. Für sie ist es nur unwahrscheinlicher, dass sie ein Organ erhalten. Ein weiteres Argument für dieses Vorsorgemodell besteht darin, dass durch das entstehende reziproke Verhältnis eine Signalwirkung ausgelöst werden könnte: »Dadurch gelangen sie in ein reziprokes Verhältnis. [...] Durch Reziprozität entsteht Solidarität. Spendebereite helfen einander« (ebd.). Die Solidarität, von der Blankart spricht, bezieht sich nicht auf die Gemeinschaft des Verbundes von *Eurotransplant*, sondern auf die Gemeinschaft der Spendewilligen und Spendebedürftigen. Der Staat würde mit dieser Regelung seine herausgehobene Position verlieren, so Blankart, denn er würde nicht mehr die Organe verteilen, die er sich angeeignet hat: Vielmehr würde er sie im Auftrag der Spenderinnen und Spender zur Verfügung stellen (ebd.). In jedem Fall hätten Individuen die Selbstverantwortung über die negativen wie positiven Folgen ihres Handelns:

»Entscheidet sich das Individuum gegen eine postmortale Spende, und es stellt sich heraus, dass es im Krankheitsfall kein Organ erhält, so fällt die missliche Lage auf dieses selbst zurück und nicht auf die Gesellschaft. Von einem oktroyierten ›Organmangel‹ im bisherigen Sinn kann daher nicht mehr gesprochen werden« (Blankart 2006: 44).

Die gegenwärtige Gesetzeslage führt nicht zu der Annahme, der Organmangel würde überwunden. Denn dazu müssten Menschen Verfügungsrechte über ihre Körper erhalten. Die Ursache für den Organmangels ist nicht in der mangelnden Spendebereitschaft zu suchen, so Blankart, sondern in dem »Unvermögen der Spendewilligen, mit den Organbedürftigen in eine intertemporäre Beziehung zu treten« (2006: 49). Die Privatisierung der Organspende gilt hier als effizienter. Da das Vorsorgeprinzip die spendende mit der empfangenden Seite verbindet, ergibt sich eine Tendenz zum Ausgleich von Angebot und Nachfrage. Bei der gegenwärtigen Regelung ist die Spende bedingungslos und wird vom Staat angeeignet. Die Organspende ist in diesem Programm eine halbstaatliche Angelegenheit. Weil der Staat sich als ineffizient in der Organverteilung erweist, sollen Organe nur noch im Interesse der spendenden Seite verteilt werden. Im Prinzip ist der Staat als öffentliche Instanz aber gar nicht mehr notwendig. Die Entscheidung zur Gabe erfolgt damit wie in der Motivations- und Solidarlösung in Berechnung des möglichen Vorteils und auch Risikos, selbst auf ein Organ angewiesen zu sein.

Mit dem Programm der Motivations- und Solidarlösung sowie dem Vorsorgeprinzip tritt erstmals Eigenverantwortung in den Diskurs des Organmangels. Mit dem Vorschlag des Vorsorgemodells werden die eben referierten Vorschläge von Gubernatis (1997) und Kühn (1998) radikalisiert. In diesem Modell steht nicht die Stärkung der Gemeinschaft im Zentrum, sondern die Stärkung der Rechte der Einzelnen, über ihre Organe zu verfügen. Das Vorsorgeprinzip distanziert sich von der Vergesellschaftung der Organe wie in den eben genannten Regelungen, vielmehr wird ein privatisiertes Vorsorgemodell vorgeschlagen. Während das Motivations- und Solidarmodell vorsieht, dass Individuen als gebende und veräußerbare Subjekte an eine Gemeinschaft der Spendewilligen geben, ändert sich dies im Vorsorgeprinzip: Dort werden Individuen als verantwortliche Subjekte angerufen, das Risiko einer Organinsuffizienz selbstbestimmt zu kalkulieren.

Das Programm des Vorsorgeprinzips unterscheidet sich vom Programm des nachfolgend skizzierten Organclubs nur noch darin, dass Nichtspendewillige nicht ausgeschlossen werden. Blankarts Vorsorgeprinzip impliziert noch nicht, dass man sich in einem Club organisieren kann, auch wenn er sich für eine Schwächung des staatlichen Einflusses ausspricht. Mit dem Plädoyer für mehr Verfügungsrechte an die Spenderinnen und Spender und auch der Konzeption einer expliziten Willensbekundung, dass Spendewillige die eigenen Organe im Todesfalles bevorzugt erhalten sollen, sind einige Elemente der Clublösung allerdings bereits enthalten.

2.7 Der Organclub

Auch Hartmut Kliemt knüpft an das Do-ut-des-Prinzip an und fordert die Legalisierung von Organspendeclubs. Der Mensch ist Eigentümer seiner Organe und muss deshalb über seine Organe verfügen. Während die Regelung der Lebendorganspende hinnehmbar ist, so der Wirtschaftsphilosoph, soll die Regelung postmortaler Organe verändert werden (vgl. Kliemt 2000, 2007). Menschen sollen einen Organclub begründen dürfen. Mit der Clubmitgliedschaft verpflichten sich die Clubmitglieder, im Falle ihres Todes ihre Organe im Clubpool zu veräußern. Jedes Clubmitglied hat dann ein Recht auf ein Organ. Diese Lösung ist Kliemt zufolge gerecht, denn ähnlich wie Blankart bezeichnet er es als nicht nachvollziehbar, warum jemand ein Organ erhalten soll, wenn er oder sie nicht bereit ist, Organe zu spenden:

> »Warum soll von zwei gleich geeigneten und gleich bedürftigen Organempfängern ausgerechnet derjenige ein Organ erhalten, der selbst nicht zur Spende bereit ist, während der spendebereite potentielle Empfänger zurückgesetzt wird? Wenn zwangsläufig aufgrund der Knappheit jemand zurücktreten muss, warum dann der, der selbst zur Spende bereit ist?« (Kliemt 2000: 9).

Ebenso wie das Solidarmodell steigert auch dieses Modell die Effizienz der Organallokation – es gäbe mehr Transplantate. Mit der Behebung des Organmangels wird es damit auch wahrscheinlich, dass sich der Organhandel nicht durchsetzt, da es ausreichend Organe geben würde. Damit könnte von der umstrittenen Lebendorganspende abgesehen werden. Für Kliemt stellt es eine »Art kollektive moralische Verfehlung« dar, die Lebendspende auszuweiten, bevor nicht alle Möglichkeiten ausgeschöpft wurden, die Leichenspende auszubauen (ebd.: 11).

Das Problem der gegenwärtigen unbedingten Gabe der Erweiterten Zustimmungslösung besteht für Kliemt darin, dass niemand einen Anreiz hat, sich als individuelle potentielle Spenderin oder als Spender mit der Organspende auseinanderzusetzen (vgl. Kliemt 2002). Zudem berührt das Thema der Organspende Fragen nach dem eigenen Tod und der Möglichkeit einer schweren Krankheit. Auch Kliemt geht davon aus, dass diese Themen jedoch lieber verdrängt werden. Aus diesem Grund sind Modelle unbedingter Gaben ineffizient (vgl. Greiner/Henning 2000). Die Frage nach Effizienz wird im Gesundheitssystem häufig kritisch begleitet und als »bloßes Profitstreben« diskreditiert (Kliemt 2002: 1). Kostenüberlegungen würden fälschlicherweise für ethisch untergeordnete Fragestellungen gehalten. Für Kliemt stellt die Frage nach Effizienz dagegen ein Gebot der Ethik dar: Wenn man Kostenüberlegungen als unethisch bezeichnet, wird dagegen eher verschleiert, dass Regelungen »Opportunitätskosten« inhärent sind. Am Beispiel des Organmangels erläutert er:

> »Nehmen wir an, dass ein Organ eines Leichenspenders zur Transplantation zur Verfügung steht. Es gäbe zwei im Wesentlichen gleichbedürftige und gleich geeignete potentielle Empfänger für dieses Organ. Nennen wir diese beiden Herrn A und Herrn B. Wenn wir das Organ an Herrn A vergeben, dann folgt dieser guten Tat wie ein Schatten die unterlassene gute Tat der Organvergabe an Herrn B. Der ›Schattenpreis‹ des entgangenen Nutzens von Herrn B. muss dafür gezahlt werden, dass wir Herrn A begünstigen können. Und es ist dieser Schattenpreis, den der Ökonom als Opportunitätskosten bezeichnet« (2002: 2).

So ist es ethisch nicht nachvollziehbar, warum die Person leer ausgeht, die bereit wäre, ein Organ zu spenden.

Organe als private Clubgüter

Die Clublösung überwindet nicht den Modus der Gabe, sondern modifiziert ihn. Die Modifikation der Gabe besteht darin, dass das postmortal entnommene Organ nicht mehr als Gemeinschaftseigentum transplantiert wird, sondern als Personeneigentum. Zum jetzigen Zeitpunkt gelten nur die Organe Lebender als Personeneigentum. Dies sei widersprüchlich, so Kliemt (1999). Organe sollten gerade nicht als Heilmittel betrachtet werden, die ohne weiteres und ohne Mitsprache von der Transplantationsmedizin angeeignet werden. Wenn Menschen sich dafür entscheiden würden, an bestimmte Personen ihre Organe im Falle ihres Hirntodes zu spenden, würde dies, so Kliemt, auch die Idee der Organspende fördern. Denn die Bereitschaft basiert auf Freiwilligkeit. Die Person, die sich bereit erklärt, an eine bestimmte Person Organe zu spenden, würde damit Praktiken unterstützen, die gesellschaftlich erwünscht wären (vgl. Kliemt 2000). Für Blankart ist die in der Öffentlichkeit häufig vertretene Annahme, dass Organe öffentliche Güter sind, die dem Staatsmonopol unterliegen, ein Fehler:

»Die Standardkriterien der Rivalität und der Ausschließbarkeit kennzeichnen Organe als private Güter. Nur die Vermittlungsorganisation hat teilweise Eigenschaften eines öffentlichen Gutes. Sie ist am besten als ein ›Clubgut‹, dessen Bereitstellungskosten zunächst ab- und dann zunehmen, zu betrachten. Mehrere Clubs können daher miteinander in Wettbewerb stehen« (2006: 37).

Kliemt plädiert aus diesen Gründen für mehr Selbstbestimmung in der Entscheidung, auf welche Weise Organe veräußert werden sollten. Für ihn stellen Organe körperliches Eigentum dar, über das jeder verfügen dürfen sollte. Dies würde keinen Gegensatz zum Modus der Gabe darstellen. Gabentheoretisch lässt sich Kliemts Modell im Anschluss an Bourdieu als eine Offenlegung der Gabenökonomie diskutieren. Denn die behauptete Schenkungsbeziehung bildet gabentheoretisch ebenfalls eine Reziprozitätsbeziehung (vgl. Bourdieu 1993; Ach/Anderheiden/Quante 2000).

Die gabentheoretische Fundierung dieses Modells gerät jedoch dort an seine Grenzen, wo Kliemt die Stärke des Modells unterstreicht: Sie besteht darin, dass Mitglieder des Clubs Druck auf das medizinische Personal und auf die Krankenhäuser ausüben könnten, wenn sie sich ihrer Meinung nach nicht ausreichend für die Organspende engagieren (vgl. Kliemt 2002). Da sie Vorleistungen erbracht haben, könnten sie den Mangel an Mitwirkungsbereitschaft vieler Krankenhäuser kritisieren. Sie treten nicht als »demütiger Bittsteller« auf, die um eine Spende bzw. um Almosen bitten, sondern fordern vielmehr ihr Recht auf ein Organ ein (ebd.: 15). Werden Organspenden dagegen als großmütige seltene Geschenke aufgefasst, können die niereninsuffizienten Patientinnen und Patienten nur hoffen, aber keine Forderungen stellen. Eine Gabe lässt sich schließlich nicht einfordern, ein Clubgut, für das man sich selbst engagiert, allerdings schon (vgl. Henning/Greiner 2000).

Der *Nationale Ethikrat* kritisiert dagegen Regelungen, die nicht auf Motivation, sondern auf erwarteten Eigennutz setzen. Reziprozitätslösungen brechen mit dem »Prinzip des gleichen Zugangs zu Gesundheitsressourcen, unabhängig vom eigenen Vorverhalten« (2007: 23). Zudem wird das Procedere der Organverteilung nicht erleichtert, sondern komplizierter: Wie würde man den Fall lösen, wenn eine Person ihre Leben lang Teil eines Clubs ist und kurz vor dem Tod von der Möglichkeit des Widerrufs Gebrauch macht, aber auf ein Spenderorgan angewiesen wird? Diese Person würde durch ihre Ablehnung als Organempfängerin ausscheiden. Eine Konsequenz der Reziprozitätslösung wäre zudem, dass Personen, die nicht Mitglied in einem Club sind, auch keine Organe aus diesem Club empfangen würden. Der *Nationale Ethikrat* betont, dass die Entscheidung gegen eine Spende im Falle des Hirntodes jedoch als eine nicht diskriminierte Entscheidungsmöglichkeit gelten sollte (ebd.: 14).

Organe als Eigentum

Die dem Clubmodell zugrunde liegende Körperkonstruktion bildet die Vorstellung, dass Organe Eigentum sind. Jeder Mensch soll über seine eigenen Organe verfügen dürfen. Kliemt fragt sich, warum der Organspender nicht die vollen Verfügungsrechte über seine Organe nach dem Zeitpunkt des Todes erhält: »Wieso sollte es eigentlich nicht möglich sein, testamentarisch zu verfügen, dass die eigenen Organe im Falle des Ablebens für eine Transplantation zur Verfügung stehen, dies jedoch nur unter Bedingungen, die vom Spender selbst festgelegt werden?« (Kliemt 1999: 275).

Zum gegenwärtigen Zeitpunkt gelten diese Fragen in der Öffentlichkeit jedoch noch als moralisch fragwürdig (vgl. Kliemt 1999). Jedoch müsste es doch unstrittig sein, dass jeder Mensch Besitzer seiner Organe ist. Es ist widersprüchlich, dass Spenderinnen und Spender in der Lebendorganspende den Empfänger oder die Empfängerin bestimmen können, sofern ihnen dieser Mensch nahe steht, und in der postmortalen Spende nicht: »Wenn es nicht unsittlich ist, dass er insofern zu Lebzeiten selbst den Empfänger wählt, warum sollte es dann unsittlich sein, wenn ein Spender die Übertragung einer seiner Nieren für den Falle des Todes an einen bestimmten Organempfänger aus seiner Verwandtschaft verfügt« (Kliemt 2000: 5).

Carl Friedrich Gethmann (2006) wendet dagegen ein, dass man tatsächlich nicht alles unbeschränkt verkaufen darf: Auch wenn Organe als Güter der Eigentumssphäre betrachtet werden, geht damit keine unbegrenzte Verfügungsgewalt einher. Der Philosoph plädiert dafür, der »rhetorischen Suggestion« entgegenzutreten, die der Verwendung des Possessivpronomens geschuldet ist: »Aus der Tatsache also, dass es um meine Niere geht, folgt im Sinne des Eigentumsbegriff nichts« (ebd.: 71). Gethmann führt eine Reihe von Beispielen auf wie »meine Lieblingsband«, »meine Ferieninsel«, die nicht indizieren, dass trotz Possessivpronomen das »entsprechende Gut der Verfügungsgewalt des Eigentumsrechts unterworfen ist« (ebd.). Für ihn stellt sich eher die Frage, ob sich aus dem Eigentumsrecht ein Recht auf Organe ableiten lässt. Die Frage nach dem Eigentum ist mit Blick auf die Unterscheidung von Leib und Körper zu beantworten. Ob ein bestimmtes Substrat als leiblich oder körperlich kategorisiert werden kann, lässt sich nicht von der physischen Qualifikation des Substrats ableiten. Die Frage nach Eigentumsrechten ist in Bezug auf die Lebendorganspende damit falsch gestellt:

»Wenn die Frage des Verfügungsrechts des Akteurs in Bezug auf den Leib und seine Substrate nicht aus den Erwägungen des Eigentumsrechts erschlossen werden kann, dann ist nach dem normativen Kontext zu fragen, in den sie gehören. Dies kann nur der Kontext der Verpflichtungen gegen sich selbst sein. Aus der Vollzugsperspektive des Betroffenen ist das Verhältnis zum eigenen Leib nämlich (...) eine Frage des Selbstverhältnisses und nicht eine Frage des Verfügens über Eigenes« (ebd.: 76).

Anders als in der Lebendorganspende stellt sich damit die Frage nach Eigentumsrechten bei postmortal entnommenen Organen nicht mehr. Der Autor erachtet den Begriff der Spende in der postmortalen Organentnahme auch deshalb als unpassend, da die Spende ein »leibliches Selbstverhältnis« unterstellt, das bei Hirntoten nicht mehr besteht (ebd.: 77).

Risikokalkulierende Clubmitglieder

Auch wenn die Clublösung auf Reziprozität basiert und damit Prinzipien der Gabe zur Geltung kommen, sind diesem Programm Körperkonstruktionen inhärent, die den Status des Körpers im Vergleich zu den anderen Programmen stark modifizieren. Indem Teile des Körpers als Eigentum konzipiert werden, wird die Vorstellung der körperlich-leiblichen Existenzweise von Menschen überwunden. Der humane Körper und seine Teile sind nicht mehr prinzipiell unverfügbar. Teile des Körpers werden zwar noch nicht dem Markt zugänglich gemacht, mit der Konzeption von Körperteilen als veräußerbarem Besitz ist der Schritt zum Verkauf jedoch nicht mehr weit.

Das Programm des Organclubs lässt sich im Anschluss an Rose (2000; vgl. II.3.3) als symptomatisch für das Regieren von Gesundheitspolitiken im Zuge der Ökonomisierung des Sozialen lesen. Für den Wandel von Gesundheit und Krankheit ist hierbei charakteristisch, dass Individuen als Unternehmerinnen und Unternehmer ihrer selbst dazu angerufen werden, gesundheitliche Risiken zu kalkulieren und Vorsorge zu betreiben. Gesundheit wird damit mehr und mehr zu einer Privatangelegenheit, die durch Prävention gesichert werden soll. Die *Community* bietet hierbei eine besondere Möglichkeit der Risikokalkulation: Denn die möglichen gemeinsamen Risikolagen der Mitglieder der *Community* können auch zum Ausgangspunkt für politische Artikulationen werden (vgl. Rose 2000). Organclubs kommen diesem *Community*-Gedanken nahe, denn auch sie begründen eine mittelbare Zugehörigkeit über das Bemühen, gesundheitliche Risiken zu kalkulieren und Prävention zu betreiben. Im Organclub werden allerdings nicht nur Informationen ausgetauscht oder politische Artikulationen vorbereitet. Im Organclub sind Teile des Körpers vielmehr als Ressourcen zu verstehen. Damit werden Organe bereits im Körper des Gesunden zu einem Risiko und zu einer Ressource für andere, über das wie Eigentum verfügt werden kann. Individuen werden im Programm des Organclubs als verantwortliche Subjekte angerufen, das Risiko der Organinsuffizienz präventiv zu kalkulieren. Damit bildet das Eintreffen der Krankheit nicht mehr ein kontingentes Ereignis, sondern wird zu einer Konsequenz individuellen Fehlverhaltens (vgl. II.3.3). Kein Transplantat erhalten zu können, ist das Ergebnis verfehlter Selbstsorge. Somit regiert im Programm des Organclubs auch die Moral: Allerdings wird nicht der Gabentausch als solcher moralisch aufgewertet, sondern die Risikoprävention. An die Stelle des Gebots der Fürsorge für die Mitmenschen, das im Akt der Nächstenliebe formuliert ist, tritt die Vorsorge des Einzelnen.

2.8 Entschädigung und Kompensation

Im Folgenden ist zu differenzieren zwischen jenen Modellen, die Kompensations- oder Anerkennungszahlungen fordern, und jenen Modellen, in denen finanzielle Anreize geschaffen oder sogar ein regulierter Organmarkt eingeführt werden soll. Während die einen Modelle soziale Leistungen wie den Abschluss von Versicherungen vorsehen, wird im Anreizmodell mit Geld entschädigt. Nicht alle Modelle, die sich für Formen der Entgeltlichkeit von Organverpflanzungen einsetzen, lassen sich streng genommen als Organhandel beschreiben. Die Rechtswissenschaftlerin Ulrike Riedel definiert als entscheidendes Kriterium dafür, eine Organübertragung als Organhandel einzustufen, dass die Spendeentscheidung durch einen finanziellen oder wirtschaftlichen Vorteil ausgelöst wird. Dagegen stellt der Ausgleich von finanziellen Aufwendungen für die »Beschaffung der Organe« keinen Handel dar. Dieser Ausgleich ist zulässig (Riedel 2006: 101). Vom Organhandelsverbot sind außerdem Dankbarkeitsgesten ausgenommen. Darunter zu verstehen sind »Zuwendungen im kleinen Rahmen, die die Entscheidung der Spende nicht auslösen, sondern auf eine bereits getroffene Entscheidung des Spenders folgten« (ebd.) Wie allerdings noch deutlich wird, ist die Grenze zwischen einem Entgelt für ein Organ und dem Preis eines Organs fließend.

Entschädigungen

Im Zentrum des Entschädigungs- oder Kompensationsmodells steht die Überlegung, dass für die spendende Seite keine Nachteile entstehen dürfen. Das Autorenteam um den Wirtschaftswissenschaftler Friedrich Breyer, den Rechts- und Sozialwissenschaftler Wolfgang van den Daele und die Biologin Margret Engelhard et al. (2006) diskutiert mögliche Formen von Entschädigungen. Zum Beispiel könnte jeder Inhaber eines Organspendeausweises im Fall einer Realisierung der Organentnahme einen Anspruch auf die Auszahlung einer bestimmten Lebensversicherungssumme haben, die an die Angehörigen ausgezahlt wird. Auch wäre denkbar, Bestattungskosten zu übernehmen (vgl. Breyer et al. 2006). Eine andere Idee bilden Anerkennungszahlungen. Diese hätten den Vorteil, dass sie entlastend wirken könnten, da sie eine Form von Gegengabe bilden würden:

»Es ist sogar häufig so, dass es uns als Empfänger von Geschenken irritiert, wenn wir daran gehindert werden, eine Gegengabe zu einer großmütigen Gabe zu machen (...). Es greift nämlich tief in die persönliche Beziehungen von Menschen ein, wenn wir ihnen rechtlich die Gabe von Gegengeschenken verbieten« (Kliemt 2005: 182).

Gerade die Unmöglichkeit einer Gegengabe führt, so ein Charakteristikum der Gabe, zu Zwängen (vgl. II.2.1). Anerkennungszahlungen könnten dagegen die Organempfängerinnen oder Organempfänger entlasten, insbesondere dann, wenn das Organ versagt. Anerkennungszahlungen könnten damit Wertschätzung ausdrücken, ohne dass sie den Spendenakt profanieren würden. Sie würden den Modus der Gabe nicht aufgeben, sondern vielmehr die Idee der Gegengabe institutionalisieren. Die Entschädigungen würden als Gegengaben ausgezahlt.

Autorinnen und Autoren, die Entschädigungs- oder Kompensationsmodelle in der Lebendorganspende diskutieren, unterstreichen in der Regel, dass von der Kommerzialisierung in jedem Fall Abstand genommen werden sollte. Dies dürfte jedoch nicht zur Konsequenz führen, dass für die spendende Seite finanzielle Nachteile entstehen:

»Obwohl es wegen der drohenden Kommerzialisierung und Instrumentalisierung von Körperteilen geboten erscheint, dem Lebendspender keine finanziellen Gegenleistungen für sein abgegebenes Organ in Aussicht zu stellen, kann nicht hingenommen werden, dass er das Risiko für die lückenhafte Kompensation seiner potenziellen Nachteile zu tragen hat« (Besold/Ritter 2005: 509).

Damit für die spendende Seite keine Nachteile nach der Organentnahme entstehen, sollte ihm oder ihr ein umfangreicher Versicherungsschutz gewährt werden (vgl. Riedel 2006; Besold/Ritter 2005). Das Entschädigungs- oder Kompensationsmodell unterscheidet sich in Deutschland nur marginal von der Lebendorganspende der Erweiterten Zustimmungslösung (vgl. Schutzeichel 2002). Denn die gegenwärtig gültige Regelung sieht bereits vor, dass Kosten, die für den Spender oder die Spenderin anfallen, von den Krankenkassen oder der Berufsgenossenschaft der Organempfängerin oder des -empfängers übernommen werden (vgl. Senninger/Wolters 2003).

Hierzu gehören Fahrtkosten in das Krankenhaus, Kosten, die in Verbindung mit der Untersuchung zur Spendertauglichkeit anfallen, die durch Dienstausfälle sowie die medizinische und psychologische Nachsorge entstehen. In der Praxis ergibt sich allerdings ein Bild, demzufolge viele Aspekte wie der Unfallschutz noch ungeklärt sind (vgl. Besold/Ritter 2005). Auch Kosten, die durch Spätfolgen der Spende anfallen, werden von den Krankenkassen abgewiesen (ebd.). Aus der Bereitschaft zur Gabe sollte jedoch auf keinen Fall ein Nachteil entstehen, so auch Besold und Ritter: »Das all diese Versicherungslücken und rechtlichen Unklarheiten zu Lasten des Spenders gehen, ist angesichts seiner gänzlich unentlohnten Gabe schlicht nicht hinzunehmen« (ebd.: 510).

Diese ungeklärten Kosten könnten durch den Abschluss von Versicherungen im Entschädigungsmodell abgedeckt werden. Die Medizinethikerin Corinna Iris Schutzeichel (2002) schlägt vor, dass, wenn die oder der Spendende an den unmittelbaren Folgen der Organentnahme stirbt, eine Risikolebensversicherung zur Absicherung der Familie des Spenders oder der Spenderin abgeschlossen werden kann. Die Rechtswissenschaftlerin Eva Zech unterstreicht, dass es vor allem das Bewusstsein darüber ist, dass der Spender oder die Spenderin jemandem geholfen hat, das sie oder ihn entschädigt. Darüber hinaus sollte für ihn oder für sie kein »finanzielles Minusgeschäft« entstehen (Zech 2007: 333). Dem Spender oder der Spenderin bleibt damit zwar kein materieller Vorteil, dafür bleibt ihm oder ihr das Wissen um die Gabe:

> »Aus meiner Sicht bleibt dem Spender zunächst das ideelle Bewusstsein einem anderen Menschen geholfen zu haben. Darüber hinaus muss ein umfassender Nachteilsausgleich zulässig sein, d.h. die Lebendorganspende darf für den Spender kein ›finanzielles Minusgeschäft‹ werden. Aber einen darüber hinaus gehenden Vorteil sollte der Spender (...) auch nicht erhalten« (ebd.).

Trotz der Öffnung für Zahlungen werden von allen Autorinnen und Autoren, die Gedanken zur Kompensation oder Entschädigung anstellen, Bezüge zur Gabe hergestellt und die Absage an den Organhandel aufrechterhalten. Im Zentrum steht die Idee, dass der oder die Spendende keinen Schaden für sein oder ihr Geschenk erleiden und somit bestraft werden sollte, wenn Kosten auf ihn oder sie zukommen oder Komplikationen eintreten. Es soll kein Nachteil entstehen, ein Vorteil durch Anreizzahlungen allerdings auch nicht.

Sich opfernde und Gerechtigkeit erfahrende Organspenderinnen und Organspender

Mit der Institutionalisierung des Gabentauschs wird offen gelegt, was, wie Bourdieu ausgeführt hat, in der Regel verschleiert wird (vgl. Bourdieu 1993): dass nämlich auf die Gabe eine Gegengabe folgt. Die Offenlegung der Prinzipien der Gabe und vor allem die Tatsache, dass mit Geld entschädigt werden soll, kann hier jedoch auch als Profanierung des Gabentauschs gelesen werden. Denn die Gegengabe wird nicht im Naheverhältnis verortet, sondern soll durch eine Geldzahlung erfolgen.

In Bezug auf Körper anerkennt dieses Programm, dass die körperliche Integrität ein schützenswertes Recht darstellt und dass die Bereitschaft zur Spende honoriert werden sollte. Damit erfährt die Organgabe wieder eine moralische Aufwertung. Es wird honoriert, dass Organspenderinnen und Organspender ein Opfer auf sich nehmen. Die Entschädigung profaniert nicht die Gabe, vielmehr soll sichergestellt werden, dass kein finanzieller Nachteil entstehen kann. Dieses Programm erkennt an, das die Gabe ein Opfer darstellt, das nicht zu Nachteilen führen darf. Das Opfer lässt sich als Risiko im Körper der Lebendorganspenderin oder des Lebendorganspenders verorten. Das Risiko, dass kalkuliert werden soll, entsteht hierbei erst als Folge der Lebendorganspende.

2.9 Der legale Organhandel

Die Debatte um die Aufhebung des Organhandelsverbots begründet sich insbesondere mit der Sorge um den Organmangel. Den Mangel an Organen zu beheben oder zumindest zu verringern erhält Priorität. Der Organmangel erscheint nicht als strukturelles Problem der Transplantationsmedizin (vgl. Schneider 2000), sondern als Produkt des Transplantationsgesetzes. Die Befürworterinnen und Befürworter erachten es als effizienteste Strategie, Marktmechanismen einzuführen und somit Angebot und Nachfrage zu regulieren.

Die Forderungen nach der Legalisierung des Organhandels begleiten starke Vorbehalte. Aus diesem Grund konzipieren die Organhandelsbefürworterinnen und -befürworter nicht nur Modelle, sondern versuchen insbesondere, die Argumente gegen den Organhandel zu entkräften und damit eine Debatte über die Legalisierung des Organhandels zu initiieren. Vor diesem Hintergrund kritisiert zum Beispiel Kliemt, dass im öffentlichen Diskurs Befürworterinnen und Befürworter von ökonomischen Anreizen oder von monetären Belohnungen marginalisiert werden. Die Öffentlichkeit richte sich geradezu reflexartig auf die Aufrechterhaltung des Verbots (vgl. Kliemt 2005). Der Organhandel wird vorschnell als politisch inkorrekt und als moralisch falsch bewertet, so auch die Ethikerin Bettina Schöne-Seifert, während die Organspende verklärt wird:

»Wer mit Blick auf Organabgaben nach ›Geschenk oder Geschäft?‹ fragt (...), bekundet in aller Regel bereits, dass er auf Seiten von Altruismus und reiner Wohltätigkeitsmotivation für Organspenden steht und diese gegen die Welt des Profitstrebens zu verteidigen bereit ist. Was in dieser Dichotomie mitschwingt, sind Anklänge an Habsucht und Herzenskälte, Ausbeutungen und Entfremdung, Materialisierung und Kommodifizierung – gegenüber Güte, Selbstbestimmung und Selbstlosigkeit. Wer wollte da auf der anderen Seite stehen?« (2007: 43).

Für Schöne-Seifert stellt sich hier jedoch die Frage, um welchen Preis der Organhandel verdammt wird, da das gegenwärtig gültige Modell nicht dazu führt, dass mehr Organe transplantiert werden. Aus diesem Grund stellt sich für die Ethikerin die Frage, ob »der Preis – in der Währung nicht geretteter Leben – der mit einem fraglosen Festhalten am rein altruistischen Modell gezahlt wird, nicht doch zu hoch sei?« (ebd.: 44). Ist es nicht vielmehr fragwürdig, wenn sich Nichtbetroffene gegenseitig dafür belobigen, dass sie nur uneigennützige Geschenke in der Transplantation zulassen wollen (vgl. Kliemt 2005)?

Diejenigen Autorinnen und Autoren, die die Legalisierung des Organhandels befürworten, willigen ein, dass ihr Modell nicht optimal und umstritten sei: »Natürlich ist unser Vorschlag nur eine zweitbeste Lösung«, resümieren die Wirtschaftswissenschaftler Christian Aumann und Wulf Gärtner, »aber entspricht sie nicht den Anforderungen unserer Gesellschaft?« (2006: 66). Ähnlich argumentiert Bettina Schöne-Seifert, die eine Parallele zur Diskussion zum Verbot der Prostitution zieht:

»Niemand wolle Zuneigung und Liebe durch käuflichen Sex oder das Motiv der altruistischen Spende durch Profitinteressen ersetzt wissen. Aber wo die jeweils bessere Alternative offenbar nicht hinreichend realisiert werde, ist die Zulassung der schlechteren Alternative noch besser als deren Verbot« (2007: 48).

Der Wirtschaftswissenschaftler Charles Blankart sieht ebenfalls keine realistischen und ähnlich effizienten Mittel, den Organmangel zu beheben, als den Handel mit Organen zu legalisieren:

»Man mag die Marktlösung ablehnen oder nicht (ich teile manche Vorbehalte), doch vor dem Hintergrund des immer weiter um sich greifenden Schwarzmarktes wird sich eine Lösung mit Marktelementen gar nicht vermeiden lassen. Denn effizienter (und ich glaube auch ethisch akzeptabler) als der Schwarzmarkt ist der durch einklagbare Verträge gesicherte offizielle Markt allemal« (2006: 38).

Auch wenn der Organhandel keine wünschenswerte Option bildet, ist er für die Autorinnen und Autoren eine realistische Option, um den Organmangel zu beheben und damit Leben zu retten.

Der staatlich regulierte Organmarkt

Aumann und Gaertner (2006) versuchen nicht nur die Argumente gegen den Organhandel zu entkräften, sondern skizzieren zudem ein Modell eines staatlich regulierten Marktes für Organe von Lebenden. Dieser Organmarkt soll global sein und alle Länder miteinschließen, die sicherstellen können, dass bestimmte Verfahrensvorschriften eingehalten werden. In ihrem Modell werden auf vielfältige Weise Elemente der Gabe mit Elementen der Ware kombiniert. Die Empfängerin oder der Empfänger des Organs erhält beispielsweise weiterhin das Transplantat ohne finanzielle Vergütung. Die Monetarisierung bezieht sich nur auf den Verkauf von Organen. Die Gabe ist zudem dort präsent, wo ein indirekter Altruismus institutionalisiert werden soll: Denn der Erlös für Organe kann auch in einen »Fonds für Organtransplantationen« (2006: 64) eingezahlt werden. Es wird nämlich befürchtet, dass der Organhandel den Organmangel gar nicht beheben könnte. Denkbar wäre nämlich auch, dass es zum Absinken der Anzahl altruistisch motivierter Spenderinnen und Spender kommt, sodass »gelingende ›Ankäufe‹ gewissermaßen negativ kompensiert würden«: »Wenn die Transplantationsmedizin als riesiger geschäftsträchtiger Umschlagsplatz wahrgenommen würde [...], könnten leicht diejenigen von ihrer potentiellen Spendenabsicht abgebracht werden, die damit ein uneigennütziges Geschenk der Liebe hätten machen wollen« (Schöne-Seifert 2007: 46). Um sicherzustellen, dass sich die altruistisch motivierten Spenderinnen und Spender von der Organspende nicht abwenden, könnte eine Koexistenz beider Modelle begründet werden:

»Der Rückzug potentieller Geber ließe sich verhindern, wenn die Gebergruppen streng voneinander getrennt werden. Intrinsisch oder altruistisch motivierte Personen würden sich an eine Organisation oder Agentur wenden, die den Verkaufspreis des Organs in einen Fonds investiert. Streng davon getrennt würde eine andere Organisation oder eine andere Abteilung der gleichen Organisation die kommerziell motivierten Geber betreuen« (Aumann/Gärtner 2006: 64).

Der Vorschlag der Wirtschaftswissenschaftler kombiniert Elemente der Gaben- mit der Warenkultur. Ist eine Person zur Entnahme eines Organs bereit, kann sie sich entscheiden, ob sie das Organ verkaufen oder verschenken will. Mit diesem Modell wird nicht nur der Moralbegriff pervertiert, da Moral zur individuellen Angelegenheit erklärt wird, was dem Gemeinschaftsbezug der Moral widerspricht, sondern es wird auch eine Anrufungsszene entworfen, bei der Individuen nicht als moralische Subjekte adressiert werden, weil die Rationalität des Programms auf der Gabe basiert, etwa im Sinne einer christlichen Liebespflicht. Vielmehr wird davon ausgegangen, dass sich bestimmte Individuen nur anrufen lassen, wenn man sie als moralische Subjekte anruft. Hier begründet die Absicht, den Organpool zu steigern, die Anrufung im Modus der Gabe und keine christliche, gemeinschaftsbezogene und auf Risikokalkül bezogene Rationalität. Wer sich als Organverkäuferin oder als Organverkäufer anrufen lässt, erfährt in diesem Modell allerdings ebenfalls Bestätigung, da dem Ziel, den Organmangel zu überwinden, mit jedem weiteren Organ entgegengekommen wird.

Die Einführung des Marktes hätte den Autoren zufolge zudem den Vorteil, dass die Qualität des Organs geprüft und damit gesichert werden könnte. Ähnlich wie bei Rückenmarktransplantationen könnte eine Informationsbank eingerichtet werden, mit deren Hilfe die »Qualität der ›Ware‹« (Aumann/Gärtner 2004: 213) evaluierbar wäre. Der Preis des Organs würde folglich mit seiner Qualität korreliert. So würden »minderwertige« Organe nur in Notlagen transplantiert, da sie auf dem Markt, der sich an Qualität orientiert, keine »Chancen« hätten (ebd.). Das stellte auch sicher, dass keine Risikogruppen angelockt würden, denen es primär darum ginge, beispielsweise Drogen zu beschaffen. Denn ihre Organe wären auf dem Markt gar nicht gefragt (vgl. Aumann/Gaertner 2006).

Die Modelle, die unter dem Stichwort des Anreizsystems (vgl. Schutzeichel 2006) oder der finanziellen Vergütung der Lebendorganspende (vgl. Breyer et al. 2006) vorgeschlagen werden, unterscheiden sich nur unwesentlich von dem eben skizzierten Marktmodell. Auch in dem Modell von Friedrich Breyer, Wolfgang van den Daele und Margret Engelhard et al. (ebd.) werden Spenderorgane zu staatlich festgelegten und nicht verhandelbaren Preisen entgolten. Hierbei hat ebenfalls das öffentliche Gesundheitssystem das Ankaufmonopol inne. Damit soll gewährleistet werden, dass nur die Spenderin oder der Spender der Organe einen finanziellen Gewinn erzielt und keine Dritten. Die Autoren und die Autorin betonen, dass die Lebendorganspende tatsächlich ein Risiko darstellt und dass sich aus diesem Grund die Entschädigung anbietet. Der Begriff Entschädigung wird von ihnen als treffender beschrieben als der Begriff des Kaufpreises. Denn in dem Begriff der Entschädigung wird berücksichtigt, dass der Gebende ein Opfer auf sich genommen hat, Kaufpreis steht lediglich für die Währung einer Transaktion. Der Begriff der Entschädigung berücksichtigt die mit der Explantation verbundenen Ängste und Risiken. Das von diesem Autorenteam vorgeschlagene Modell unterscheidet sich insofern von den bereits diskutierten Entschädigungs- oder Kompensationsmodellen, als dass die Gegengabe nicht in einer sozialen Leistung wie zum Beispiel im Abschluss einer Versicherung oder in der Auszahlung einer Versicherungssumme besteht, sondern als Geldzahlung erfolgt. Der Unterschied zwischen der Zahlung eines Preises für ein Organ und der Zahlung einer Versicherungssumme als Entschädigung für eine Organspende ist meines Erachtens jedoch gering. Es wird deutlich, dass der Grenzverlauf zwischen Entschädigung und Kaufpreis fließend ist.

Das von Schutzeichel vorgeschlagene Anreizmodell baut auch auf dem Entschädigungs- oder Kompensationsmodell auf. Zunächst soll das Entschädigungsmodell eingeführt werden, sodass alle finanziellen Nachteile, die für die spendende Seite auftreten könnten, abgedeckt sind (vgl. Schutzeichel 2002). Nach der Implementierung dieses Modells und nach eingehender Evaluierung der Zustimmung der Öffentlichkeit sollte dann schrittweise das Anreizmodell eingeführt werden. Die spendende Seite sollte hierbei durch staatliche Kontrollmechanismen in jedem Fall geschützt werden. Mit dem Geld wird lediglich ein Anreiz geschaffen. Es gilt damit nicht als Widerspruch, wenn innerhalb der Gabenökonomie Geld über eine dritte Instanz an den Spender oder die Spenderin fließt. Die Ethikerin Iris Corinna Schutzeichel grenzt das Anreizmodell damit vom Organhandel ab: »Der Spender verkauft sein Organ also nicht wie bei der kommerziellen Organspende, sondern er erhält für die Hergabe seines Organs eine Art Aufwandsentschädigung und Schmerzensgeld« (2002: 159).

Wieder lässt sich die Trennung von Kaufpreis, Schmerzensgeld oder Aufwandsentschädigung nicht klar vollziehen. Beim Entschädigungsmodell wird in der Regel darauf geachtet, dass der Spender oder die Spenderin keinen Schaden nimmt, kein Minusgeschäft macht, sich für ihn oder sie aber auch keine Vorteile ergeben. Anders als bei einer Entschädigung wäre beim Anreizmodell denkbar, dass die Gebenden nicht nur entschädigt, sondern auch einen Vorteil erhalten würden.

Die Warenförmigkeit von Organen als Tabu

Für die Bioethiker Johann S. Ach, Michael Anderheiden und Michael Quante (2000: 189) ist es zunächst nicht erstaunlich, dass in marktwirtschaftlich organisierten Gesellschaften in einer Situation der Knappheit auch über die Einführung des kommerziellen Handels mit Organen nachgedacht wird. Zudem wird dieser Handel in weiten Teilen der Welt bereits legal oder illegal praktiziert. Obwohl Teile des Körpers bei der Herstellung von Medikamenten, Impfstoffen und der kosmetischen Industrie bereits vermarktet werden, wird der Vorschlag nach der Einführung des Organhandels in der Organersatztherapie in Deutschland überwiegend mit Abscheu und Empörung begleitet (ebd.). Gegen die Einführung des Organhandels wird vor allem mit der Integrität des Körpers argumentiert. Monetäre Anreize für Teile des Körpers führen zu einer »Degradierung des menschlichen Körpers zu einer Ware, der Einhalt geboten werden müsse« (Breyer et al. 2006: 134).

Kritikerinnen und Kritiker des Organhandels argumentieren im Anschluss an Kant, dass der Körper und seine Teile nicht instrumentalisierbar und nicht veräußerbar sind. Der Organverkauf komme einer Selbstinstrumentalisierung gleich. Zugleich verletze der Organverkauf die körperliche

Integrität von Menschen. Wer mit seinem Körper Handel treibt, behandelt ihn wie eine Sache und macht sich damit selbst zu einer Sache. Der Handel mit dem eigenen Körper verbietet sich damit, weil er eine Verletzung der »Pflicht des Menschen gegen sich selbst» bildet (Ach/Anderheiden/Quante 2000: 192). Besonders deutlich hat dies der Präses der Evangelischen Kirche in Deutschland, Bischof Huber (2004) formuliert: »Erst werden Organe zur Handelsware, dann der ganze Mensch« (Huber zit. nach Ach/Anderheiden/Quante 2000). Mit der Kommodifizierung des Körpers entstünde ein Dominoeffekt, der die »Käuflichkeit und die damit symbolisierte Materialität von Körperteilen auf die ganze Person, die Gesellschaft und schließlich die gesellschaftlichen Werte übertrage« (Schöne-Seifert 2007: 48).

Die Medizinethikerin Bettina Schöne-Seifert begründet die Tabuisierung des Verkaufs von Organen allerdings eher mit der symbolischen Bedeutung von Körpern und nicht mit empirischen Befunden oder der Überzeugungskraft theoretischer Argumente. Entsprechend bildet der Organhandel eine »Symbolverletzung« (2007: 49). In einer Parallele zur Debatte über die Verwendung von menschlichen Leichnamen zu Forschungszwecken argumentiert sie, dass in der Ablehnung nicht nur berechtigte Interessen befriedigt werden, sondern versucht wird, ein Symbol zu schützen (ebd.). Die Kommodifizierung des Körpers stellt eben (noch) ein gesellschaftliches Tabu dar. Symbole sind nicht bedeutungslos, sie lassen sich allerdings grundsätzlich anzweifeln (vgl. Schöne-Seifert 2007).

Auch die Autoren Breyer, van den Daele und Engelhard et al. (2006) sind sich zwar bewusst, dass es »unveräußerliche Dinge geben muss und dass der menschliche Körper als Ganzes dazugehört« (ebd.: 107). Vergessen werden dabei jedoch die Bedürfnisse der Patientinnen und Patienten. Auch für Aumann und Gärtner sind Organe von Menschen etwas anderes als normale Güter. Da Nieren paarig angelegt sind, kann die Entnahme einer Niere allerdings nicht als so gravierend eingestuft werden (vgl. Aumann/Gaertner 2006).

Do-ut-des-Beziehungen: Von der Gaben- zur Warenkultur?

Aus der Perspektive der Befürworterinnen und Befürworter der Einführung ökonomischer Anreize sind die starken Vorbehalte gegen die Einführung von ökonomischen Anreizen widersprüchlich. Hartmut Kliemt argumentiert, dass die meisten Einwände, die gegen den Organhandel ins Feld geführt werden, auch für die Organspende gelten (vgl. Kliemt 2005). Denn das entscheidende Kriterium ist nicht das Geld, sondern die Tauschreziprozität. Für Kliemt gibt es damit keine fundamentalen ethischen Einwände gegen Zahlungen für Organe (vgl. 2005). Denn wenn Do-ut-des-Beziehungen in der Organtransplantation befürwortet werden, dann ist die Ablehnung von Entgeltlichkeit für bestimmte Beziehungen nicht konsequent, so der Rechtsphilosoph (vgl. Kliemt 2007): »Wenn man Entgeltlichkeit für bestimmte Beziehungen ablehnt, dann sollte man auch ›do ut des‹-Beziehungen dieser Art ablehnen« (ebd.: 105).

Des Weiteren ist der Verkauf von Organen noch kein hinreichender Grund zu der Annahme, dass der Verkauf aus eigennützigen Gründen erfolgt. Auch wenn Organe ohne Bezahlung vergeben werden, bedeutet dies nicht zwangsläufig, dass sich die Handlung an altruistischen Motiven orientiert:

»Der Vater, der in einem Drittweltland seinen Kindern eine Ausbildung ermöglichen will, vollzieht dies – selbst dann, wenn er auf die Fürsorge der Kinder im Alter angewiesen ist, kaum aus egoistischen Motiven. [...] Vor allem aber wäre es in diesem Falle völlig klar, dass die Lebendorganspende zwischen Verwandten ebenso eigennützig wäre wie der Verkauf eines Organs zwischen Fremden« (ebd.: 175).

Ebenso verhält es sich, wenn eine Frau an ihren Ehemann spendet. Wenn der Mann der Hauptemährer der Familie ist, dann ist es denkbar, dass sich die Frau aufgrund egoistischer Interessen, wie der Wahrung des Lebensstandards, für die Spende entschieden hat. Es gibt zudem eine weit verbreitete Auffassung, nach der die Entgegennahme von Geld für den Gebrauch des eigenen Körpers für das Individuum schädlich ist, wie im Zuge der Prostitution oder des Verkaufs von Körperteilen. Es ist jedoch unklar, so Kliemt, warum Zahlungen schädlich sein sollen: »Warum soll Geld, das wir in allen möglichen anderen Kontexten ohne Gefährdung der Autonomie nutzen können, in anderen Kontexten auf eine nicht autonome Handlung hindeuten?« (2007: 100). Ein Argument, welches hierbei oft angeführt wird, ist, dass denjenigen, denen Geld angeboten wird, ein Schaden entstehen kann, da sie einem Zwang ausgesetzt werden. Warum wird über den entstehenden Schaden nicht bei jenen nachgedacht, die ihre Organe verschenken wollen?

Auch wird angemerkt, dass die Freiwilligkeit der Verkäuferin oder des Verkäufers beim Organhandel nicht gesichert werden kann, da Menschen sich aus ökonomischen Gründen gezwungen sehen könnten, ihre Organe zu verkaufen (vgl. Ach/Anderheiden/Quante 2000). Die Ausbeutung von Menschen und ihre Reduzierung auf Verwertbarkeit würde eine »neue Eskalationsstufe« erreichen (ebd.). Doch auch wenn ärmere Menschen zu ihrer Existenzsicherung ein Organ veräußern würden, wäre es fragwürdig, so Schöne-Seifert (2007), ihnen diese Option vorzuenthalten. Breyer (2002) wirft ein, dass dieses Argument zudem in Deutschland nicht triftig ist, da aufgrund der Möglichkeit des Bezugs von Sozialleistungen kein Mensch darauf angewiesen ist, eine Niere zu verkaufen.

Für Hartmut Kliemt muss die Entscheidung für einen Verkauf nicht mit einem Zwang einhergehen. Im Falle der Hergabe von Organen könnte man auch nicht das Argument ins Feld führen, dass übereilte Entschlüsse gefällt werden, die sich nicht rückgängig machen lassen. Diese wären auch im Falle der freiwilligen Hergabe von Organen denkbar. Es sei merkwürdig, dass in den Debatten zur Organtransplantation nie die Sorge zu hören ist, dass »Menschen zum Opfer ihres eigenen übereilten Altruismus werden könnten« (Kliemt 2007: 101). Dabei stellt sich diese Gefahr gerade in der Lebendorganspende, wo Angehörige häufig keine Möglichkeit sehen, sich gegen die Spende zu entscheiden (vgl. Breyer 2002). Kliemt warnt aus diesem Grund vor einer Romantisierung der Lebendorganspende. Die Sicherstellung der Autonomie des Spenders oder der Spenderin ist in der Kultur der Gabe viel unsicherer als unter ökonomisch geregelten Bedingungen:

> »In allgemeinen wirtschaftlichen Beziehungen geht man […] davon aus, dass ein Hauptindikator für die Autonomiewahrung darin besteht, dass sich Leistung und Gegenleistung einigermaßen und nach landläufigen Maßstäben zu entsprechen scheinen. Unter diesem Gesichtspunkt ist beispielsweise die Verwandtenspende unter Lebenden, die von unseren Rechtsordnungen normalerweise erlaubt wird, gegenüber der auf einen Organhandel hinauslaufenden bzw. durch den Verkauf erzeugten Spendenbereitschaft, die regelmäßig verboten wird, eindeutig fragwürdiger« (Kliemt 2002: 10).

Auch die Wirtschaftswissenschaftler Aumann und Gaertner wundern sich darüber, dass der Gesetzgeber den Individuen abspricht, eine mündige Entscheidung über den Verbleib der Organe zu treffen. Gerade wenn die Angehörigen mitbekommen, dass die Dialyse keine wirkliche Option für den Patienten oder die Patientin bildet, stehen sie unter großem Druck. Wenn ein »mündiger, unbeteiligter Verkäufer die Konsequenzen [des Organverkaufs, M.M.] nicht angemessen beurteilen« kann, so das Resümee von Aumann und Gaertner, dann »kann es ein emotional betroffener Verwandter vermutlich erst recht nicht« (2006: 61). Bevor der Organhandel vorschnell als unmoralische Option abgetan wird, sollte die Forderung nach der Unveräußerlichkeit des Körpers vor dem Hintergrund und der Notwendigkeit, den Organmangel zu beheben, betrachtet werden:

»Natürlich kann die Gesellschaft entscheiden, dass sie solche Kontrakte nicht zulassen möchte, dass solche Vertragsabschlüsse der Würde des Menschen zuwiderlaufen, den Menschen zu einem ausbeutbaren Ersatzteillager werden lassen. Menschen bzw. Teile eines Lebenden seien als unveräußerlich anzusehen. Ist dieses ein paternalistisches Argument oder sind negative Externalitäten im Spiel, die von der Gesellschaft unter keinen Umständen geduldet werden können? Auf jeden Fall wäre ein solcher Einwand sehr sorgfältig vor dem Hintergrund der [...] Besorgnis erregenden Organknappheit zu begründen« (ebd.: 106).

Hoffnungsvoll resümieren Breyer, van den Daele und Engelhard et al., dass die »Tabus von heute die Selbstverständlichkeiten von morgen« sind (2006: 107): »In der Organtransplantation werden in Zukunft womöglich auch ganz neue Selbstverständlichkeiten herrschen. Man sollte der Gesellschaft hier Zeit und Raum geben, sich zu entwickeln, nicht möglichst viele rechtliche Fakten schaffen, die man später nur mehr schwer revidieren kann« (ebd.). Auch Kliemt beschreibt die Abwehr gegenüber der Kommodifizierung des humanen Körpers als unbegründet und vergleicht sie mit den »früher oft geäußerten Sorgen über die ›gesellschaftszersetzenden‹ Wirkungen homosexueller Praktiken unter Erwachsenen« (2007: 95). Er resümiert: »Es wird nicht zum Untergang des Abendlandes kommen, wenn Bürger dazu ermächtigt werden, über die Nutzung neuer medizinischer Techniken in ihrem eigenen Leben zu befinden« (ebd).

Autonome Organverkäuferinnen und Organverkäufer

Das Programm des legalen Organhandels basiert auf dem Bestreben, den Organmangel zu überwinden. Individuen werden als autonome Organverkäuferinnen und -verkäufer entworfen, die mündig genug sind, eine rationale Entscheidung zu treffen. Ihre körperliche Integrität bedarf keines staatlichen Schutzes. Staatlich geschützt werden sollen sie vielmehr vor der ›Gefahr‹, auf ein Spenderorgan angewiesen zu sein. Dem Staat obliegt es hier, alle Menschen mit Spenderorganen versorgen zu können. Vor diesem Hintergrund sollen Individuen ein Höchstmaß an Freiheit erhalten, über ihre Körper zu verfügen. In dem Modell von Aumann und Gaertner können sie sich entscheiden, ob sie ihre Organe verschenken oder verkaufen möchten. In den Diskurs des Organmangels tritt zudem der Gedanke, dass die Organe des Menschen in Bezug auf ihre Qualität bewertet werden können. In der Organspende bildet jedes Transplantat ein willkommenes Geschenk, im Organhandel wird der Preis des Organs über seine Qualität bestimmt. Damit entsteht die Unterscheidung von besseren und schlechteren Organen im Körper des Menschen.

Anders als beim Clubmodell können Individuen nicht eine private Gemeinschaft begründen, um Risiken zu kalkulieren. Denn das Ankaufmonopol hat der Staat. Der Organverkauf wird den Individuen als gute Tat vermittelt, da sie helfen, den Organmangel zu beheben. Das Verkaufen des Organs ist nicht an eine konkrete Person gerichtet, sondern an eine globale Solidargemeinschaft. Mit dem Modell, dass Organe verkauft werden, sie jedoch trotzdem umsonst empfangen werden können, lässt sich allerdings nicht ›Gesundheit‹ oder ein ›langes Leben‹ kaufen. Im Zugang zu Organen gibt es keine Abweichung vom Solidaritätsprinzip wie etwa im Clubmodell. Der Handel bezieht sich nur auf die Phase der Organbeschaffung. Der Verkauf wird zudem als verantwortliche Handlung für eine Gemeinschaft vermittelt. Die Profanierung des Körpers, die Vorstellung von Organen als Waren, fundiert das Gebot für eine Solidargemeinschaft immer ausreichend Transplantate zu haben. Dieses Programm erklärt das medizinisch Machbare zum gesellschaftlich und staatlich Notwendigen.

2.10 Der Diskurs des Organmangels: Von der Fürsorge zur Vorsorge?

Den Diskurs des Organmangels kennzeichnet den Versuch, den Pool an Organen zu erhöhen, ohne Marktprinzipien einführen zu wollen. Es herrscht das Ziel vor, an der »Kultur der Gabe« (van den Daele 2007: 127) festzuhalten. Streng genommen lassen sich jedoch in jedem Programm Aspekte anführen, warum der Rekurs auf die Gabe gabentheoretisch betrachtet widersprüchlich ist. So lässt sich zum Beispiel auch das Programm des Organhandels nicht als reine Warenökonomie in den Blick nehmen. Auch sind starke Zweifel berechtigt, ob Organe im Programm der Erweiterten Zustimmungsregelung in der Leichenspende überhaupt als unbedingte Gaben erfolgen. Schließlich ist zum Zeitpunkt der Spende die Spenderin oder der Spender bereits hirntot. Ich argumentierte jedoch, dass das Leichenorgan als unbedingte Gabe an eine vorgestellte Solidargemeinschaft aufgefasst werden kann, wobei die Solidargemeinschaft nicht national ist, sondern die Länder von *Eurotransplant* umfasst.[57] Zudem sollte es nicht darum gehen, welches Modell richtig oder falsch ist und welches Modell eine Kultur der Gabe am ehesten einlöst, sondern vielmehr darum *wie*, auf die Gabe Bezug genommen wird und welche Körperkonstruktionen und Subjektformen dabei entworfen werden. Meine These in Bezug auf die Analysekategorie der Regierung lautete, dass Individuen im Diskurs des Organmangels auf vielfältige Weise als veräußerbare und gebende Subjekte angerufen werden. Diese These soll im Folgenden zusammenfassend diskutiert werden (vgl. Tabelle 1). Ich rekapituliere an dieser Stelle nicht noch einmal alle Programme, vielmehr diskutiere ich drei ausgewählte Aspekte: Die Verfügbarkeit der Körper in Teilen, Anrufungen und biopolitische Regierungen.

Die Verfügbarkeit der Körper in Teilen

Im Diskurs des Organmangels ist zunächst auffällig, dass Leibdimensionen nur eine marginale Rolle spielen. Wenn Leibaspekte im Diskurs des Organmangels benannt werden, dann nur von Autoren der christlichen Sozialethik und auch nur, um zu bekräftigen, dass tote Menschen aufgehört haben, in ihrem Leib zu sein. Wenn betont wird, dass Lebendorganspenden

57 Bei den Anrufungen wird die Gemeinschaft jedoch nicht weiter ausgeführt. In Andersons Überlegungen zur vorgestellten Gemeinschaft spielt Mythenbildung eine zentrale Rolle, sodass Menschen, auch wenn sie sich nicht kennen, sich als Gemeinschaft erfahren können (vgl. Anderson 1998). In der Organspende bleibt dies jedoch auch aus. Vermutlich wissen die wenigsten Menschen, dass der beklagte zu geringe Organpool nicht national begrenzt ist.

herausragende Gabe bilden, dann bezieht sich dies nicht auf Leibaspekte des Transplantats, die in der Empfängerin oder im Empfänger auf die spendende Seite verweisen, sondern auf den Bruch mit dem medizinischen Prinzip des Nichtschadens. Teile des Körpers als veräußerbare Materialität, so lässt sich an dieser Stelle festhalten, werden kaum Leibdimensionen zugesprochen. Dies ist verwunderlich, da in der medizinanthropologischen Forschungsliteratur vielfach belegt wurde, dass Organtransplantationen durchaus auch als Leiberfahrungen erlebt werden. Dies bedeutet jedoch nicht, dass Organe profaniert werden. Zahlreiche Autorinnen und Autoren betonen, dass der Körper keine Sache wie jede andere ist. Warum dies nicht so ist, bleibt in der Regel jedoch unbegründet. Autoren der christlichen Sozialethik begründen diese Argumentation damit, dass der Körper die Existenzweise des Menschen ist. Sie beziehen ihre Überlegungen jedoch nur auf die postmortale Spende, bei der ihnen zufolge der Mensch aufgehört hat, in seinem Leib zu sein. Für die Lebendorganspende wird dieser Gedanke nicht ausgeführt.

Der Diskurs des Organmangels konstruiert den Körper in Teilen überwiegend als Gabe. Allerdings unterscheidet sich die somatische Gabe in den jeweiligen Regelungen sehr stark. Das Programm der Erweiterten Zustimmungsregelung in der Lebendorganspende konzipiert Organe als bedingte Gabe, da die Empfängerin oder der Empfänger feststeht. Für die Lebendorganspende wird auch die Vorstellung einer reinen Gabe entworfen, die gabentheoretisch allerdings keinen Bestand hat. Die reine Gabe bilden Organspenden von Menschen, die geben, weil sie altruistisch sind und anderen helfen wollen. Die reine Gabe hat als Vorbild den barmherzigen Samariter und wird damit christlich fundiert. Der individuelle Zugewinn der gebenden Seite scheint unbedeutend. In den eben genannten Programmen bilden Organe aus Lebendorganspenden sakrale Gegenstände, sie dürfen auf keinen Fall verkauft werden. Im Programm der Aufhebung der Subsidiarität sind Organe keine seltenen und herausragenden Gaben, die von den Angehörigen in einem Akt der Großzügigkeit verschenkt werden, das Geben von Organen ist vielmehr eine Selbstverständlichkeit. Damit werden Organe profaniert. Organe erhalten zwar nicht den Charakter von Waren, allerdings sind sie keine herausragenden Gegenstände mehr, sondern alltägliche Gaben, die im Prinzip jeder nahe Angehörige als Selbstverständlichkeit geben müsste. Auch das Programm der Widerspruchsregelung profaniert Leichenspenden. Es konstruiert Organe als unbedingte und routinisierte

Gaben, was sie zu gesellschaftlichen Gütern macht. Dieses Programm verstaatlicht die Organe des toten Körpers. Durch diese Routinisierung wird die Gabe pervertiert. Bourdieu (1993) und Mauss (1990) verweisen gerade auf die Triade des Gebens, Nehmens und Erwiderns. Dieses Programm legt somit das zeitliche Intervall offen, dass sonst nicht erfahrbar ist. Das Programm der Solidar-, Motivations- oder Vorsorgeregelung konzipiert Organe als kalkulierte Gegengaben. Das Organ, das ich erhalte, ist die Gegengabe auf die vorher bekundete Bereitschaft, ein Organ nach dem Tod zu veräußern. Gegeben wird aus Vorsorge, auf ein Organ angewiesen sein zu müssen. Das Organ als kalkulierte Gabe erfährt im Programm des Clubs eine Radikalisierung: Das Organ bildet hier eine Währung, die den Eintritt in einen Organclub ermöglicht. Im Organclub ist das Clubgut eine Ressource für andere, aber auch ein Risiko im Körper des Gesunden. Das Gebot des Unternehmerischen, mögliche Risiken zu kalkulieren, tritt hier in die Körper ein. Das Organ bildet hierbei nicht Bestandteil des Leibes, sondern wird zum Eigentum, dessen Chancen und Risiken kalkuliert werden müssen. Der Club radikalisiert, was im Programm der Vorsorge bereits angelegt war: dass der Körper gleichermaßen zu einem Ort der Risikokalkulation wird und auch zur Ressource, die Risiken kalkulieren zu können. Das Programm des staatlichen Organhandels veräußert Organe schließlich als Waren. Organe sind hier in der Marktsphäre angekommen. In diesem Programm können aber auch Organe gegeben werden. Zudem ist nur das gegebene Organ eine Ware, das Organ, das empfangen wird, ist nicht käuflich, sondern eine staatliche unbedingte Gabe.

Anrufungen als veräußerbare Subjekte

Die Frage, die sich in Bezug auf Anrufungen stellt, lautet, wer die Anrufungen unternimmt. Wer ist die Instanz der Anrufung? Und wie wird adressiert: Mit welchen Subjektformen werden Individuen als Organspenderinnen und Organspender angerufen?

Die ersten drei Programme, soweit sie sich auf die Lebendorganspende beziehen, unternehmen keine Anrufungen. Sie werben nicht für sie. Paradoxerweise würdigen sie Lebendorganspenden allerdings als herausstehende Taten. Wer sich für die Organspende entschließt, spendet als außergewöhnlich gut Handelnder. Das Programm der Erweiterten Zustimmungsregelung legt die postmortale Spende den Individuen dagegen nahe.

Sie werden nicht gezwungen, aber ihnen wird vermittelt, dass sie eine moralisch gebotene und verantwortliche Handlung unterlassen, die dazu führen kann, dass Menschen sterben oder weiterhin Leid erfahren, obwohl sie dies verhindern könnten. Ihnen wird eine Freiwilligkeit versichert. Allerdings wird ihr Handlungsfeld vorstrukturiert, da die Negation der Spende in Verbindung mit dem Leid und dem Tod anderer gebracht wird. Die Anrufungsinstanzen sind insbesondere die Kirchen und die *Deutsche Stiftung Organtransplantation*. Aber auch über Bekannte, TV-Werbungen oder Zeitungsartikel können Individuen als Organspenderinnen und Organspender angerufen werden. Es gibt hierbei allerdings keine zentrale Anrufungsinstanz, die regelmäßig und für alle vernehmbar um Organspenden wirbt. Das Programm der Ausweitung der Subsidiarität vermittelt den nahen Angehörigen die Lebendorganspende als Selbstverständlichkeit. Das medizinische Personal spricht sie als prinzipiell veräußerbare Subjekte an. Die Lebendorganspende bildet, anders als in den eben genannten Programmen, keine herausragende Handlung, sondern eine Selbstverständlichkeit unter nahen Angehörigen. Das medizinische Personal ist hierbei die Anrufungsinstanz. Es fragt die Angehörigen, ob sie Organe spenden möchte, und koordiniert zudem den Verlauf der Entscheidung, wer sein Organ veräußert.

Im Programm der Widerspruchsregelung bildet in einer ersten Übergangsphase der Staat die Anrufungsinstanz. Für alle vernehmbar soll die Widerspruchsregelung eingeführt werden, sodass in einer zweiten Phase überhaupt keine Anrufungen mehr erfolgen. Dieses Programm setzt die Bereitschaft und damit auch die Freiwilligkeit voraus. Die Anrufungen, die ich bisher skizzierte, waren alle von der Motivation getragen, mit der Organspende anderen zu helfen. Das Programm des Organclubs und auch das Programm des Vorsorgeprinzips gehen nicht von der *Fürsorge* für andere aus, sie formuliere die *Vorsorge* als moralisch gebotene Handlung. Als Unternehmerinnen und Unternehmer ihrer selbst sollen Individuen ihre gesundheitlichen Risiken berechnen. Das Eintreffen einer Organinsuffizienz ist nicht mehr ein kontingentes Ereignis, sondern ein kalkulierbares Risiko. In der *Community* des Organclubs können Individuen ihre Organe als Ressourcen einbringen und auf diese Weise ihr Risiko, zukünftig auf ein Spenderorgan angewiesen zu sein, präventiv kalkulieren. Das Clubmitglied muss sich nicht mehr auf das staatliche Gesundheitssystem verlassen, die Verantwortung für die Gesundheit ist in diesem Programm privatisiert. Die Anrufungsinstanzen bilden einerseits der Club und auch der neoliberale Staat, der Individuen als unternehmerische Subjekte aufruft und ihnen nahelegt, ihre Risiken selbst zu kalkulieren.

Im Programm des staatlich regulierten Organhandels hat dagegen Priorität, dass der Staat Individuen mit ausreichend Spenderorganen versorgen kann. Der Staat ist die zentrale Anrufungsinstanz, der nicht mehr die körperliche Integrität der Individuen schützt, sondern vielmehr garantiert, dass jeder Bedürftige ein Spenderorgan vom Staat erhält. Ein Organverkauf gilt hier nicht als unmoralische Handlung. Im Gegenteil: Da Organverkäufer helfen, den Organmangel zu überwinden, ist er ein Dienst an der Gemeinschaft.

Biopolitisches Regieren

Im Zentrum der folgenden Überlegungen steht die Frage, welche politischen Rationalitäten und damit verbunden welche Formen von Staatlichkeit die Programmen entwerfen. Welche Bedeutung hat der Staat in dem Bemühen, die Lebensprozesse der Individuen zu optimieren?

Im Programm des staatlichen Organhandels hat das Bemühen höchste Priorität, jedem Menschen die Möglichkeit zu geben, den Tod durch ein Spenderorgan hinauszuzögern. Das Programm der Erweiterten Zustimmungslösung hält dagegen Menschen mit moralischen Geboten dazu an, Organe zu geben. Das Bemühen, dass alle, die ein Organ brauchen, auch eines erhalten, hat jedoch keine Priorität. Der Organclub privatisiert die Vorsorge, die in den anderen Fällen der Staat übernimmt. Wer jemals auf ein Spenderorgan angewiesen ist, ist selbst schuld, wenn er nicht in einen Organclub eingetreten ist. In den Diskurs des Organmangels tritt auch die Forderung, Individuen möglichst viele Verfügungsrechte über ihre Körper zu geben. Der Staat soll hierbei nicht paternalistisch auftreten und die Organentnahmen behindern. Organtransplantationen werden Individuen hier als eine Technologie vermittelt, für die sie mehr Verfügungsrechte begehren sollten.

Der Diskurs des Organmangels als Ort des Regierens im Zuge der Ökonomisierung des Sozialen ist damit nicht von einer eindeutigen Tendenz gekennzeichnet, nach der klipp und klar die Privatisierung von Gesundheitsgütern gefordert würde. Nur das Programm des Organclubs und des Vorsorgeprinzips verlangen eine Privatisierung. Alle anderen Programme räumen dem Staat das Monopol über Organspenden ein. Die Widerspruchsregelung radikalisiert hierbei das staatliche Monopol, denn in diesem Programm kommen alle Organe, die Hirntoten entnommen werden, automatisch in staatlichen Besitz. Von dort aus gelangen sie an die Organisation *Eurotransplant*, die die Organe in den europäischen Nachbarländern verteilt. Das Programm des staatlichen Organhandels stärkt sogar die Rolle des Staates bei der Verteilung von Gesundheitsgütern. Denn es strebt an, möglichst jedem Menschen bei Bedarf ein Organ zur Verfügung zu stellen. Während fortgeschritten liberalen Gesellschaften diagnostiziert wird, dass Gesundheit und Krankheit sukzessive zu einer Privatsache werden, lässt sich im Diskurs des Organmangels ein ambivalenter Status ausmachen: Überlegungen, Organe zu privatisieren und Organclubs zu begründen, werden vorgestellt und auch gefordert, allerdings findet sich in der Mehrheit der Programme die Vorstellung eines starken Staates, der über die Organe von Lebenden und Verstorbenen wacht und sie verteilt.

Wenn man mit dem Regierungsbegriff akzentuiert, dass Regieren bedeutet, das Handeln der Individuen vorzustrukturieren, lässt sich festhalten, dass für die Organspende weiterhin die Anrufung als gebendes, moralisches und verantwortliches Subjekt Gültigkeit hat. Die Privatisierung von Organen und damit die Radikalisierung der Verfügbarkeit über Körper bildet offenbar ein zu großes Tabu. Die Frage, die in der Überschrift angelegt ist, ob im Diskurs des Organmangels die Fürsorge für andere von der Vorsorge des Einzelnen abgelöst wird, kann zwar nicht eindeutig verneint werden. Diese meisten Programme halten jedoch an der Idee der Fürsorge fest.

Nach den theoretischen Überlegungen zur Analysekategorie der Gabe und auch nach den Einwänden der Organhandelsbefürworterinnen und -befürworter wurde jedoch auch deutlich, dass die Gabe nicht als bessere oder humanere Gegenspielerin zur Ware beschrieben werden kann. Wenn die Ware mit Zwängen assoziiert wird, da Menschen gezwungen sein können, ihre Organe verkaufen zu müssen, gilt dies auch für die Gabe: Für manche kann es subjektiv keine Alternative zur Lebendorganspende geben. Dieser Zwang kann unter anderem aus ihrer sozialen Rolle resultieren. Diese Frage soll nun verfolgt werden: Wer spendet?

Tabelle 1: Zusammenfassung: Der Diskurs des Organmangels

Programme	PMS/ LOS*	Körperteil	Rationalität	Subjektform
Erweiterte Zustimmung	PMS	(moralisch verpflichtende) unbedingte Gabe	(christliche) Moral, Orientierung an der Gemeinschaft	moralisches und verantwortungsvolles Subjekt
	LOS	bedingte Gabe	(christliche) Moral, Nächstenliebe	außergewöhnlich gut Handelnde
anonyme Spende	LOS	reine Gabe	(christliche) Moral, Fernstenliebe	außergewöhnlich gut Handelnde
Überkreuzspende	LOS	antizipierte/ indirekte Gabe	(christliche) Moral, Nächstenliebe	außergewöhnlich gut Handelnde
Aufgabe der Subsidiarität	LOS	bedingte routinisierte Gabe	Normalität	routinisiert gebende nahe Angehörige
Widerspruchsregelung	PMS	unbedingte routinisierte Gabe/ gesellschaftliche Güter	Normalität	prinzipiell veräußerbares Subjekt
Solidar-, Motivations- und Vorsorgeregelung	PMS	kalkulierte Gegengabe	Vorsorge, Solidarität	verantwortungsvolle Subjekte
Clubregelung	PMS	privates Clubgut	Sicherheit, Freiheit, Autonomie	Risikokalkulierendes Clubmitglied
Entschädigung/ Kompensationsregel	LOS	Institutionalisierte Gegengabe, Opfer an die Gemeinschaft	Moral, Sicherheit	sich opfernde und Gerechtigkeit erfahrende Subjekt
Markt für Organe	LOS	Ware unbedingte Gabe	Freiheit, Autonomie	autonomer Organverkäufer

* PMS = postmortale Spende; LOS = Lebendorganspende

IV Wer gibt? Geschlecht und Ethnizität in der Organspendebereitschaft

Im Folgenden entwickle ich die Argumentation, dass auch, wenn die Programme und damit zusammenhängend die Anrufungen in der Organspende in Bezug auf Geschlecht und Ethnizität neutral formuliert werden, die Annahmen geschlechtlich und ethnisch codiert erfolgen. Um dies zu entfalten, unternehme ich eine multidisziplinäre Literaturanalyse des internationalen Forschungsstandes zur Organspendebereitschaft. Die Arbeiten, aus denen ich im Folgenden referiere, sind überwiegend in den Gesundheitswissenschaften, das heißt in der Public-Health-Forschung, der Epidemiologie, Psychologie und der Medizinanthropologie entstanden. Zum Forschungsstand ist anzumerken, dass kaum Untersuchungen zur Organspendebereitschaft in Deutschland vorliegen. In den USA und in geringerem Maße auch in Großbritannien findet dagegen seit zwei Jahrzehnten eine intensive Debatte darüber statt, wer Organspenderin und Organspender wird und warum bestimmte soziale Gruppen kaum Organe spenden. Während sich der rekonstruierte Diskurs des Organmangels auf die Regelung in Deutschland bezieht, wird folglich in diesem Kapitel die Perspektive auf die internationale Debatte erweitert. Inwieweit die Daten zur Organspendebereitschaft, die aus dem institutionellen Setting der jeweiligen Länder resultieren, auf Deutschland übertragbar sind, lässt sich an dieser Stelle jedoch nicht klären.

Wie bereits dargelegt (II.2.3), wird in der Gabenforschung bestätigt, dass es große Geschlechterunterschiede gibt: Frauen gelten als das Geschlecht, das stärker in Praktiken des Gebens eingebunden ist. Bevor erläutert wird, welchen Einfluss Geschlecht und auch Ethnizität bzw. Rasse auf die Organspendebereitschaft haben, sollen diese Kategorien zunächst problematisiert werden.

Vorbemerkungen zu den Kategorien Geschlecht und Ethnizität/›Rasse‹

Spätestens seit den späten 1980er Jahren wird in der Geschlechterforschung eine intensive Debatte darüber geführt, wie über die Kategorie Geschlecht geforscht werden kann, ohne diese zu reifizieren (vgl. Gildemeister 1992; Hageman-White 1988). Ein häufig an die quantitative Sozialforschung gerichteter Kritikpunkt lautet, dass nicht gegenstandsangemessen über Geschlecht geforscht, sondern lediglich ein Sex-Counting-Approach verfolgt wird (vgl. Jahn 2003). Im Sex-Counting-Approach stehen die Häufigkeitsverteilungen nach der Geschlechtszugehörigkeit im Mittelpunkt. Es wird davon ausgegangen, dass Daten schlicht für Männer und Frauen getrennt ausgewertet werden können, ohne dass deren Geschlechterrelevanz berücksichtigt werden muss. Es wird Wissen über sex generiert, das nicht in Bezug zu gender gesetzt wird. Insbesondere in der qualitativen Geschlechterforschung, aber auch in der quantitativen geschlechtersensiblen Gesundheitsforschung steht dieser Ansatz in der Kritik. Denn wenn nur Häufigkeiten erforscht und diese Befunde auf Männer und Frauen generalisiert werden, führt dies zu geschlechterbezogenen Verzerrungseffekten, die als Gender Bias bezeichnet werden (vgl. Eichler/Fuchs/Maschewski-Schneider 2000).

Problematisch erweist sich des Weiteren die Kategorie Ethnizität bzw. ›Rasse‹. In der deutschsprachigen Forschung wird in der Regel auf den Rassebegriff verzichtet, da er als nationalsozialistische Vokabel assoziiert wird. In der englischsprachigen Forschung werden *ethnicity* und *race* häufig synonym verwendet. Beide Kategorien werden allerdings nur selten definiert, zudem wird kaum offengelegt, wie die Kategorie erhoben wurde. Die in der Regel untertheoretisierte Verwendung von Ethnizität oder ›Rasse‹ ist höchst problematisch, da sie Gefahr läuft, einen biologischen Rassebegriff zu unterfüttern (vgl. Lee 2009; AG gegen Rassismus in den Lebenswissenschaften 2009). Seit dem *UNESCO-Statement on Race* (1949) gilt die Annahme von menschlichen Rassen als wissenschaftlich nicht haltbar (vgl. Palm 2009; Duster 2003). Wenn man nun Ethnizität und ›Rasse‹ nicht als biologische Fakten, sondern als soziale Konstruktionen beschreibt, sollte dies jedoch nicht darüber hinwegtäuschen, dass diese Konstruktionen einen substantiellen Effekt auf schwarze wie weiße Menschen haben (vgl. Duster 2003). Die französische Sozialwissenschaftlerin Collette Guillaumin bringt die Wirkmächtigkeit der sozialen Kategorie Ethnizität bzw. ›Rasse‹ auf den Punkt: »Race does not exist, but it does kill people« (1995: 107). Dass Ethnizität bzw. ›Rasse‹ überhaupt erhoben wird, ist zunächst sinnvoll und wichtig, allerdings führen Befunde über Ethnizität häufig zu irrtümlichen und gefährlichen Schlüssen (vgl. Duster 2003).

Wie ich bereits ausführte (vgl. II.1.3), war eine zentrale Forderung der Frauengesundheitsbewegung der 1970er Jahre, Daten von Frauen in klinische Studien zu integrieren. Unter Bezug auf diese Forderungen verabschiedete der US-Kongress 1993 den *Revitalization Act*. Er sah vor, dass fortan alle vom *National Health Institute* (NHI) finanzierten klinischen Studien, Frauen und eben auch Angehörige von Minderheiten einbeziehen müssen. Davon versprach sich der US-Kongress Befunde darüber, ob eine medizinische Therapie bei weißen Männern andere Ergebnisse erzielt als bei weißen Frauen und Angehörigen ethnischer Minderheiten. Diese Regelung war Ausdruck des Bestrebens, die bislang vorherrschende Orientierung am weißen Mann als universellen Patienten zu vermeiden und medizinische Forschung und Therapie stärker als zuvor an individuellen Bedürfnissen auszurichten. Wie die US-amerikanische Biowissenschaftlerin Anne Fausto-Sterling (2004) argumentiert, hatte diese auf Antidiskriminierung abzielende Maßnahme jedoch einen biologisierenden Effekt: Diese Regelung beförderte eher die Annahme, biologische anstatt sozioökonomische Erklärungen seien für Unterschiede von Menschen verantwortlich. Die Aussage, dass in den USA schwarze Menschen ein höheres Risiko haben, an Diabetes zu erkranken, legt zum Beispiel nahe, das Risiko sei durch biologische Faktoren wie zum Beispiel ihre Gene bedingt. Dagegen wird erhöhter Bluthochdruck von schwarzen US-Amerikanerinnen und -Amerika-nern als physiologische Reaktion auf die Zumutungen und den Stress zurückgeführt, den es bedeutet, als schwarzer Mensch in den USA zu leben. Rassistische Erfahrungen können folglich Wirkungen erzeugen, die auf der Ebene sozialepidemiologischer Variablen feststellbar sind: »In other words, it is not that different biological processes underlie disease formations in different races, but that different life experience activates physiological processes common to all, but less provoked in some« (Fausto-Sterling 2004: 26). So lässt sich auch am Beispiel der Organspendebereitschaft zeigen, dass bei der Frage nach dem Einfluss von Ethnizität oder ›Rasse‹ die soziale Erfahrung, als Minderheit in einer Mehrheitsgesellschaft zu leben, Einfluss darauf hat, ob man sich für oder gegen die Organspende entscheidet. Die Aussage, dass schwarze US-Amerikaner seltener als weiße US-Amerikaner Organe spenden, könnte allerdings eine essentialistische Erklärung nahelegen.

1 WER HAT EINEN ORGANSPENDEAUSWEIS? ›POSTMORTALE ORGANSPENDEN‹

Wenn eine Person einen Organspendeausweis ausgefüllt hat und ihn bei sich trägt, lässt sich zunächst davon ausgehen, dass sich diese Person mit der Organspende und ihrer Rolle als potentielle Organspenderin auseinandergesetzt hat (vgl. Frick 2008). In Deutschland führen nur wenige Menschen einen Spendeausweis mit sich. Mit Althusser (1977) und Butler (2001) gesprochen, scheitern Anrufungen sehr häufig. Welche Kriterien begünstigen aber die Spendebereitschaft?

Dieser Frage widmete sich eine Reihe von Studien in Großbritannien und den USA. Die Bereitschaft zur Organspende hängt diesen Studien zufolge maßgeblich davon ab, ob eine Person aus ihrem unmittelbaren Umfeld von einer Organentnahme erfahren hat und ob sie jemanden kennt, der oder die ein Transplantat erhalten hat (vgl. Rumsey/Hurford/Cole 2003). Die »Kraft der Anrufung«, wie Butler formuliert (2006: 59), geht weiter, sodass Menschen, die zunächst keine Organe spenden wollten, sich im Angesicht eines Kranken der Anrufung nicht entziehen können. Als weitere Faktoren, welche die Organspendebereitschaft begünstigen, gelten die Sensibilisierung durch Informationsbroschüren, die Religionszugehörigkeit[58] sowie die Einstellung der Religionsgemeinschaft zur Organspende (vgl. Rumsey/Hurford/Cole 2003). Als ausschlaggebend gilt des Weiteren, ob die Person in ihrer Familie über Organspenden gesprochen hat, sie älter als

58 Allerdings wird immer wieder belegt, dass die wenigsten religiösen Menschen wissen, wie in ihrer Religion Organspende bewertet wird (vgl. Randhawa 1998). Auch lässt sich in den meisten Religionen nicht eine dominante Position zur Organspende ausmachen (vgl. Hoheisel 1996). Nur das Christentum wirbt aktiv für die Organspende. Allerdings gibt es auch in den christlichen Kirchen konfligierende Meinungen zur Organspende.

55 Jahre ist, über einen höheren Bildungsabschluss verfügt und ob ein Familienangehöriger im Gesundheitswesen beschäftigt ist (vgl. Haustein/Sellers 2004). Geschlecht und Ethnizität haben in den eben genannten Studien keine Relevanz.

In einer Leipziger Telefonbefragung mit eintausend Interviews, kommen der Psychologe Oliver Decker und sein Team zu dem Ergebnis, dass fast gleich viele Männer (13,2 Prozent) wie Frauen (13,7 Prozent) einen Organspendeausweis haben, Männer allerdings (mit 22,5 Prozent) häufiger als Frauen (16,5 Prozent) die Organspende ablehnen (Decker et al. 2008). Frauen sind demnach häufiger prinzipiell bereit, ein Organ zu verschenken (ebd.: 56). Diese Ergebnisse werden auch von Autoren gestützt, die Studierende zu ihrer Organspendebereitschaft befragt haben. Der Psychologe Eckhard Frick erhält in seiner Befragung von fünfzig Münchner Medizinstudierenden die Antwort, dass mehr Frauen als Männer einen Organspendeausweis besitzen, insbesondere dann, wenn sie in einer Partnerschaft leben (vgl. Frick 2008). Auch die US-amerikanischen Psychologen Keith Weber und Matthew Martin befragen Studierende in den USA zu ihrer Organspendebereitschaft. Hierzu geben sie den Studierenden die Möglichkeit, einen Organspendeausweis auszufüllen. Von den 320 Studierenden entschließen sich wieder mehr Frauen (29,3 Prozent) als Männer (15,8 Prozent) dazu, einen Spendeausweis mit sich zu führen. Die Autoren warnen allerdings davor, die Bereitschaft zur Organspende mit der faktischen Organspende gleichzusetzen. Da Männer häufiger als Frauen Opfer von Verkehrsunfällen werden, kommen sie auch häufiger als Frauen überhaupt als hirntote Organspender in Frage (vgl. Weber/Martin 2006).

Einen noch größere Einfluss scheint die Ethnizität auf die Organspendebereitschaft zu haben. Zu dieser Frage gibt es in den USA und mittlerweile auch in Großbritannien eine Reihe von Untersuchungen. Den Ausgangspunkt dieser Studien bildet der Befund, dass ethnische Minderheiten auf den Wartelisten überproportional vertreten sind. Sie haben ein höheres Risiko, aufgrund von Diabetes und Bluthochdruck eine terminale Niereninsuffizienz zu erleiden (vgl. Randhawa 1998; Raleigh 1997; Arriola et al. 2008). Sie warten häufiger auf ein Organ, spenden jedoch insgesamt seltener. Das Forschungsteam um den britischen Gesundheitswissenschaftler Myfanwy Morgan (2006) führte eine Befragung mit mehr als 15.000 Personen in einem Wartezimmer einer Einrichtung zur medizinischen Grundversorgung im südlichen London durch. Sie belegen ebenfalls, dass ethnische Minderheiten im südlichen London eine geringere Bereitschaft zur Organspende aufweisen als die weißen Bewohnerinnen und Bewohner des Stadtteils. Gegen die Registrierung als Organspenderin oder als Organspender oder die Mitführung eines Ausweises sprechen sich 81,8 Prozent aller Weißen, 97,9 Prozent der *Black Carribians* und 98,4 Prozent der *Black Africans* aus (ebd.: 229). Zudem wurden sie seltener als Weiße über die Möglichkeit aufgeklärt, nach dem Tod Organe zu spenden.

Das Autorenteam um die kanadische Anthropologin und Gesundheitswissenschaftlerin Laura A. Siminoff (2006) unternahm im US-amerikanischen Bundesstaat Ohio eine Telefonbefragung von 1283 Bürgerinnen und Bürgern. Nach dieser Erhebung führen mit 39,1 Prozent wesentlich weniger Afroamerikanerinnen und Afroamerikaner einen Organspendeausweis bzw. wie in den USA auch möglich, einen entsprechenden Vermerk im Führerschein mit sich als weiße US-Amerikanerinnen und -Amerikaner mit 64,9 Prozent (ebd.: 995). Laura Siminoff und ihr Team belegen zudem, dass schwarze US-Amerikanerinnen und -Amerikaner weniger Vertrauen in die Praxis der Transplantationsmedizin haben. Denn die Fragen, ob sie befürchten, von Ärzten vorzeitig für tot erklärt zu werden, wenn sie sich als potentieller Organspender bekennen, bejahen 38,6 Prozent der interviewten schwarzen und 25,9 Prozent der weißen US-Amerikanerinnen und US-Amerikaner (ebd.). Zudem gehen mehr Schwarze als Weiße davon aus, dass reiche und berühmte Menschen schneller ein Organ erhalten als andere.

Leider wurden in der Forschung nur selten Geschlecht und Ethnizität gemeinsam erhoben. Eine Ausnahme bildet die Studie um das Forschungsteam des US-amerikanischen Gesundheitswissenschaftlers William J. Minniefield et al. (2001): Sein Team fand heraus, dass zwar geringe Geschlechterunterschiede bestehen, allerdings ließen sich stärkere Unterschiede innerhalb der Geschlechter beobachten: Weiße Frauen spenden wesentlich häufiger als schwarze Frauen.

Gründe für die geringe Spendebereitschaft von ethnischen Minderheiten

Nach Gründen für die geringere Spendebereitschaft wird in der US-amerikanischen Forschung seit den späten 1970er Jahren gesucht. Die meisten Untersuchungen arbeiteten hierbei insbesondere Unterschiede zwischen schwarzen und weißen US-Amerikanerinnen und -Amerikanern heraus (vgl. Myaskovsky et al. 2007). Als die ersten Forschungen zur Organspendebereitschaft durchgeführt wurden, gingen die Forscher noch von der These aus, Schwarze seien insgesamt weniger altruistisch als weiße US-Amerikanerinnen und -Amerikaner. Diese These wurde schnell widerlegt (vgl. Cohen/Kapsis 1978; The Gallup Organization 1998). Auch der zu Beginn der Forschungen als hoch eingeschätzte Einfluss der Religion wird zunehmend in Frage gestellt (vgl. Morgan et al. 2006). Ein Glaube wirkt sich in der Regel nicht restriktiv aus, wie erst angenommen, vielmehr begründen religiöse schwarze US-Amerikanerinnen und US-Amerikaner ihre Bereitschaft zur Organspende häufig mit ihrem Glauben (vgl. ebd.; Arriola et al. 2008). Der britische Epidemiologe Gurch Randhawa (1998) zeigte, dass die meisten asiatischen Britinnen und Briten, mit denen er Fokusgruppendiskussionen durchführte, gar nicht darüber Bescheid wussten, wie ihre Religion zur Organspende steht. Sie vermuteten vielmehr, dass sie befürwortet wird. Dies kommt in der Aussage eines hinduistischen Briten zum Ausdruck: »Our religion says do not waste things; if they can be utilized and used for the good of other people, that item should not be thrown away« (ebd.: 1952).

Die geringe Spendebereitschaft von Minoritätengruppen sowie der Gruppe der schwarzen US-Amerikanerinnen und -Amerikaner wird, wie bereits angeklungen ist, insbesondere mit dem mangelnden Vertrauen dieser Gruppe begründet. Vorbehalte gegenüber der Organtransplantation bestehen hierbei bei allen ethnischen Gruppen, die weiße Mehrheitsgesellschaft eingeschlossen. Bei der Gruppe der ethnischen Minderheiten ist das Misstrauen allerdings größer. In der oben vorgestellten Befragung von Myfanwy Morgan et al. (2006) drückt die Gruppe der *Black Carribians* und der *Black Africans* ihr Sorge darüber aus, dass ihre Organe nach der Entnahme für nichtmedizinische Zwecke verwendet werden könnten. Auch die Gruppe der Weißen ist darüber besorgt, allerdings nicht in so einem großen Ausmaß wie die anderen beiden Gruppen.

Das Misstrauen von Minderheitengruppen lässt sich mit historischen und gegenwärtigen Rassismuserfahrungen begründen. Historisch steht hierfür insbesondere das Menschenrechtsverbrechen der *Tuskegee*-Studie, in der von 1932 an vierzig Jahre lang Experimente mit schwarzen an Syphilis erkrankten Menschen durchgeführt wurden. Die Wissenschaftler verweigerten ihren Probandinnen und Probanden jegliche Therapie, auch als 1947

Penicillin eingeführt wurde. Sie begründeten ihr Menschenexperiment damit, den natürlichen Verlauf von Syphilis erforschen zu wollten (vgl. White 2005; Gamble 1997). Die immer wieder belegte geringere Bereitschaft von Afroamerikanerinnen und Afroamerikanern zur Teilnahme an klinischen Studien ist vor dem Hintergrund der historischen Unrechtserfahrungen insbesondere durch die medizinischen Experimente nicht verwunderlich. Auch ihre geringe Bereitschaft, ihre Organe zu Zwecken der Forschung zu spenden, auf die Minniefield et al. (2001) hinweisen, ist vor diesem Hintergrund nicht überraschend. Doch auch gegenwärtige Erfahrungen von Diskriminierungen haben vermutlich einen Einfluss auf die Spendebereitschaft. Denn Mängel in der Umsetzung von Diskriminierungsfreiheit im Zugang zum Gesundheitssystem im Allgemeinen und in der Transplantationsmedizin im Besonderen gelten in den USA als belegt: Während 39 Prozent aller Menschen auf der Warteliste der afroamerikanischen Gruppe zugeordnet werden, gehören nur 23 Prozent aller Empfängerinnen und Empfänger postmortaler Organe zur afroamerikanischen Gruppe (vgl. United Network for Organ Sharing 2004). Wenn eine schwarze Frau oder ein schwarzer Mann an einer terminalen Niereninsuffizienz leidet, wartet er oder sie im Durchschnitt in den USA doppelt so lang auf ein Organ wie ein weißer Patient oder eine weiße Patientin (Arriola et al. 2008).[59] Exemplarisch formulieren Laura Siminoff et al. für ihre Untersuchung in Ohio: »These findings, collectively, indicate that the inequalities experienced by African Americans in their overall dealings with the health care system might negatively affect African Americans' willingness to donate organs« (2006: 1000).

Myfanwy Morgan und sein Team nehmen in Anschluss an Robert Putnams (1999; vgl. II.2.1) Sozialkapitaltheorie ebenfalls eine Argumentation auf, in der sie die geringere Spendebereitschaft mit Rassismuserfahrungen verbinden: Vor dem Hintergrund der Erfahrung, einer Minorität anzugehören und ggf. aus diesem Grund Diskriminierungserfahrungen

59 Auch als zu Beginn der 1980er Jahre in den USA durch die Einführung des Immunsuppressivums Cyclospherin die Praxis der Lebendorganspende ausgebaut wurde, profitierten von dieser Möglichkeit überwiegend weiße Patienten und Patientinnen: Unter ihnen wurden von 1982 bis 1990 11 Prozent mehr Lebendorganspenden durchgeführt, während es bei den schwarzen niereninsuffizienten Gruppen keine Veränderungen gab (vgl. Ojo/Port 1993).

gemacht zu haben, sind diese Gruppen weniger bereit, sich außerhalb ihrer engsten Gruppe altruistisch zu verhalten:

»Despite strong levels of ›bonding‹ social capital in terms of the dense network of ties that hold families and groups together, one explanation for people's unwillingness to donate their organs which involves gifting outside one's immediate community may be the existence of low level of ›bridging‹ social capital, defined by Putnam as the looser ties that connect acquaintances from different social groups« (2006: 233).

Gabentheoretisch formuliert, sinkt die Bereitschaft zur Gabe, wenn die Triade des Gebens, Nehmens und Erwiderns als unvollständig erlebt wird. Wenn eine gesellschaftliche Gruppe die Erfahrung macht, dass sie nur einen eingeschränkten Zugang zu gesellschaftlichen Gütern hat, lässt sich annehmen, dass diese Gruppe weniger bereit ist, sich für die abstrakte soziale Gemeinschaft zu engagieren. Dies erklärt jedoch nicht, warum sie auch innerhalb ihrer Gruppe weniger bereit sind, Organe zu spenden.

Als weiteren Grund für die geringere Spendebereitschaft vermuten die Autoren um Myfanwy Morgan (2006), dass die Praxis der Organspende von einer bestimmten Konzeption von Sozialität ausgeht, die für Minderheiten keine Gültigkeit haben könnte. Denn das Thema Organspende propagiert eher ein abstraktes und externales Konzept von Gesellschaft (ebd.). Gabentheoretisch gesprochen orientieren sich Nichtspendewillige nicht an abstrakten, sondern an mittelbaren Reziprozitätsnormen. Diese Vermutung müsste allerdings überprüft werden. Ich halte sie für nicht haltbar, da Minderheiten genauso wie Mehrheiten in Praktiken abstrakter Reziprozitätsnormen wie Steuer- oder Versicherungssysteme eingebunden sind.

Als weiterer zentraler Grund, der in der Forschung angeführt wird, warum sich ethnische Minderheiten seltener zur Organspende bereit erklären als die weiße Mehrheitsgesellschaft in Großbritannien und in den USA, gilt ihr eingeschränkter Zugang zu Informationen des Gesundheitswesens. Der Mechanismus besteht hierbei weniger darin, dass sie von Informationen systematisch abgehalten werden. Vielmehr werden sie nicht adressiert bzw. fühlen sich nicht angesprochen. Sie *ver-hören* die Anrufungen. So ließe sich auch argumentieren, dass sich ihnen die Transplantationsmedizin als »mostly white medical establishment« präsentiert (Myaskovsky et al. 2007: 183). Eine schwarze Teilnehmerin einer Fokusgruppendiskussion in der Studie von Cynthia Davis und Gurch Ranshawa bringt dies auf den Punkt: »Sorry to say, but we all think it's for the whites and not us because whenever we see pictures on TV about people receiving transplants they are always white. So we think we are not part of a culture who needs donors or organs« (2004: 423). Aber gilt die Anrufung, Organe zu spenden, tatsächlich nur der weißen Mehrheitsgesellschaft? Die Autorinnen der Studie, die ihre Untersuchung in den drei englischen Städten durchführten, wurden auch von einigen Teilnehmerinnen und Teilnehmern der Fokusgruppen darauf hingewiesen, dass Schwarze für die Barrieren in der Organspende selbst verantwortlich sind und dass sie besser anfangen sollten, für Organspenden zu werben, anstatt andere verantwortlich zu machen: »We have our own myth. Even within ourselves we have social barriers that are meant to be broken down« (ebd.).

Seit etwa fünfzehn Jahren werden in den USA und in Großbritannien spezielle Aufklärungsprogramme ausgearbeitet, in denen gezielt Minderheitengruppen angesprochen werden. Ihnen soll ausdrücklich vermittelt werden, dass die Anrufung, Organe zu spenden, auch ihnen gilt. Vor diesem Hintergrund wird seit 1993 in den USA das *National Minority Organ Tissue Transplant Education Programm* durchgeführt und seit 2003 in Großbritannien die *Black Organ Donation Awareness Campaign* (vgl. Davis/Randhawa 2004; Callender/Hall/Miles 2002).

2 ›Giving the Gift of Life‹: Die Lebendorganspende

Wenn eine Person einen Angehörigen hat, der an einer terminalen Niereninsuffizienz erkrankt ist, kann sie entweder vom medizinischen Personal auf die Möglichkeit der Spende hingewiesen werden oder sie wird direkt vom Patienten oder der Patientin um eine Organspende gebeten. Die Anrufung unterscheidet sich damit von jener der postmortalen Spende.

Da Lebendorganspenden nur unter Nahestehenden durchgeführt werden dürfen, hat jede Beziehung, in der eine Organspende stattfindet, eine Vorgeschichte und Beziehungsdynamik. Theoretisch veranschaulichen lässt sich die Reziprozitätsdynamik bei den gabentheoretischen Überlegungen im Anschluss an Mauss (1990). Die Organspende greift in das Geben, Nehmen und Erwidern von sozialen Beziehungen ein und verändert sie.

Zum Beispiel könnten bei der Entscheidung für oder gegen eine Organspende Schuldgefühle oder Schuldvorwürfe innerhalb einer genetisch vermittelten Grundkrankheit eine Rolle spielen. Oder die Organspende für ein Kind könnte bei geschiedenen Eltern instrumentalisiert werden, um Nähe herzustellen (vgl. Wolff 1997). Die Spenderinnen und Spender befinden sich in einer ambivalenten Situation. Sie wissen um die enorme gesundheitliche Verbesserung für den Patienten oder die Patientin durch ihre Organspende und haben andererseits das Bedürfnis Schmerzen zu vermeiden und körperlich und psychisch unversehrt zu bleiben. Bei manchen kann die Vermeidungshaltung auch sehr gering ausgeprägt sein, wie bei Müttern und Vätern, für die eine Organspende an ihr Kind eine Selbstverständlichkeit darstellen kann. Hier lassen sich Zweifel an der Idee der autonomen Entscheidung zur Organspende formulieren. Es lässt sich vielmehr zeigen, dass sich in manchen Konstellationen gar keine Entscheidung stellt, da die Organspende an das eigene Kind als Selbstverständlichkeit bezeichnet und erlebt wird. Das Entscheidungsverhalten wird an einer späteren Stelle aufgegriffen. Zunächst soll ein Einblick gegeben werden, wer sich für die Lebendorganspende entschließt.

Frauen spenden, Männer empfangen

Wer sich dem sozial- und gesundheitswissenschaftlichen Forschungsstand zur Lebendorganspende widmet, wird schnell auf die großen Geschlechterunterschiede stoßen. Denn der Blick auf das Geschlechterverhältnis in der Lebendorganspende offenbart ein festes Muster: Frauen spenden Organe, Männer empfangen sie.[60] Wenn Frauen ihre Organe spenden, sind es vor

60 Das Verhältnis von Organ spendenden Frauen und empfangenden Männern wirft nicht nur wie hier geschlechterpolitische Fragen auf, es schließen sich auch medizinische Probleme an: Das *Robert-Koch-Institut* (2003) geht davon aus, dass Nieren von Männern bei Frauen und Männern zu besseren medizinischen Ergebnissen führen, da sie aufgrund ihrer Größe eine höhere Anzahl an Nephronen haben. Dagegen legen Gratwohl, Döhler und Stern (2008) Ergebnisse vor, denen zufolge es medizinisch ratsam sei, in Zukunft Nieren geschlechtsspezifisch zu vergeben. Für Frauen erzielen Transplantate von Spenderinnen demgemäß höhere Erfolge als von Spendern.

allem Mütter, die an ihre Kinder, oder Ehefrauen, die an ihre Männer spenden. Seltener als die eben angesprochenen familiären Rollen spenden Frauen in der Rolle als Schwester (vgl. Thiel/Nolte/Tsinalis 2005). Das Muster, demzufolge vor allem Frauen spenden, wird bereits seit 1985 belegt (vgl. Tabelle 2). Ausnahmen bilden hierbei Oman, Südkorea und Iran. In diesen Ländern spenden mehr Männer als Frauen ihre Organe. Die Gründe hierfür sind unklar. In Südkorea und in Oman überwiegen allerdings auch wieder Männer in der Gruppe der Empfänger von Organen. Wie in Korea und dem Oman spenden auch im Iran Männer häufiger. Dort empfangen Frauen allerdings häufiger ein Organ als Männer: 78 Prozent aller Organentnahmen stammen von Männern, 22 Prozent aller Entnahmen von Frauen, während 64 Prozent aller Empfänger Frauen waren und 35 Prozent Männer (vgl. Ghods/Naszollahzadeh 2003).

Tabelle 2: Geschlechterverhältnis in der Lebendorganspende

Land	Erfassungszeitraum	Samplegröße (n=)	Spenderinnen (%)	Empfängerinnen (%)	Quelle
Deutschland	2002-2004	1338	61	35	Eurotransplant*
Großbritannien	2004	475	53	37	UK Transplant*
Indien	-	431	55	16	Avula et al. 1998
Iran	1986-2002	1500	22	37	Ghods et al. 2003
Norwegen	1985-2002	1319	58	37	Oien et al. 2005
Oman	1980-2005	198	50	38	Mohsin et al. 2007
Schweiz	1993-2003	631	65	36	Thiel et al. 2005
Südkorea	1979-2002	614	42	31	Kwon et al. 2005
USA	1990-1998	30.258	57	42	Kayler et al. 2003

**berechnet nach Schicktanz et al. 2006*

Quelle: Eigene Tabelle in Anlehnung an Einollahi (2008: 103); Schicktanz et al. (2006: 85).

Am iranischen Beispiel lässt sich eindrucksvoll belegen, dass die Spendebereitschaft maßgeblich mit der Regelung zur Lebendorganspende in Verbindung steht. So ist der Iran zum gegenwärtigen Zeitpunkt das einzige Land, in dem ein staatlich regulierter Organhandel besteht. Seit 1999 gilt die Warteliste als abgeschafft (vgl. Ghods 2002). Jede Organverkäuferin und jeder Organverkäufer, die oder der nicht mit dem Käufer verwandt ist, erhält von diesem eine finanzielle Spendeentschädigung und ein Geschenk. So ist es auch nicht verwunderlich, dass eine große Mehrheit, nämlich 84 Prozent aller Organverkäufer und -verkäuferinnen wenig sozioökonomisches Kapital haben (vgl. Ghods/Ossareh/Khosravani 2001).[61] Die Motivation im Iran, ein Organ zu veräußern, ist vor dem Hintergrund damit Geld verdienen zu können, eine andere als in den übrigen Ländern, in denen transplantiert wird. Dies konnte die US-amerikanische Anthropologin Diane M. Tober (2007) zeigen, die in Interviews mit iranischen Organverkäuferinnen herausfand, dass bei nahezu allen Frauen der Organverkauf durch den Nebenverdienst motiviert war.

Die iranische Regelung wirft eine Reihe von Fragen auf: Bildet der Organhandel im Iran eine ausbeuterische Praxis, da gerade Menschen mit wenig Geld ihre Organe verkaufen? Oder lässt sich der Verbot des Organhandels nicht auch als paternalistisch beschreiben: Warum sollen Menschen davon abgehalten werden, ihre Organe zu verkaufen, wenn sie die Entscheidung rational tätigen und damit zum Beispiel das Studium ihres Kindes finanzieren könnten?[62] Neben diesen ethischen Fragen, die den Umgang mit dem menschlichen Körper ganz grundlegend betreffen, müssen jedoch auch jene Regelungen, die in Ökonomien der Gabe erfolgen, mit geschlechterpolitischen Fragen und Konsequenzen konfrontiert werden: Wenn vor allem Frauen im Modus der Gabe spenden, lässt er sich dann nicht für Frauen als indirekte Diskriminierung lesen? Bildet der regulierte Organhandel damit nicht auch eine Strategie, vulnerable Spenderinnen vor ihrem eigenen Altruismus zu schützen? Des Weiteren lassen sich Parallelen

---

61 Die iranische Situation lässt sich als Beleg von Titmuss' (1970) These zur Blutspende lesen: Titmuss argumentierte, dass die Einführung von ökonomischen Anreizen die Qualität des Blutes senkt (vgl. II.2.1). Die Autoren Ghods, Ossareh und Khosravani (2001) konnten ebenfalls belegen, dass kein einziger Organgeber, der für Geld eine Niere verkaufte, gesund war.

62 Wie die Diskursanalyse des Organmangels zeigte, wird diese Debatte auch in Deutschland geführt (vgl. III.2.9). In den USA werden diese Fragen sehr intensiv und insbesondere in den mit Bioethik und Transplantationsmedizin befassten Fachzeitschriften wie *The Lancet* und *Transplantation Proceeding,* debattiert (vgl. Motakef 2010c).

zu geschlechtersoziologischen Erkenntnissen über die Hausarbeit ziehen: Dort wird belegt, dass Männer erst systematisch entsprechende Tätigkeiten übernehmen, wenn Hausarbeit entlohnt wird (vgl. Jürgens 2010). Eröffnet die Warenökonomisierung von Bereichen, die als weiblich markiert werden, folglich prinzipiell eine höhere Teilnahme von Männern?

Familiäre Rollen von Lebendorganspenderinnen

Bevor nach den Gründen für die höhere Spendebereitschaft von Frauen gesucht wird, soll zunächst ein näherer Blick auf die familiären Rollen der Lebendorganspenderinnen gerichtet werden. Hier wird deutlich, dass es vor allem Mütter sind, die an ihre Kinder spenden. Dies belegen die in Zürich forschende Bioethikerin und Medizinerin Nikola Biller-Andorno und ihre Kollegin Kling (2004). Die Gruppe der Mütter spendet in Deutschland mit 27 Prozent am häufigsten, während die Gruppe der Väter an dritter Stelle, weniger als halb so oft wie die der Mütter spendet. An zweiter Position stehen Ehefrauen, während Ehemänner ihnen erst an fünfter Stelle folgen. Nur in der familiären Rolle des Sohnes oder der Tochter, bei der an die Eltern gespendet wird, und bei sonstigen Familienmitgliedern zeigen sich keine Geschlechterunterschiede. Umgekehrt verhält es sich mit der empfangenden Seite: Hier sind es zu zwei Dritteln Männer, die Organe empfangen, und zu einem Drittel Frauen.

Die über Deutschland erhobenen Daten differenzieren lediglich zwischen den beiden Geschlechtern und den familiären Rollen. Aus den USA liegen darüber hinaus Daten vor, die auch Unterschiede innerhalb der Gruppe der Frauen und der Männer belegen. Wie im vorigen Abschnitt dargelegt, werden auch hier schwarze und weiße Amerikanerinnen und Amerikaner voneinander unterschieden. Das Team um den Nephrologen Bloembergen (1996) wertete zu dieser Frage Daten der *United States Renal Data Systems* aus. Die Ergebnisse dieser Studien bestätigen zunächst die höhere Spendebereitschaft von Frauen. Sein Team fand allerdings heraus, dass das Alter ebenfalls entscheidend ist: In der Gruppe der weißen US-Amerikanerinnen und -Amerikaner, spenden in allen Altersgruppen Frauen häufiger. In der Gruppe der schwarzen US-Amerikanerinnen und -Amerikaner zeigt sich ein anderes Bild: Dort gibt es in der Altersgruppe der unter 19- und der über 45-Jährigen keine Geschlechterunterschiede. Aber in der Altersgruppe der 20- bis 44-Jährigen spenden Frauen wieder häufiger als

Männer. Ich nehme an, dass in dieser Altersgruppe die Mutter-Kind-Spende dominiert. Diese Frage wurde jedoch nicht verfolgt. Bloembergen und sein Team fragten des Weiteren nach den Geschlechterkonstellationen innerhalb der Organspenden: In der Gruppe der Weißen wird am häufigsten in der Konstellation Frau-zu-Mann gespendet, gefolgt von Mann-zu-Mann, Frau-zu-Frau und schließlich von Mann-zu-Frau. In der Gruppe der Schwarzen überwiegt die Spende in der Konstellation Frau-zu-Frau. Hierauf folgt die Konstellation Frau-zu-Mann, Mann-zu-Mann und abschließend, wie in der Gruppe der Weißen, Mann-zu-Frau. Die Daten belegen die geringere Spendebereitschaft in der Konstellation Mann-zu-Frau. Bemerkenswert ist zudem der Befund, dass in der Gruppe der schwarzen US-Amerikanerinnen und -Amerikaner die höchste Spendebereitschaft in der Konstellation Frau-zu-Frau erfolgt. Wie lassen sich die großen Geschlechterunterschiede erklären?

Gründe für die hohe Spendebereitschaft von Frauen

Dass es vor allem Frauen und hierbei am häufigsten Mütter sind, die sich zur Lebendorganspende bereit erklären, lässt sich nicht durch medizinische Faktoren erklären.[63] In der Literatur findet sich lediglich eine Reihe von Vermutungen über die höhere Spendebereitschaft von Frauen. Eine systematische Untersuchung von Gründen für die Spende in Bezug auf das Geschlecht sowie weitere Variablen steht jedoch noch aus. Bei den Vermutungen, warum Frauen so häufig spenden, wurde zudem die Frage vernach-

63 Männer sind allerdings häufiger als Frauen auf der Warteliste für eine Nierentransplantation gelistet. Ihr höherer Anteil auf Wartelisten lässt sich darauf zurückführen, dass Männer sich häufiger als Frauen einer chronischen Nierenersatztherapie unterziehen müssen. In der Forschung wird nicht davon ausgegangen, dass Frauen in Deutschland Diskriminierungen im Zugang zur Warteliste erfahren. Auch die Chancen auf der Warteliste ein Spenderorgan zu erhalten, gelten für Männer und Frauen in Deutschland als gleich (vgl. Robert-Koch-Institut 2003; Deutscher Bundestag 2005). Zimmermann et al. (2000) haben die These überprüft, ob Männer aufgrund medizinischer Faktoren wie Bluthochdruck oder aufgrund von immunologischen Faktoren seltener als Frauen als Spender in Betracht kommen. Sie konnten dies nicht bestätigen.

lässigt, warum Männer seltener und vor allem kaum im Rahmen einer Partnerschaft spenden. Hier zeigt sich ein Desiderat der Männlichkeitenforschung. Die Vermutungen, warum Frauen so häufig spenden, geben allerdings Hinweise darauf, warum Männer die Spende so häufig unterlassen. Ein zentraler Grund wird nämlich darin gesehen, dass in einer Familie davon abgesehen wird, dass die Person spendet, die für die finanzielle Existenz der Familie verantwortlich ist. Häufig sind dies noch überwiegend Männer. In dieser Logik ist der Ausfall des männlichen Familienernährers für die Familie schwieriger zu verkraften als der Ausfall der Hausfrau und Mutter. Die Gesundheit des Mannes hat damit in der Familie Priorität (vgl. Biller-Andorno 2002; Biller-Andorno/Schauenburg 2001). Die Psychologin Merve Winter und ihr Kollege Oliver Decker (2006) führten in Leipzig eine Untersuchung zur Lebendorganspende durch, bei der, vermutlich auch aufgrund ihrer DDR-Sozialisation, alle Lebendorganspenderinnen erwerbstätig waren. Auch wenn alle Frauen arbeiten, spenden sie trotzdem häufiger, so ihr Fazit. Erwerbstätigkeit bildet damit einen einflussreichen Faktor für die Spendebereitschaft, allerdings keinen entscheidenden. Hier müsste vertiefend gefragt werden, welchen Anteil die Frauen am Familieneinkommen erwirtschaften: Vielleicht sind bei den Leipziger Paaren Frauen überwiegend als Geringverdienerinnen beschäftigt, sodass das Einkommen des Mannes für die Familie entscheidender ist?

Die US-amerikanischen Sozialwissenschaftlerinnen Susan Klein Marine und Roberta Simmons und ihr Kollege Richard Simmons (1987) vermuten, dass Organspenden von Frauen als Ausweitung ihrer familiären Pflichten gelesen werden können. Teil ihrer familiären Pflicht bildet traditionell auch die Gesundheit der Familie. Dies ist auch mehr als dreißig Jahre nach Erscheinen der Studie der Fall, wenn man bedenkt, dass zum Beispiel die private und professionelle Pflege von Angehörigen weitgehend weiterhin von Frauen geleistet wird (vgl. Jecker 2002). Die Autorinnen und der Autor berichten aus Interviews mit Spenderinnen und Spendern in den USA, in denen sie nach den Motiven für die Lebendorganspende gefragt haben. Hierbei stellten sie fest, dass Frauen eher altruistische Motive für ihre Organspende aufführen, während Männer sie als einen heroischen Akt beschreiben. Die US-amerikanischen Geschlechterforscherinnen Judith Lorber und Lisa Jean Moore gehen ebenfalls davon aus, dass die hohe Nierenspendebereitschaft von Frauen als eine Ausweitung ihrer weiblichen, das heißt mütterlichen oder ehepartnerlichen Pflichten zu lesen ist (vgl. Lorber/Moore 2002). Die traditionelle Rollenerwartung an Mütter oder Ehefrauen geht mit einem hohen Maß an Aufopferung für die Familie einher (vgl. Thiel et al. 2005). Die geringe Spendebereitschaft von Männern leiten Lorber und Moore (2002) aus einem Konzept von Männlichkeit ab, zu dem körperliche Unversehrtheit und Unverletzbarkeit gehört. Sie ziehen Parallelen zu dem Bild des verletzten Soldaten, das als gescheiterte Männlichkeit gelesen werden kann. Denn die Verletzung, der Eingriff in die Integrität des Körper symbolisiert Schwäche. Es lässt sich folglich vermuten, dass die Explantation bei Männern eine geringere Position im Geschlechterverhältnis bedeuten kann, während hingegen Frauen durch die Organspende eine Bestätigung von Weiblichkeit und Mütterlichkeit erfahren können.

Dass die Organspende von Frauen als eine traditionell weibliche Tugend betrachtet werden kann, belegen auch Winter und Decker (2006) mit ihrer eben erwähnten Untersuchung. Sie legen ihren Augenmerk auf die Beziehungskonstellationen der Paare, in denen eine Organspende stattfand, und stellten fest, dass Frauen, die an Männer spenden, sich in der Regel in einer traditionellen Ehe verorteten. Die Spende erfolgte in diesen Ehen in der Regel ohne größere nachweisbare Konflikte. Bei den Paaren, in denen Männer an ihre Frauen spendeten, wurden die Beziehungen von den Paaren als konfliktreich bezeichnet. In diesen Ehen sind die Geschlechterrollen weniger strikt und damit auch weniger stabil. Die traditionelle Geschlechterordnung bietet offenbar Sicherheit und Eindeutigkeit in der Bewertung der Organspende: Wenn Frauen spenden, dann bildet die Spende in der traditionellen Ehe eine Ausweitung der familiären Pflicht. Die Organspende wird nicht als herausragende Tat erlebt, sondern als eine etwas ungewöhnliche Aufgabe einer Ehefrau und Mutter. Wenn Männer spenden, lassen sich dagegen keine Geschlechterklischees heranziehen, welche die Spende als Aufgabe einer familiären und damit geschlechtlichen Rolle ummanteln. Die Organspende von Männern kann nicht als Selbstverständlichkeit einer Geschlechterrolle erlebt werden und eröffnet Konflikte.

Nikola Biller-Andorno (2004) weist zudem auf Geschlechterunterschiede bei Entscheidungsstrategien hin: In ihrer Untersuchung entscheiden sich Frauen spontan für die Organspende und lassen sich von den Werten Moral und Verantwortung für die Familie leiten.[64] Männer dagegen neigen

64 Das *Robert-Koch-Institut* differenziert den von Biller-Andorno für die Organspende herangezogenen weiblichen konnotierten Begriff der Moral weiter aus:

zu rationalen und damit auch zeitaufwendigeren Entscheidungsfindungen. Sie holen Informationen ein und wägen dann die Argumente ausgiebig ab. Während für Frauen die Entscheidung bereits feststeht und sie sich als Spenderinnen anbieten, nehmen sie den Männern die Entscheidung ab, wie in der Konstellation der Eltern-Kind-Spende (Biller-Andorno/Kling 2004; vgl. Zeller 2008). Wenn man von diesen Ergebnissen ausgeht, lässt sich zeigen, dass die Anfrage nach einer Organspende für Frauen kaum als Entscheidung erfahren wird. Um mit Althusser zu sprechen, erfolgt bei ihnen die Umwendung vor der eigentlichen Anrufung (Althusser 1977; II.3.2). Anders als bei den Ehemännern und Vätern besteht bei den Frauen die Bereitschaft zu spenden im Vorhinein. Biller-Andorno und Kling (2004) vermuten zudem, dass es Männer leichter fallen könnte als Frauen, dem medizinischen Personal sowie der eigenen Familie die Bitte um Organspende zu verneinen. Männer könnten für ihre Zweifel mehr Unterstützung von Ärztinnen und Ärzten und der Familie erhalten als Frauen. Schließlich bedeutet eine Negation der Spende auch eine Grenzziehung, wie weit die Verantwortung für die Gesundheit der Familie gehen kann. Ob tatsächlich Frauen weniger Verständnis als Männer erfahren, wenn sie sich gegen die Spende entscheiden, müsste allerdings überprüft werden. Möglich ist auch, dass Frauen vermuten, weniger Verständnis für die Negation einer Spende zu erfahren als Männer, als es faktisch der Fall wäre. So erhellend diese Befunde erscheinen, sind sie geschlechtersoziologisch allerdings auch problematisch, da sie eine Polarität der Geschlechter unterstellen, bestätigen und festschreiben. Wie bereits Gildemeister (1992) in Auseinandersetzung mit Gilligans Überlegungen zur Entwicklung des moralischen Bewusstseins bei Mädchen und Frauen kritisierte, besteht auch in diesen Arbeiten zur Organspendebereitschaft die Gefahr durch eine »festschreibende Kontrastierung [...], den wie auch immer auf die Erklärung der soziokulturellen Genesung angelegten Erklärungsrahmen zu verlieren« 1992: 225).

Die Studien, aus denen ich bisher berichtete, sind in den USA und in Deutschland entstanden. Die Lebendorganspenden fanden damit überwiegend und im Vergleich zu anderen Ländern in finanziell gesicherten Verhältnissen statt. Die Konstellationen der Lebendorganspenden sind in Län-

---

Für Frauen könnten die Werte der Fürsorglichkeit, der Hilfs- und auch Aufopferungsbereitschaft eine größere Bedeutung haben als für Männer (vgl. Robert-Koch-Institut 2003).

dern, in denen Familien und insbesondere Frauen in der Regel wesentlich weniger Geld zur Verfügung haben als in westlichen Ländern anders zu bewerten: Dipankar Bhowmik (2003) und seine Kollegen berichten aus ihrer nephrologischen Praxis im indischen Neu Delhi, dass sie bis 1994 von Organspenden unter Ehepartnern absahen. Angesichts der sozioökonomischen Situation von Frauen in Indien erschien es ihnen als unethisch, Frauen als Spenderinnen zu akzeptieren. Sie vermuteten, dass diese Frauen unter dem Zwang standen zu spenden, sodass sie nur Organspenden von Eltern, Geschwistern, ersten Cousins und Cousinen, Onkels und Tanten akzeptierten. Im Jahr 1994 trat in Indien eine Richtlinie in Kraft, die die Organspende unter Ehepaaren nach eingehender Prüfung durch eine Kommission erlaubte. Von 1994 bis 2001 wurden in Neu Delhi 73 Transplantationen durchgeführt. Bis auf vier Ausnahmen spendeten in allen Fällen Frauen an ihre Ehemänner (ebd.: 26). Dieses Beispiel aus Indien verdeutlicht eindrucksvoll, dass es wenig hilfreich ist, die Frage nach der weiblichen Spendebereitschaft aus den sozioökonomischen Konstellationen zu lösen. Zudem stellt sich auch die Frage nach der Umsetzung von Geschlechtergerechtigkeit: Denn in einer Gesellschaft, in der Frauenrechte systematisch missachtet werden und das Leben von Frauen als weniger Wert gilt, lassen sich größere Zweifel daran formulieren, ob Frauen tatsächlich freiwillig spenden oder ob sie nicht vielmehr Zwängen ausgesetzt werden. Die Abwesenheit eines geschlechtergerechten Arbeitsmarktes bildet ebenfalls einen Grund dafür, dass die familiäre Entscheidung auf die Frau als Spenderin fällt, da ihr Einkommen, falls sie eines hat, wahrscheinlich niedriger ist als das des Ehemannes. Auch in westlichen Gesellschaften verdienen Frauen in der Regel weniger als Männer, insbesondere für Deutschland wird dieser Befund regelmäßig nachgewiesen (vgl. OECD 2008). Die Situation in Indien gestaltet sich jedoch zweifelsfrei als noch drastischer, weshalb es nicht verwundert, dass in Indien kaum Männer an ihre Ehefrauen spenden.

Wenn man davon ausgeht, dass insbesondere ökonomische Gründe und damit zusammenhängend das Fehlen von Gerechtigkeit zwischen den Geschlechtern dafür verantwortlich sind, dass Frauen häufiger spenden, bestätigt dies Komters (2005) erstes Erklärungsmodell für weibliches Schenken (vgl. II.2.3): Die Lebendorganspende stützt eine asymmetrische Reziprozität zum Nachteil von Frauen. Das Schenken und hier die Organspende werden als weibliche Aufgabe verstanden. Nach diesem Modell sind Frauen in einer Opferposition, die wiederum für Männer einen gesundheitlichen Vorteil bedeutet. Dieses Erklärungsmodell ist unbefriedigend, da es die Polarisierung der Geschlechter sowie Frauen in einer Opferposition festschreibt. Mit Komters zweitem Modell könnte die Lebendorganspende auch als eine äquivalente Reziprozitätskonstellation beschrieben werden, bei der Männer für die Marktökonomie, das heißt das Familieneinkommen verantwortlich sind und Frauen für die Gabenökonomie, hier die Lebendorganspende (ebd.). Mit diesem Modell ließe sich argumentieren, dass nicht die Verantwortung für die Gesundheit der Familie als weibliche Aufgabe ausschlaggebend für die Spende ist, sondern Frauen andere Logiken von Ökonomien als Männer verfolgen. Frauen sind damit eher Akteurinnen von Gabenökonomien. Die Lebendorganspende bildet in diesem Modell neben der häuslichen Pflege, den privaten Schenkpraktiken oder der Hausarbeit einen weiteren Bereich einer Gabenökonomie, die von Frauen dominiert wird. Auch wenn dieses Modell Frauen nicht viktimisiert, da ihre Position als Akteurin betont wird, ist auch dieses Modell zur Erklärung der weiblichen Spendebereitschaft nicht befriedigend, da es weibliches Schenken und damit wieder die Polarisierung der Geschlechter essentialisiert. Es erklärt nicht, warum Frauen häufiger schenken, sondern umhüllt Ungerechtigkeiten zwischen den Geschlechtern mit der Begründung einer scheinbar natürlichen Nähe von Frauen zu Gabenökonomien. Mit Komters drittem Begründungsmodell, der asymmetrischen Reziprozität zum Vorteil von Frauen, ließe sich argumentieren, dass Lebendorganspenden Formen der Beziehungspflege bilden, die eine Stärkung der Beziehung zwischen Spenderin und der empfangenden Person bedeuten kann (ebd.) Die Organspende kann damit auch als Machtgewinn der Spenderinnen gelesen werden, da sie die Empfängerinnen oder Empfänger ihrer Organe stärker an sie binden. Da es kaum eine Gegengabe, ein Äquivalent zu einer Lebendorganspende geben kann, sind sie vermutlich ihr Leben lang der Spenderin zu Dank verpflichtet. An diesem Modell ist positiv hervorzuheben, dass es Frauen ebenfalls nicht viktimisiert, sondern im Gegenteil die Spende als Machtzugewinn beschreibt. Positiv hervorzuheben ist zudem, dass es einen theoretischen Rahmen bietet, das Geschlechterverhältnis als Machtordnung in der Lebendorganspende empirisch in den Blick zu nehmen. Denn der Machtzugewinn der Frauen könnte relational zu der sozialen Position von Männern diskutiert werden. Dies müsste allerdings empirisch überprüft werden.

Komter schlägt mit dem vierten Modell der alternierenden Asymmetrie vor, dass vielmehr die sozialen Umstände des Einzelfalls berücksichtigt werden sollten (ebd.). Es stellt sich damit die Frage, aus welchen sozialen Positionen heraus sich Frauen als Lebendorganspenderinnen anrufen lassen. Komters Plädoyer, die Gründe für das Schenken und in dieser Untersuchung für die Spendebereitschaft nicht in abstrakten Modellen zu suchen, sondern vielmehr im Kontext der sozialen Position, aus der heraus gespendet wird, bilden meines Erachtens für die Erforschung der Organspendebereitschaft eine gewinnbringende Perspektive. Allerdings eröffnet sie für diese Untersuchung ein methodisches Problem. Denn die in diesem Abschnitt referierten Erhebungen, die zur Spendebereitschaft durchgeführt wurden, haben in der Regel ein quantitatives Forschungsdesign. Es überwiegen Telefonbefragungen oder der Einsatz von Fragebögen in Wartezimmern. Die quantitativen Erhebungen wurden auch mit qualitativen Elementen kombiniert, so werden in Verbindung mit Fragebögen auch Fokusgruppendiskussionen durchgeführt. Mithilfe quantitativer Verfahren wurden valide Daten hervorgebracht, die zu dem Befund führten, dass es soziale Unterschiede in der Spendebereitschaft gibt. Ein verstärkter Einsatz von qualitativen Methoden könnte jedoch darüber hinaus gerade bei der Exploration der Gründe für die unterschiedliche Spendebereitschaft helfen. So haben die vorliegenden Arbeiten insbesondere zum Ausdruck gebracht, wer spendet und wer die Spende unterlässt. Über die konkreten sozialen Positionierungen einer Spende, die persönlichen Gründe und die soziale Einbettung von Organspenden ließ sich dagegen wenig erfahren. Da anzunehmen ist, dass sich die Spendebereitschaft in den unterschiedlichen Phasen des Lebenslaufs verändert, könnten zum Beispiel biographische Interviews darüber Auskunft geben, wie sich Anrufungsprozesse als Organspenderinnen und Organspender konkret gestalten. Dadurch würden auch die Deutungsmuster der Individuen erfahrbar, das heißt, es würde möglich, eine Antwort darauf zu erhalten, was es für Individuen auch leiblich-körperlich bedeutet, dass sie ihre Organe spenden, wie sie die Grenzverletzung der Organspende erfahren und für sich deuten.

3 FREIE ENTSCHEIDUNGEN AUTONOMER SUBJEKTE?

Die Organentnahme bei einem Hirntoten oder an einem lebendigen Menschen bildet immer eine legitimationsbedürftige Überschreitung. Denn die Integrität und Unversehrtheit des Körpers ist als grundlegendes Menschenrecht gesetzlich verankert (vgl. van der Walt/Menke 2007). Legitimiert wird die Entnahme von Organen in der Regel mit den Kriterien der Freiwilligkeit und der Selbstbestimmung bzw. der Autonomie. Die Bioethik vertritt die Annahme, dass autonome Entscheidungen Ausdruck des Prinzips der informierten Zustimmung sind. Das Konzept der informierten Zustimmung umfasst fünf Kriterien: Aufklärung und Information, Verstehen der Information, Freiwilligkeit, Kompetenz und Zustimmung und Autorisierung der Ärztin oder des Arztes zu einer bestimmten Behandlung (vgl. Beauchamp/Childress 1989). Freiwilligkeit ist dieser Definition nach eine Facette der informierten Zustimmung. So eindeutig diese Definition zunächst erscheinen mag, erweist sich die Auseinandersetzung und vor allem die Überprüfung von Autonomie und Freiwilligkeit als komplex (vgl. Schroth/ Schneewind/Gutmann 2006; Fateh-Moghadam et al. 2004a, 2004b). Die Begriffe Freiwilligkeit, Selbstbestimmung und Autonomie entstammen dem bioethischen Vokabular und sind damit zunächst von normativem Gehalt. Für eine soziologische, das heißt für eine empirisch-analytische Perspektive ist es von großer Bedeutung, dass die Forderung nach Selbstbestimmung und Autonomie in der Organspende nicht individuell formuliert wurde. Anders als bei einer Bürgerrechtsbewegung wie der Frauengesundheitsbewegung waren es hier keine Gruppen, die Selbstbestimmung über ihre Körper formulierten. Vielmehr entstanden diese Forderungen erst vor dem Hintergrund der Möglichkeiten medizinischer Therapien. Für Wehling ist die Empowermentrhetorik geradezu typisch für zahlreiche biopolitische und medizinische Technologien der Gegenwart:

»In empirisch-analytischer Hinsicht ist es mehr als fraglich, ob Selbstbestimmungsansprüche tatsächlich der entscheidende Antriebsfaktor in der biopolitischen Dynamik gegenwärtiger Gesellschaften sind, ob es also primär Forderungen nach individueller Selbstbestimmung sind, die die Entwicklung und Nutzung neuer biomedizinischer und biotechnischer Optionen vorantreiben. Häufig verhält es sich genau umgekehrt: Selbstbestimmung als Option wie auch als Verhaltenserwartung wird in nicht wenigen biopolitischen und biomedizinischen Konstellationen durch die Verfügbarkeit und Technologien [...] erst erzeugt« (Wehling 2008: 257).

Problematisch ist hierbei, dass die Entscheidungen, die Individuen selbstbestimmt treffen sollen, in der Regel unter Rahmenbedingungen stattfinden, die diskursiv und normativ bereits die Wahl zwischen den Möglichkeiten vorstrukturieren. So wurde vor dem Hintergrund der zuvor referierten Daten deutlich, dass insbesondere Frauen in ihrer Rolle als Ehefrauen und Mütter ihre Organe spenden und dass Organspenden von Frauen als Ausweitung ihrer ehelichen und familiären Pflicht gelesen werden können. Anstatt die Anrufungsprozesse zu thematisieren, also die Frage, wie es kommt, dass sich Frauen so häufig als Organspenderin anrufen lassen, und vor allem, warum Männer sowie Männer und Frauen ethnischer Minderheiten dagegen kaum spenden, wird im Diskurs der Organspende vermittelt, die Spende sei Ausdruck einer nahezu vorsozialen, autonomen und rationalen Entscheidung. Der Begriff der Autonomie ist des Weiteren vor allem in der feministischen Wissenschaftstheorie hinterfragt worden. Anstelle eines universalistischen Konzeptes wird die Spezifität und die Bedeutung der Wechselwirkungen von Ethnizität, Geschlecht, Alter, Sexualität und Behinderung betont. Vor diesem Hintergrund schlägt etwa Belinda Bennett den Ausdruck »embodied autonomy« vor: »Autonomy is not found in an extracorporeal individual carrying a bag full of rights as a safeguard against the world. Instead, autonomy is articulated by an embodied self, through relationships with others« (1999: 300).

Wie freiwillig ist die postmortale Spende?

Das deutsche Transplantationsgesetz formuliert, dass die Entnahme von Organen bei Hirntoten zulässig ist, wenn eine Einwilligung in die Organentnahme vorliegt. Daneben gibt es auch die Möglichkeit, dass nächste Angehörige die Entscheidung treffen. Das sind in dieser Rangfolge Ehe- oder eingetragene Lebenspartner, volljährige Kinder, Eltern, volljährige Geschwister und Großeltern. In der postmortalen Organentnahme, so wird deutlich, wird vom Gesetzgeber nicht das Kriterium der Autonomie gefordert. Eine positive Entscheidung muss vorliegen, ob sie unter Zwang entstand, wird allerdings, anders als in der Lebendorganspende, nicht überprüft. Damit muss auch keine Selbstbestimmung vorliegen, sondern nur eine positive Bewilligung. Diese kann zudem von nahen Angehörigen erfolgen. Auch wenn in Bezug auf die postmortale Entnahme in Deutschland das Autonomiegebot nicht gilt, könnten Individuen auf einem Ausweis ihre Entscheidung vermerken, sodass ihre Angehörigen nicht zu Rate gezogen werden. Mit der Frage nach dem Besitz eines Spendeausweises sind eine Reihe weiterer Fragen verbunden, die insbesondere die Akzeptanz des Hirntodkonzepts betreffen. Ich möchte im Folgenden nur auf die Auseinandersetzung anderer Autorinnen und Autoren mit dem Hirntod verweisen.[65] Im Folgenden sollen die Schwierigkeiten skizziert werden, welche die Konzeption der positiven Einwilligung in der postmortalen Organspende begleiten. Schneider beobachtet im Diskurs der Organspende eine »radikale Subjektivierung des Todes« (1999: 294). Es wird suggeriert, kohärente Subjekte könnten eine rationale Entscheidung über den Verbleib ihrer Organe im Falle ihres Hirntodes treffen. Diese Auseinandersetzung wird ihnen gewissermaßen aufgebürdet. Die Verwunderungen und Irritationen über diese »radikale Subjektivierung des Todes« (ebd.) illustrieren die Kommentare zweier muslimischer Teilnehmer einer Gruppendiskussion, die Randhawa durchführte:

»There are too many people involved around the dead persons normally. You'd have to ask the head of the household who's normally the oldest person and probably against the idea or not used to the idea of donation«. [...] There are other relatives involved who may be against the idea of donation. In our culture it's not an individual, but a group decision« (1998: 1953).

In diesen Interviews kommt die Verwunderung über die Anmaßung zum Ausdruck, als Einzelpersonen könnten sie eine Entscheidung treffen, die den Umgang des Körper eines anderen betrifft. Ebenfalls wird deutlich, dass sich die beiden Teilnehmer der Fokusgruppendiskussion nicht die Autorität zusprechen, eine solche Entscheidung treffen zu können. Sie gehen davon aus, dass immer mehrere Personen an einem Sterbeprozess beteiligt sind, sodass nicht eine Einzelperson und wenn überhaupt, dann nur das Familienoberhaupt die Entscheidung treffen kann. Die an dieser Stelle anschließende Frage lautet, auf welcher Grundlage in säkularen Gesellschaften eine Entscheidung über den Verbleib der Organe überhaupt basieren

65 Vgl. I.1; hier insb. Fußnote 5.

kann: Kirche und Politik betonen, jeder und jede müsste selbst über den Verbleib der eigenen Organe entscheiden. Zweifelsfrei wäre es nicht wünschenswert, Kirche und Politik würden dies vorschreiben, es stellt sich jedoch die Frage, nach welchen Kriterien eine Entscheidung über den Verbleib der Organe überhaupt getroffenen werden kann. Denn wie Nassehi (2003) argumentiert, lässt sich über die Erfahrung des Todes nicht sprechen, da mit ihm keine Erfahrung gemacht werden kann.

Problematisch ist des Weiteren, dass die Befürwortung der Organspende und damit verbunden die Akzeptanz des Hirntodkonzepts als moralisch bessere und rationalere Entscheidung aufgewertet wird (vgl. Lock/Crowley-Makota 2008; Schneider 1999). Mit der Möglichkeit, einem niereninsuffizienten Patienten mit der Organspende potentiell helfen zu können, erscheint jeder, der keinen Organspendeausweis besitzt, als direkt verantwortlich für das Leiden des Kranken (vgl. Schneider 1999). Insofern geht die Möglichkeit der postmortalen Spende mit der Differenzierung eines guten und eines schlechten Sterbens einher (ebd.). Mit dem Hirntodkonzept und der damit verbundenen Möglichkeit, über die Akzeptanz individuell zu entscheiden, wird Sterben und Tod reflexiv und damit verhandelbar. Die Auseinandersetzung mit dem Hirntod wird moralisch gefordert und den Individuen aufgebürdet (ebd.). Die Nichtbereitschaft Organe zu spenden steht somit in einem Zusammenhang mit einem Mangel an Rationalität und Generosität. Vor dem Hintergrund der Organknappheit erscheint die Verweigerung, Organe zu spenden als unmoralische Verschwendung. Die Freiwilligkeit der Entscheidung, postmortal Organe zu spenden, gerät also insbesondere dort an seine Grenze, wo das Überleben des einen Menschen mit der Befürwortung der postmortalen Organentnahme eines anderen Menschen verkoppelt wird. Problematisch an der Vorstellung der Freiwilligkeit ist zudem, dass sie als Akt der Nächstenliebe christlich ummantelt wird und dass dieses christliche Konzept universelle Gültigkeit beansprucht: »In other words, an unexamined hegemony about the value of organs and their alienability is at work« (Lock/Crowley-Matoka 2008: 155).

Dies bedeutet, dass die Einführung der Organtransplantation in einer Gesellschaft immer auch die Einführung des Deutungsmusters des verfügbaren Körpers impliziert. Damit werden mit der Organtransplantation spezifische okzidentale Körperwahrnehmungen und Körperdeutungen exportiert (vgl. Lock 2002; Ohnuki-Tierny 1994). Wie in der Fokusgruppendiskussion von Randhawa deutlich wurde, wird Individuen die Freiwilligkeit zur Organspende als Freiheitszugewinn vermittelt, den sie allerdings weder einforderten noch begrüßen.

Wie freiwillig, selbstbestimmt und autonom ist die Lebendorganspende?

Die deutsche Gesetzgebung sieht vor, dass eine Organentnahme bei Lebenden erfolgen darf, wenn die Person volljährig und einwilligungsfähig ist, über die Entnahme aufgeklärt wurde und wenn eine »nach Landesrecht zuständige Kommission gutachterlich dazu Stellung genommen hat, ob begründete tatsächliche Anhaltspunkte dafür vorliegen, dass die Einwilligung in die Organspende nicht freiwillig erfolgt oder das Organ Gegenstand verbotenen Handeltreibens« ist (Gesetz über die Spende, Entnahme und Übertragung von Organen in der Fassung von 2001, zit. nach Fateh-Moghadam et al. 2004a: 19).[66] Diese Kommissionslösung wurde eingeführt, damit die Autonomie und Freiwilligkeit der potentiellen Lebendorganspenderinnen und -spender überprüft und gesichert werden kann. Der Gesetzgeber geht hier über das Kriterium der Selbstbestimmung hinaus. Die Lebendorganspende bildet offenbar einen noch größeren Tabubruch als die postmortale Spende. Da die Entnahme von Organen bei Lebenden keinen therapeutischen Eingriff darstellt und gegen das medizinethische Prinzip des Nichtschadens verstößt, bedarf sie einer besonderen Legitimation (vgl. Wagner/

66 Wagner/Fateh-Moghadam (2005) setzen sich mit dem Verfahren der Begutachtung durch die Kommission auseinander. Sie argumentieren, dass die Gutachter der Kommissionen die zu evaluierende Freiwilligkeit anhand der Formel »Stabilisierung durch Destabilisierung« im Verfahren erst erzeugen (ebd.: 86): »Die Stabilität der Entscheidung zur Organspende wird daher im Kommissionsverfahren über Belastungstechniken, etwa die Konfrontation mit Risiken und Worst-Case-Szenarien, geradezu auf die Probe gestellt« (ebd.). Für die Gutachter ist ein »inneres moralisches Verpflichtungsgefühl« keine ausreichende Legitimation für den Eingriff (ebd.: 83). Der Spendewillige kann seine Freiwilligkeit insbesondere über sein Wissen unter Beweis stellen: der informierte Patient wird als selbstbestimmter Patient akzeptiert (ebd.).

Fateh-Moghadam 2005).[67] Die informierte Zustimmung des Spenders oder der Spenderin ist folglich zentral.

Ob Individuen faktisch freiwillig ihre Organe spenden oder nicht, lässt sich nicht an der gesetzlichen Regelung oder der Selbstbeschreibung der medizinischen Technologie ablesen. Vielmehr stellt sich die Frage, welche faktischen Handlungsmöglichkeiten sich aus der Gleichzeitigkeit aus Freiheit und Zwang überhaupt ergeben. Das rechts- und sozialwissenschaftliche Team um Bijan Fateh-Moghadam akzentuiert die Schwierigkeiten, die einer Lebendorganspendekommission ausgesetzt ist, wenn sie erheben will, ob die Entscheidung zur Spende freiwillig erfolgt oder nicht. Neben der Problematik, wie man Freiwilligkeit überhaupt nachprüfen und damit messen kann, weisen sie auf den Unterschied zwischen juristischer und psychischer Freiwilligkeit hin. Für einen juristisch-normativen Freiwilligkeitsbegriff stellt sich die Frage, ob die Entscheidung zur Spende auf der Basis des »eigenen Präferenz- und Wertesystems« erfolgte (Fateh-Moghadam et al. 2004a: 32). So sollte spendebereiten Frauen nicht abgesprochen werden, dass sie eine freiwillige Entscheidung treffen, auch wenn sie in einer konkreten Situation subjektiv keine Alternative empfinden:

> »Entspricht es dem eigenen Präferenz- und Wertesystem der Mutter, das eigene Kind auch unter Inkaufnahme von Risiken in jedem Fall zu retten, so ist dies auch dann noch eine freiwillige Entscheidung, wenn es für die Mutter in der konkreten Situation subjektiv gar keine Entscheidungsalternative gibt« (ebd).

Der subjektive Eindruck, dass der potentielle Spender oder die potentielle Spenderin keine Alternative hat, wird auch dadurch gestärkt, dass die Lebendorganspende der postmortalen Spende überlegen ist. Die Autoren und die Autorin betonen allerdings, dass eine freiwillige Entscheidung nicht mit einer leichten Entscheidung zu verwechseln sei. Psychische Freiwilligkeit, so ließe sich folgern, bedeutet nicht die Abwesenheit von sozialem Druck. Wenn mehr Frauen als Männer ihre Organe spenden, sollte ihnen nicht

67 Das Morbiditäts- und Mortalitätsrisiko bei Organentnahmen ist allerdings sehr gering. In der medizinischen Forschung wird immer wieder mit dem Argument für die Lebendorganspende geworben, dass Lebendspender mit einer Niere sogar gesünder leben als Menschen mit zweien, da sie aufgrund der Organentnahme regelmäßig untersucht und damit besser medizinisch betreut werden.

Autonomie abgesprochen werden. Dies käme einer »autoritären Bevormundung« gleich (Fateh-Moghadam et al. 2004a: 32). Eine ähnliche Argumentation nimmt die niederländische Bioethikerin Kirstin Zeller (2008) auf. Sie unterstreicht, dass in der Debatte um die Lebendorganspende häufig implizit angenommen wird, dass eine Person umso freier ihre Entscheidung treffen kann, je weniger emotional sie eingebunden ist. Lebendorganspenden finden allerdings in der Regel innerhalb von Liebesbeziehungen statt. Zeller schlägt vor, eine Nierenspende, wie die einer Mutter an ihr Kind, als Ausdruck ihrer Liebe zu lesen. Im Idealfall wird die Entscheidung zur Spende durch »wahrhaftige Liebe« motiviert.[68] Auch wenn Liebe Personen hemmen kann, auf freier Basis Entscheidungen zu treffen, bedeutet dies nicht, dass in Liebesbeziehungen prinzipiell aus Zwang gespendet wird. Die höhere Bereitschaft von Frauen sollte folglich nicht als Ausweis ihrer Unfähigkeit bewertet werden, freie Entscheidungen zu treffen.

Aus der medizinanthropologischen Forschung liegen Untersuchungen vor, die die Wirksamkeit von Familienidealen bei Organspenden hervorheben. Die US-amerikanischen Anthropologinnen Sharon R. Kaufman, Ann J. Russ und Janet K. Shim (2006) erforschten Organspendesettings in Kalifornien, in denen Erwachsene an ihre über 65 Jahre alten Eltern spendeten. Sie fanden heraus, dass die Organspenden an die Eltern als selbstverständlicher Ausdruck kindlicher Liebe bewertet wurden. Hier lässt sich zeigen, dass die Entscheidung zur Organspende mit einem Familienideal in Verbindung gebracht wird, das auf der Idee basiert, dass man sich innerhalb der Familie hilft. Das Gebot der familiären Unterstützung macht damit vor den Grenzen des Körpers nicht Halt. Die Organspende wird zum Symbol des familiären Zusammenhalts und der Dankbarkeit der Kinder an ihre Eltern. Hier wird deutlich, dass die Entscheidung für die Organspende zwar nicht unter Zwang entstand, es jedoch für Kinder nahezu unmöglich erscheinen muss, ihren Eltern eine Organspende zu verweigern (vgl. Kaufman/Russ/Shim 2006; Lock/Crowley-Makota 2008). Auch die US-amerikanischen Anthropologinnen Megan Crowley-Makota und Margaret Lock (2008) berichten aus Interviews, die sie in Mexiko führten, dass die Organ-

68 Wahrhafte Liebe definiert Zeller folgendermaßen: »When it takes into account and affirms the concrete reality of the lover and the loves-one and [...] when it does not lead to the exploitation of the lover nor to the domination of the loved-one« (2008: 328).

spenden zwischen Kindern und ihren Eltern als Ausdruck von intakten Familienbeziehungen gelesen werden. Gerade Mütter erklären, dass sie ihren Kindern bereits einmal das Leben geschenkt haben. Warum sollten sie ihnen nicht noch einmal Leben schenken? Umgekehrt argumentieren Kinder, dass sie keinen Grund sehen, ihrer Mutter keine Niere zu spenden, da sie ihrer Mutter ihr Leben verdanken. Die Organe werden weder als objektivierte Transplantate noch als völlig fremde Organe konzipiert. Auch wenn sie mit dem Selbst der Spenderin oder des Spenders in Verbindung stehen, sind sie durch die Verwandtschaft mit dem Selbst des Empfängers oder der Empfängerin verknüpft (ebd.: 157). An dieser Stelle offenbart sich wieder die christliche Fundierung und moralische Aufladung der Organspende als Gabe, auf die bereits vielfach hingewiesen wurde: Die Organspende wird mit dem matriarchalen Lebengeben assoziiert.

4 ORGANSPENDEBEREITSCHAFT REVISITED

Die multidisziplinäre Literaturanalyse zeigte, dass die Kategorien Geschlecht und Ethnizität einen großen Einfluss darauf haben, ob sich eine Person für oder gegen die Organspende entscheidet. Frauen haben geringfügig häufiger als Männer einen Organspendeausweis. Zudem entscheiden sich ethnische Minderheiten kaum dafür, dass ihnen Organe entnommen werden. Die geringere Spendebereitschaft von ethnischen Minderheiten wird überwiegend auf Diskriminierungserfahrungen zurückgeführt: Schwarze US-Amerikanerinnen und -amerikaner misstrauen stärker als die weiße US-amerikanische Mehrheitsgesellschaft der medizinischen Forschung und sie gehen auch nicht davon aus, dass sie eine gleichwertige Behandlung erfahren. Darüber hinaus lässt sich die Gegenwart von rassistischer Diskriminierung auch belegen, denn schwarze US-Amerikanerinnen und -amerikaner warten in der Regel wesentlich länger auf ein Spenderorgan als Angehörige der weißen Mehrheitsgesellschaft. Häufig *überhören* Angehörige von Minderheiten zudem den Ruf Organspender zu werden. Einige assoziieren die Transplantationsmedizin mit einer weißen Technologie, zu der sie keinen Zugang haben. So fühlen sie sich nicht angesprochen und erachten die Organspende als ein für sie irrelevantes Thema.

Bei der Lebendorganspende muss die in nahezu allen Erhebungen nachgewiesene große Bereitschaft von Frauen hervorgehoben werden, an ihre Nahestehenden Organe zu spenden. Auch wenn die Gründe dafür noch nicht systematisch erfasst wurden, lässt sich annehmen, dass sie mit traditionellen Geschlechterrollen in Verbindung stehen, in denen Fürsorge, Aufopferungsbereitschaft und die Verantwortung für die familiäre Gesundheit eine weibliche Pflicht darstellen. Die iranische Regelung des Organhandels, die zu mehr Spenden bzw. Organverkäufen von Männern als von Frauen führt, wirft somit die Frage auf, ob der Modus der Gabe für Frauen eine indirekte Diskriminierung bildet: Müssen sie als vulnerable Spenderinnen in den Blick genommen und vor sich selbst geschützt werden? Oder bildet dieses Argument nicht vielmehr eine autoritäre Bevormundung? Denn die in der Gesetzgebung vorgeschriebene Freiwilligkeit und Autonomie in der Entscheidung zur Spende kann schließlich nicht mit einer leichten Entscheidung gleichgesetzt werden. Nicht die Abwesenheit einer engen Bindung macht die Entscheidung für oder gegen eine Lebendorganspende zu einer freiwilligen und autonomen Entscheidung. Allerdings ist auch davor zu warnen, die Entscheidungen für oder gegen eine Lebendorganspenden als vorsoziale Handlungen zu beschreiben, die selbstbestimmte Subjekte auf Grundlage einer Breite von Entscheidungsmöglichkeiten treffen. Denn die verantwortungsvollen Subjekte, die auch im Diskurs der Organspende konstituiert werden, lassen sich nicht in der Semantik von Empowerment lesen. Denn es kann für manche Frauen keine Wahl geben, ob sie oder ihr Ehemann ihrem Kind ein Organ spendet, wenn die finanzielle Sicherheit der Familie von der Berufstätigkeit des Mannes abhängt.

Das Infragestellen von Selbstbestimmung, Freiwilligkeit und Autonomie in der Organspende bedeutet allerdings nicht, dass diese Kriterien obsolet seien und überwunden werden sollten. Wenn ich auf die Anrufungsprozesse von Individuen hinweise, auf die Prozesse der Subjektivierung, soll damit kein Determinismus aufgezeigt werden, aus dem es kein Entrinnen gibt. Mit dem gaben- und regierungssoziologischen Instrumentarium lassen sich jedoch die Ambivalenzen verdeutlichen, die Prozessen zu eigen sind, in denen Individuen als Subjekte eines spezifischen Willens angerufen werden. Wenn ethnische Minderheiten kaum Organe spenden, lässt sich darin auch die Strategie lesen, moralisch gebotenen Handlungen nicht entsprechen zu wollen und sich zu widersetzen. Auch dies ist ambivalent: Sie boykottieren nicht nur eine medizinische Therapie, die kritikwürdig ist, sie berauben sich jedoch auch der Möglichkeit, Zugang zu ihr zu erhalten.

V Ambivalente Ökonomien der Organspende

Als in den 1970er Jahren die ersten sozialwissenschaftlichen Untersuchungen zur Organspende durchgeführt wurden, bestanden für die Forscherinnen Renée Fox und Judith Swazey keine Zweifel daran, dass sie Zeuginnen einer modernen Ökonomie der Gabe geworden sind: »The giving and receiving of a gift of enormous value [...] is the most significant meaning of human organ transplantation« (2002 [1978]: 5). Fünfzehn Jahre später bilden Organtransplantationen keine Seltenheit mehr, sondern gelten in zahlreichen Krankenhäusern als Routinebehandlung. Die Autorinnen ziehen ein skeptisches Fazit: »It is the ›spare parts‹ pragmatism, the vision of he ›replaceable body‹ and limitless medical progress, and the escalating ardor about the life-saving goodness of repairing and remaking people in this fashion that we have found especially disturbing« (Fox/Swazey 1992: XV). Im Paradigma der Ersatzteile kommt für sie jener Widerwille der Transplantationsmedizin zum Ausdruck, die Grenzen der *condition humaine*, die ihr eigenen Alterungsprozesse und ihre Sterblichkeit zu akzeptieren. Der von der Transplantationsmedizin skandalisierte Organmangel bildet einen niemals zu befriedigenden Bedarf, der auf der Vorstellung basiert, mit den Organen Anderer könne menschliches Leben nahezu unbegrenzt verlängert werden (vgl. Scheper-Hughes 2000).

Wie auch hier deutlich wird, ist der Organmangel keine zwangsläufige Begleiterscheinung einer medizinischen Fortschrittsgeschichte. Der Diskurs des Organmangels stellt vielmehr eine Reaktion auf eine soziale Problematisierung dar. In ihr kommt das biopolitische Bestreben zum Ausdruck, die Lebensprozesse des Menschen zu ökonomisieren und zu optimieren. Neu an diesem Diskurs ist hierbei nicht, dass der Körper des Menschen in Teilen verfügbar wird. Mit der Einführung der Organtransplantation als Therapieoption ging bereits die Vorstellung der Verfügbarkeit von Organen für die Therapie anderer einher. Neu ist vielmehr, dass vor dem Hintergrund des Bemühens, den Mangel an Organspenden zu überwinden, sich die Art und Weise ändert, *wie* Organe veräußert werden sollen. Im Wandel befindet sich die *Art und Weise der Ökonomisierung*. Hier steht jedoch nicht nur eine Regelung auf dem Spiel, vielmehr werden fundamentale Fragen körperlicher Subjektivität berührt.

Mir geht es hierbei nicht darum, den Organmangel als eine Übertreibung zu entlarven, vielmehr soll herausgestellt werden, dass dem Diskurs des Organmangels spezifische Rationalitäten zugrunde liegen. Vor dem Hintergrund der Problematisierung des Organmangels wird zum Beispiel die Forderung nach mehr Verfügungsrechten über die eigenen Organe denkbar und auch rational. So kritisieren einige Autorinnen und Autoren am Programm der Widerspruchsregelung, dass der Staat dort als paternalistisch konzipiert wird und Organentnahmen behindert. Die Autonomieforderung über Organe lässt sich als Reaktion auf den Organmangel lesen und als Bemühen, ihn regierbar zu machen. Anders als in der Frauengesundheitsbewegung stellen hier keine Aktivistinnen Forderungen nach mehr Verfügungsrechten über ihre Körper auf. Die Autonomieforderung wird nicht von Patientinnen und Patienten gefordert, sondern von Wissenschaftlern. Ich habe hierbei gezeigt, dass erst die Verfügbarkeit der Technologie und die deklarierte Dringlichkeit des Organmangels die Vorstellung einer Autonomie über Organe erzeugt hat. Organtransplantationen können dann als eine Technologie vermittelt werden, für die Menschen mehr Verfügungsrechte begehren sollen.

Es muss hierbei nicht verwundern, dass in Zeiten der Ökonomisierung des Sozialen auch Körper stärker in die Sphäre des Marktes geraten (vgl. Waldby/Mitchell 2006). Hierfür spricht, dies hat die Diskursanalyse zeigen können, dass sich auch unternehmerische Maxime in die Organspende einschreiben. Dennoch bleibt die Gabe in der deutschsprachigen fachöffentlichen Debatte zum Organmangel der zentrale Referenzpunkt. Die Rekonstruktion dieses Diskurses im vierten Kapitel verdeutlichte, dass in den entworfenen Programmen zur Regulierung der Organspende die Gabe nicht prinzipiell von der Ware abgelöst wird. Individuen werden überwiegend als gebende Subjekte angerufen, allerdings variieren die Rationalitäten der

Programme, aus welchen Gründen Organe gespendet werden sollen. Außerdem wird beansprucht Organe auch als private Güter wie im Programm des Organclubs oder als staatliche Waren wie im Programm des Organhandels zu geben bzw. zu verkaufen. Es lässt sich aber keine eindeutige Tendenz nachzeichnen, nach der eine deutliche Privatisierung gefordert wird, wie sie für Prozesse der Ökonomisierung des Sozialen typisch sind. Nur in den Programmen des Organclubs und des Vorsorgeprinzips wird eine Privatisierung der Organspende gefordert. In allen anderen Programmen hat der Staat das Monopol über die Organspende. Die Widerspruchsregelung radikalisiert hierbei das staatliche Monopol, denn in diesem Programm kommen alle Organe, die Hirntoten entnommen werden können, automatisch in staatlichen Besitz. Im Programm des staatlichen Organhandels wird die Rolle des Staates bei der Verteilung von Gesundheitsgütern sogar gestärkt. Denn mit diesem Programm wird angestrebt, möglichst jedem Menschen bei Bedarf ein Organ zur Verfügung zu stellen. Während fortgeschritten liberalen Gesellschaften diagnostiziert wird, dass Gesundheit und Krankheit sukzessive zu einer Privatsache werden (vgl. Borgetto/Kälble 2007; Greco 1993, 2000; Rose 2007), lässt sich im Diskurs des Organmangels ein ambivalenter Status ausmachen: Überlegungen, Organe zu privatisieren und Organclubs zu begründen, werden vorgestellt und auch gefordert, allerdings findet sich in der Mehrheit der Programme die Vorstellung eines starken Staates, der über die Organe von Lebenden und Verstorbenen wacht und sie verteilt.

Die Rekonstruktion des Diskurses des Organmangels belegt deutlich, dass die Organspende keine Insel des archaischen Gebens in einer durch und durch kapitalisierten Gesellschaft ist. Mit der These der Ökonomisierung des Sozialen und damit zusammenhängend der These der Ökonomisierung von Lebensprozessen geht allerdings auch nicht die Vorstellung einher, dass der Körper zur Ware wird. Vielmehr werden der Körper und damit die Lebensprozesse des Menschen zu Bestandteilen ökonomischer Prozesse. Aus diesem Grund steht der Modus der Gabe in der Organspende nicht im Widerspruch zur Ökonomisierung des Sozialen. So wäre es auch falsch, die Gabe als einen Gegenspieler der Ökonomie zu betrachten. Die Gabe bildet vielmehr eine Form der Ökonomie, wie es auch im Begriff der ›Ökonomie der Gabe‹ angelegt ist.

1 Der Diskurs des Organmangels und seine Regierungsprogramme

Im zweiten Kapitel entfaltete ich die These, dass Individuen in der Organspende als veräußerbare und als gebende Subjekte angerufen werden. Mit dem Begriff der Anrufung (vgl. Althusser 1977; Butler 2001) führte ich ein Modell von Subjektivierung ein, das auf der Idee basiert, dass Individuen zu Subjekten werden, indem sie sich unter einer Identitätskategorie anrufen lassen. Somit bildet auch die Organspenderin oder der Organspender eine Subjektkategorie, mit der sich Individuen anrufen lassen können. Individuen werden in der Organspende nicht dazu gezwungen, sich umzuwenden und die Anrufung anzunehmen, allerdings wird ihnen die Umwendung als moralisch verantwortliche Handlung nahegelegt.

Im Programm der gegenwärtig gültigen Erweiterten Zustimmungsregelung lässt sich mit Althusser (1977) nachzeichnen, dass die Anrufungen auf ein christliches Gewissen zielen, das in der judeo-christlichen Tradition, in der Vorgegebenheit und der Verdanktheit des Lebens durch Gott besteht. Als Organspenderinnen und als Organspender sollen sie mit ihren Organen anderen Menschen Leben schenken, so wie ihnen bereits durch Gott Leben geschenkt wurde. Damit werden sie als moralische und als verantwortliche Subjekte angerufen. Diese Anrufungen erfolgen diskursiv, das heißt, sie werden über Zeitungen, das Radio, das Fernsehen oder über ausliegendes Informationsmaterial vermittelt. Die Anrufungsinstanzen sind hierbei insbesondere die Kirchen und die *Deutsche Stiftung Organtransplantation*. Die postmortale Spende der Erweiterten Zustimmungsregelung wird den Individuen nahegelegt. Sie werden nicht gezwungen, aber ihnen wird vermittelt, dass sie eine moralisch gebotene und verantwortliche Handlung unterlassen, die dazu führen kann, dass Menschen sterben oder weiterhin Leid erfahren, obwohl sie dies verhindern könnten. Auch wenn ihnen Freiwilligkeit in der Entscheidung versichert wird, wird ihr Handlungsfeld vorstrukturiert, da die Negation der Spende in Verbindung mit dem Leid und dem Tod anderer gebracht wird. In der Lebendorganspende bleiben die Anrufungen aus: Für die Lebendorganspende wird nicht geworben, weil einem gesunden Menschen Organe entnommen werden und damit mit dem medizinischen Prinzip des Nichtschadens gebrochen wird. Paradoxerweise wird die Lebendorganspende allerdings als herausstehende Tat gewürdigt. Wer sich für die Organspende entschließt, spendet als außergewöhnlich gut

Handelnder. Mit dem Programm der Ausweitung der Subsidiarität wird den nahen Angehörigen die Lebendorganspende als Selbstverständlichkeit vermittelt. Hierbei ist das medizinische Personal die Anrufungsinstanz. Sie fragen die Angehörigen, ob sie Organe spenden möchten und koordinieren zudem den Verlauf der Entscheidung. Die Anrufungen zielen nicht auf ein christliches Gewissen, sondern auf eine Verantwortung gegenüber dem Kranken, die aus dem Naheverhältnis resultiert. Im Programm der Widerspruchsregelung bildet in einer ersten Übergangsphase der Staat die zentrale Anrufungsinstanz. Für alle vernehmbar soll die Widerspruchsregelung eingeführt werden, sodass die Bereitschaft in einer zweiten Phase vorausgesetzt werden kann. Die Anrufungen zielen auf eine Verantwortung gegenüber der Gemeinschaft und auch auf ein christliches Gewissen, wenn sie als Akte der Nächstenliebe bezeichnet werden.

Die Anrufungen, die ich bisher skizzierte, waren alle von der Motivation getragen, dass mit der Organspende anderen geholfen wird. Das Programm des Organclubs und auch das Programm des Vorsorgeprinzips geht nicht von der *Fürsorge* für andere aus, sondern formuliert die *Vorsorge* als moralisch gebotene Handlung. Als Unternehmerinnen und Unternehmer ihrer selbst sollen Individuen ihre gesundheitlichen Risiken berechnen. Das Eintreten einer Organinsuffizienz bildet nicht mehr ein kontingentes Ereignis, sondern wird zum kalkulierbaren Risiko. In der *Community* des Organclubs können Individuen ihre Organe als Ressourcen einbringen und auf diese Weise ihr Risiko, zukünftig auf ein Spenderorgan angewiesen zu sein, präventiv kalkulieren. Das Clubmitglied ist nicht mehr auf das staatliche Gesundheitssystem verwiesen, die Verantwortung für die Gesundheit wird in diesem Programm privatisiert. Die Anrufungsinstanz erfolgt einerseits vom Club und andererseits vom ›fortgeschritten liberalen Staat‹, der Individuen als unternehmerische Subjekte anruft und ihnen nahelegt, ihre Risiken selbst zu kalkulieren. Für eine mögliche Organinsuffizienz muss selbst Vorsorge getroffen werden. Hierbei wird Moral reformuliert: Das moralische Subjekt der Organspende ist nicht der Fürsorgende, der die Schuld abtritt, die auf der Vorgegebenheit des Menschen durch Gott basiert. Das moralische Subjekt der Organspende trägt vielmehr seine Risiken selbstbestimmt, betreibt Vorsorge und fällt anderen nicht zur Last.

Im Programm des staatlich regulierten Organhandels besteht die Priorität darin, dass der Staat Individuen mit ausreichend Spenderorganen versorgen kann. Der Staat ist die zentrale Anrufungsinstanz, die nicht mehr die körperliche Integrität der Individuen schützt, sondern vielmehr garantiert, dass jede und jeder Bedürftige ein Spenderorgan vom Staat erhält. Der Organverkauf gilt hierbei nicht als unmoralische Handlung. Im Gegenteil: Da die Organverkäuferinnen und Organverkäufer helfen, den Organmangel zu überwinden, bildet der Organverkauf einen säkularisierten Dienst an der Gemeinschaft. Die christliche Fundierung der Organspende als Akt der Nächstenliebe wird aufgegeben.

2 ORGANE GEBEN

Organe geben, so mein Argument, bildet keine vorsoziale Handlung. Vielmehr muss auch die oder der Gebende als Produkt von Subjektivierungsprozessen in den Blick genommen werden, das in der Gleichzeitigkeit aus Unterwerfung und Ermächtigung konstituiert wird. Auch mit dem Begriff der Anrufung wird akzentuiert, dass die Umwendung nicht automatisch erfolgt. Wenn man von der Gleichzeitigkeit aus Unterwerfung und Ermächtigung ausgeht, können Anrufungen in der Organspende auch scheitern, sie bilden jedoch keine vorsozialen und damit ausschließlich freien oder rationalen Entscheidungen. Dies wird in einer bioethischen Lesart der Organspende jedoch häufig suggeriert. Auch für Mauss (1990) ist Geben nicht mit einer freien, rationalen und vorsozialen Handlung gleichzusetzen, eine Gabe ist vielmehr Ausdruck einer Reziprozitätskonstellation, die durch die Gabe weitergeführt wird. Im Anschluss an die Ausführungen zur Subjektivierung argumentiere ich, dass, wenn Individuen sich als Organspenderinnen und als Organspender anrufen lassen, sie auf eine in der judeochristlichen Tradition im vorhinein bestehenden Schuld der Vorgegebenheit des Lebens reagieren. Auch Butler (2001) entfaltete ihre subjekttheoretischen Überlegungen auf Althussers Gedanken, dass, wenn sich Individuen als Subjekte anrufen lassen, die Schuld im Vorhinein besteht. Subjektwerden heisst, sich dem Schuldvorwurf entledigen. Mit Mauss lässt sich argumentieren, dass die im Vorhinein bestehende Schuld aus dem bereits erfolgten Ereignis der Gabe besteht, das zur Gegengabe zwingt. Auch in Bourdieus gabentheoretischen Überlegungen sind Zweifel an der Konzeption zu vernehmen, dass Geben eine autonome und rationale Handlung ist. Bourdieu (1993) argumentiert, dass im Gabentausch verschleiert wird, dass als Gegengabe gegeben wird. Die Verschleierung ist möglich, da zwischen

Gabe und Gegengabe ein Zeitintervall liegt, sodass die Gegengabe als vereinzelt erscheint. Die Verschleierung, auf die Bourdieu hinweist, lässt hier Parallelen zu Althussers Ideologiebegriff zu: Im Anschluss an Lacan benennt Althusser »das imaginäre Verhältnis« der Subjekte zu ihren »materiellen Lebensbedingungen« als ideologisch, da das Subjekt davon ausgeht, dass es die Lebensbedingungen, in denen es lebt, selbst schafft (Althusser 1977: 133). Es nimmt sich autonom wahr, da es seine Konstitutionsprozesse verkennt. Bourdieu bezeichnet analog, allerdings ohne Bezug auf Althusser, die Subjektwerdung des Gebenden als Verschleierung, da die Bedingungen ignoriert werden, die dazu geführt haben, dass das Subjekt gibt.

Bourdieu (1993) lässt sich darüber hinaus der zentrale Hinweis entnehmen, dass Geben auch eine Machtpraxis bildet, bei der der Gebende als solcher bestätigt wird. Geben ist damit schon aus dem Grund kein selbstloser Akt, weil durch das Geben Bestätigung und Anerkennung erkauft wird. Geben kann einen Machtzugewinn bedeuten. Vor diesem Hintergrund lässt sich auch das Geben eines Organs als Bestätigung lesen. Die Annahme der Anrufung als Organspenderin oder als Organspender bestätigt ein Individuum als moralisch verantwortliches Subjekt, wie zum Beispiel als guten Christenmenschen in der postmortalen Spende oder als fürsorgende Ehefrau in der Lebendorganspende.

3 WER GIBT?

Die Auseinandersetzung mit der Frage, wer Organspenderin oder Organspender wird, zeigte, dass die Kategorien Geschlecht und Ethnizität einen zentralen Einfluss darauf haben, ob Individuen sich umwenden und die Anrufung als Organspenderinnen oder als Organspender annehmen. Im vierten Kapitel legte ich ausführlich dar, dass Frauen geringfügig häufiger als Männer einen Organspendeausweis haben. Wenn man nach der Kategorie Ethnizität fragt, fällt auf, dass sich ethnische Minderheiten kaum dafür entscheiden, Organe zu spenden. Schwarze US-Amerikanerinnen und -amerikaner misstrauen stärker als die weiße US-amerikanische Mehrheitsgesellschaft der medizinischen Forschung und sie gehen auch nicht davon aus, dass sie eine gleichwertige Behandlung erfahren. Dies ist nicht verwunderlich, denn die Gegenwart von rassistischer Diskriminierung ist belegt: Schwarze US-Amerikanerinnen und -amerikaner warten tatsächlich wesentlich länger auf ein Spenderorgan. Des Weiteren zeigen Befunde, dass sie zwar von den Möglichkeiten der Organspende wissen, sie sich allerdings nicht adressiert fühlen, Organe zu spenden, da sie die Transplantationsmedizin mit einer weißen Therapieform assoziieren, zu der sie keinen Zugang haben. Hier resümierte ich mit Putnam (1999) und Morgan (2006), dass die Bereitschaft zur Organspende sinkt, wenn die Triade des Gebens, Nehmens und Erwiderns als unvollständig erlebt wird.

Bei der Lebendorganspende stellte ich die große Bereitschaft von Frauen heraus, Organe an ihre Angehörigen zu spenden. Frauen spenden sehr häufig als Mütter an ihre Kinder und als Ehefrauen an ihre Partner (vgl. Biller-Andorno/Kling 2004). Dieses Ergebnis ist aus Perspektive der geschlechtersensiblen Gabenforschung nicht verwunderlich, denn Frauen gelten dort als das Geschlecht, das häufiger gibt und auch intensiver in die Schenkarbeit involviert ist (vgl. Komter 2005). Wie die höhere Eingebundenheit von Frauen in Ökonomien der Gabe zu bewerten ist, lässt sich allerdings nicht endgültig beantworten: Weibliches Geben ist weder ein eindeutiger Ausdruck über ihre inferiore noch über ihre superiore Position. Die konkreten sozialen Konstellationen, in denen sich das Geben, Nehmen und Erwidern ereignet, muss vielmehr Berücksichtigung finden (ebd.). Die Gründe, warum Frauen häufiger als Männer spenden, werden in traditionellen Geschlechterrollen verortet, in denen Fürsorge, Aufopferungsbereitschaft und die Verantwortung für die familiäre Gesundheit als weibliche Pflichten assoziiert werden (vgl. Biller-Andorno 2002; Winter/Decker 2006; Klein/Simmons/Simmons 1987; Lorber/Moore 2002).

Im vierten Kapitel zeichnete ich nach, dass in der Organspende im Allgemeinen und in der Lebendorganspende im Besonderen große Zweifel an der Vorstellung einer Entscheidung für oder gegen eine Spende bestehen. Mit Althusser gesprochen, beeinträchtigt eine Entscheidung, dass die Annahme der Anrufung, die Umwendung, im Vorhinein besteht. Dies kann bedeuten, dass die Bedürftigkeit eines Kindes oder des Partners von Frauen nicht als Anfrage und auch nicht als Entscheidungsoption erfahren wird. Sie können die Organspende als eine Selbstverständlichkeit erleben. Im Anschluss an Mauss' Gabentheorem verwies ich auf Zwänge, die aus dem Naheverhältnis resultieren können.

Die iranische Regelung des Organhandels, in der mehr Männer als Frauen ihre Organe veräußern, konfrontiert uns mit der Frage, ob die Organspende in der Ökonomie der Gabe eine indirekte Diskriminierung von Frauen ist. Aber müssen Frauen als vulnerable Spenderinnen in den Blick genommen und etwa sogar vor sich selbst geschützt werden? Oder bildet dieses Argument nicht vielmehr eine autoritäre Bevormundung? Wie ich aufgezeigt habe, kritisieren einige Autorinnen und Autoren, dass die in der Gesetzgebung vorgeschriebene Freiwilligkeit und Autonomie in der Entscheidung zur Spende nicht mit einer leichten Entscheidung gleich gesetzt werden darf. Denn nicht die Abwesenheit einer engen Bindung macht die Entscheidung für oder gegen eine Lebendorganspende zu einer freiwilligen und autonomen Entscheidung. Jedoch warnte ich auch davor, ›Entscheidungen‹ für oder gegen eine Lebendorganspende als vorsoziale Handlungen zu beschreiben, die selbstbestimmte Subjekte auf Grundlage einer Breite von Entscheidungsmöglichkeiten treffen. Denn die verantwortungsvollen Subjekte, die der Diskurs der Organspende konstruiert, lassen sich nicht in der Semantik von Empowerment rekonstruieren, die hier häufig nahegelegt wird. Vor diesem Hintergrund zeigte ich, dass es für manche Frauen keine Wahl geben kann, ob sie ihrem Ehemann oder ihrem Kind ein Organ spenden, wenn zum Beispiel die finanzielle Existenz der Familie von der Berufstätigkeit des Mannes abhängt.

Das Infragestellen von Selbstbestimmung, Freiwilligkeit und Autonomie in der Organspende bedeutet allerdings nicht, dass diese Kriterien obsolet sind und überwunden werden sollten. Mit dem soziologischen Instrumentarium lassen sich vielmehr die Ambivalenzen und Zwänge verdeutlichen, die Prozessen zu eigen sind, in denen Individuen als Subjekte eines spezifischen Willens angerufen werden. Mit Bennet (1999) lässt sich zudem zeigen, dass der Begriff der Autonomie suggeriert, Menschen würden unabhängig von den miteinander verwobenen sozialen Differenzlinien Gebrauch von ihrem Recht machen. Dagegen betont sie, dass Autonomie verkörpert ist und nicht von universalen, sondern von spezifischen Kontexten auszugehen ist.

4 SOZIOLOGIE DER BIOPOLITIK

Die vorliegende Untersuchung zur Organspende und zum Diskurs des Organmangels trägt zum noch jungen Forschungsfeld der Soziologie der Biopolitik bei. Mit Blick auf die ambivalenten Ökonomien der Gabe in der Organspende verwies die Untersuchung, anders als zahlreiche Arbeiten der

Gouvernementalitätsforschung, nicht nur auf das Aufkommen und die zunehmende Dominanz von unternehmerischen Kalkülen im Bereich der Gesundheit (vgl. Greco 1993; Rose 2007). Vielmehr legte sie auch dar, wie Lebensprozesse in Ökonomien der Gabe überführt werden. Ich argumentierte, dass die Gabe, anders als es alltagssprachlich naheliegt, keinen Gegenspieler zur Ware bildet oder eine bessere oder moralischere Form der Ökonomie beschreibt. Die gaben- und auch die subjekttheoretische Fundierung der Organspende verdeutlichte vielmehr die Zwänge und Ambivalenzen, in die das Geben und Nehmen von Organen eingebunden ist.

Mit der Frage nach einem soziologischen Begriff von Organen fügt die Auseinandersetzung mit Organspende der Soziologie der Biopolitik und auch der Soziologie der Körper eine bislang vernachlässigte Perspektive hinzu. Hierbei wurde deutlich, dass Organe, wenn sie als Spenderorgane bezeichnet werden, auch Produkte von sozialen Konstruktionen sind. Ich argumentierte, dass sie in den sozialen Konstruktionen nicht aufgehen, da Organe immer auch, so zeigt die medizinanthropologische Forschung, mit Leibaspekten in Verbindung stehen.

Der naturwissenschaftlichen Medizin und der Bioethik wird häufig nachgesagt, die Deutungshoheit darüber übernommen zu haben, wie wir uns als körperliche Subjekte begreifen und auch erleben (vgl. Manzei 2003). Auch die Beschäftigung mit sozialen und politischen Fragen der Organspende fand in jüngster Zeit insbesondere in der Bioethik statt. Durch das Fehlen alternativer Perspektiven übernimmt die Bioethik eine dominante Rolle in der Generierung von Forschungsfragen und der Systematisierung des Wissens, womit sie zwangsläufig die Organspende als wissenschaftlichen Untersuchungsgegenstand vorstrukturiert. Die Bioethik fokussiert sich hierbei auf eine Regulierungsperspektive, das heißt auf die Frage, was in der Praxis der Organspende erlaubt sein und auch verbessert werden sollte.

Der Beitrag, den die vorliegende Untersuchung und damit auch das Forschungsumfeld der Soziologie der Biopolitik im weiteren Sinn leistet, besteht darin, in Distanz zur Regulierungsperspektive zu treten. Anstatt zu fragen, was zu tun ist und wie der Mangel an Organspenden effizient überwunden werden kann, schlage ich mit dieser Arbeit vor, stärker den Blick auf die ökonomischen Prozesse zu richten, die in die menschlichen Körper eingedrungen sind. Daraus resultierende Fragen sind nicht nur für die Organspende bedeutsam. Auch bei weiteren globalen Körpermärkten, wie zum Beispiel bei Patenten der Gentechnik, sogenannten Leihmutterschaften oder bei der Präimplantationsdiagnostik, ist es wünschenswert, dass neue Formen der Auseinandersetzung Priorität haben. Zu fragen ist: Welche Werthaltungen vermitteln diese Technologien? Welche Normen setzen sie voraus? Welche neuen Ungleichheiten mit Blick auf die Kategorien Geschlecht und Ethnizität, aber auch Alter, Behinderung, Sexualität und Religion, entstehen? Welche sozialen Ungleichheiten reproduzieren sie? Welche Zwänge werden neu begründet, aber auch welche Freiheiten sind ihr Produkt? Wer profitiert an diesen neuen Märkten? *Last, but not least*, stellt sich die Frage, *wie* sich mit den skizzierten ambivalenten Ökonomien unsere Vorstellung unseres körperlich-leiblichen Daseins verändert.

Auch wenn der US-amerikanische Sozialpsychologe Thomas H. Murray über Blutspende spricht, scheint mir seine Blickrichtung mehr als zwanzig Jahre später für Körpermärkte im Allgemeinen und die Organspende im Besonderen als zentral: »Purely economic analyses of blood procurement ask the wrong question. We should not inquire: ›How can we obtain the most blood at the least cost?‹ But ›What sort of society do we want?‹« (Murray 1987: 37).

VI Literaturverzeichnis

Ach, Johann S., Michael Anderheiden, Michael Quante (2000): Ethik der Organtransplantation. Erlangen: Harald Fischer.

Ach, Johann S., Michael Quante (Hg.) (1999): Hirntod und Organverpflanzung. Ethische, medizinische, psychologische und rechtliche Aspekte der Transplantationsmedizin. Stuttgart: Frommann.

Achilles, Mark (2007): »Lebendspende-Nierentransplantation. Ein theologisch-ethischer Zwischenhalt«, in: Zeitschrift für medizinische Ethik 53 (1), 27-36.

Adloff, Frank (2005): »Die Reziprozität der Gesellschaft – Zum Paradigma der Gabe in der Moderne«, in: Michael Corsten, Hartmut Rosa, Ralph Schrader (Hg.): Die Gerechtigkeit der Gesellschaft. Wiesbaden: VS, 25-51.

Adloff, Frank (2010): Philanthropisches Handeln. Eine historische Soziologie des Stiftens in Deutschland und den USA. Frankfurt: Campus.

Adloff, Frank, Steffen Mau (Hg.) (2005a): Vom Geben und Nehmen. Zur Soziologie der Reziprozität. Frankfurt: Campus.

Adloff, Frank, Steffen Mau (2005b): »Die Theorie der Gabe und Reziprozität», in: dies. (Hg.): Vom Geben und Nehmen. Frankfurt: Campus, 9-61.

Adloff, Frank, Steffen Sigmund (2005): »Die ›gift economy‹ moderner Gesellschaften. Zur Soziologie der Philanthropie«, in: Frank Adloff, Steffen Mau (Hg.): Vom Geben und Nehmen. Frankfurt: Campus, 211-235.

AG gegen Rassismus in den Lebenswissenschaften (Hg.) (2009): Gemachte Differenz. Kontinuitäten biologischer »Rasse«-Konzepte. Münster: Unrast.

Agamben, Giorgio (2002): Homo Sacer. Die souveräne Macht und das nackte Leben. Frankfurt: Suhrkamp.

Agamben, Giorgio (2004): Ausnahmezustand. Frankfurt: Suhrkamp.

Alexander, Jeffrey C., Philipp Smith (1996): »Social Sciences and Salvation: Risk Society as Mythical Discourse«, in: Zeitschrift für Soziologie 25 (4), 251-262.

Althusser, Louis (1977 [1965]): Ideologie und ideologische Staatsapparate. Aufsätze zur marxistischen Theorie. Hamburg: VSA.

Anderson, Benedict (1998): Die Erfindung der Nation. Zur Karriere eines folgenreichen Konzepts. Frankfurt: Campus.

Angermüller, Johannes, Katharina Bunzmann, Martin Nonhoff (Hg.) (2001): Diskursanalyse. Theorien, Methoden, Anwendungen. Hamburg: Argument.

Angermüller, Johannes, Silke van Dyk (2010): Diskursanalyse meets Gouvernementalitätsforschung. Perspektiven auf das Verhältnis von Subjekt, Sprache, Macht und Wissen. Frankfurt: Campus.

Appadurai, Arjun (1986a): The Social Life of Things. Commodities in Cultural Perspective. Cambridge: Cambridge University Press.

Appadurai, Arjun (1986b): »Introduction: Commodities and the Politics of Value«, in: ders.: The Social Life of Things. Cambridge: Cambridge University Press, 3-63.

Arlacchi, Pino (1999): Ware Mensch. Der Skandal des modernen Sklavenhandels. München: Piper.

Arntz, Klaus (2003): »Die Organspende zwischen passiver und aktiver Akzeptanz«, in: Zeitschrift für medizinische Ethik 49 (2), 185-201.

Arriola, Kimberly R., Dana H. Robinson, Jennie Perryman, Nancy Thompson (2008): »Understanding the Relationship between Knowledge and African Americans' Donation Decision-Making«, in: Patient Education and Counseling 70 (2), 242-250.

Aumann, Christian, Wulf Gaertner (2004): »Die Organknappheit – Ein Plädoyer für eine Marktlösung«, in: Ethik in der Medizin 16 (2), 205-224.

Aumann, Christian, Wulf Gaertner (2006): »Die Organknappheit«, in: Europäische Akademie 39, 59-67.

Avula, S., R. Sharma, A. Singh et al. (1998): »Age and Gender Discrepancies in Living Related Renal Transplant Donor Recipients«, in: Transplantation Proceeding 30 (7), 3674.

Barkhaus, Annette, Anne Fleig (2002a): Grenzverläufe. Der Körper als Schnitt-Stelle. München: WFV.

Barkhaus, Annette, Anne Fleig (2002b): »Körperdimensionen oder die unmögliche Rede vom Unverfügbaren«, in: dies. (Hg.): Grenzverläufe. München: WFV, 9-23.

Bataille, Georges (1975): Die Aufhebung der Ökonomie. Der Begriff der Verausgabung. München: Rogner & Bernhard.

Baudrillard, Jean (2000 [1999]): Der unmögliche Tausch. Berlin: Merve.

Baudrillard, Jean (2002 [2001]): Der Geist des Terrorismus. Die Herausforderung des Systems durch die symbolische Gabe des Todes. Wien: Passagen.

Baudrillard, Jean (2005 [1976]): Der symbolische Tausch und der Tod. Berlin: Matthes & Seitz.

Baureithel, Anna (1998): »Vom freiwilligen Geschenk zur Bringschuld«, in: Die Tageszeitung vom 26.10.1998, 14.

Baureithel, Ulrike, Anna Bergmann (1999): Herzloser Tod. Das Dilemma der Organspende. Stuttgart: Klett-Cotta.

Beauchamp, Tom L., James E. Childress (Hg.) (1989): Principles of Biomedical Ethics. New York: Oxford.

Beck, Ulrich (1986): Risikogesellschaft. Auf dem Weg in eine andere Moderne. Frankfurt: Suhrkamp.

Beck, Ulrich (2008): Weltrisikogesellschaft. Auf der Suche nach der verlorenen Sicherheit. Frankfurt: Suhrkamp.

Beckert, Jens (1999): »Ökonomische Rationalität und die Einbettung wirtschaftlichen Handelns«, in: Axel T. Paul (Hg.): Ökonomie und Anthropologie. Berlin: Arno Spitz, 89-102.

Bell, Daniel (1973): The Coming of Post-Industrial Society. A Venture in Social Forecasting. New York: Basic Books.

Bellebaum, Alfred (2001): Soziologische Grundbegriffe. Eine Einführung für soziale Berufe. Stuttgart: Kohlhammer.

Benthiem, Claudia (1999): Haut. Literaturgeschichte – Körperbilder – Grenzdiskurse. Hamburg: Rowohlt.

Benthiem, Claudia, Christoph Wulf (Hg.) (2001): Körperteile. Eine kulturelle Anatomie. Hamburg: Rowohlt.

Bergmann, Anna (2004): Der entseelte Patient. Die moderne Medizin und der Tod. Berlin: Aufbau.

Bergmann, Anna (2005): »An den Grenzen des Lebens: Die anatomische Konzeption vom Körper-Menschen und Tabubrüche in der Transplantationsmedizin«, in: Die Philosophin 31 (1), 55-68.

Berkemer, Georg, Guido Rappe (Hg.) (1996): Das Herz im Kulturvergleich. Berlin: Akademie Verlag.

Berking, Helmuth (1996): Schenken. Zur Anthropologie des Gebens. Frankfurt: Campus.

Besold, Andrea, Christian Ritter (2005): »Über die Alternativen zur Lebendspende im Transplantationsgesetz. Die Überkreuz-Lebendspende – warum nicht auch in Deutschland?«, in: Medizinrecht 23 (9), 502-510.

Bhowmik, Dipankar, Suresh C. Dash, Sandeep Guleria, Sanjay Gupta, Sanjay K. Agarwal et al. (2003): »Spousal Renal Transplants: Implications in Developing Countries«, in: Transplantation Proceeding 35 (1), 26-27.

Biller-Andorno, Nikola (2002): »Gender Imbalance in Living Organ Donation«, in: Medicine, Health, Care and Philosophy 5 (2), 199-204.

Biller-Andorno, Nikola, Henning Schauenburg (2001): »It's only Love? Some Pitfalls in Emotionally Related Organ Donation«, in: Journal of Medical Ethics 27 (3), 162-164.

Biller-Andorno, Nikola, S. Kling (2004): »Who gives and Who recieves?«, in: Thomas Gutmann, Abdallah S. Daar, Robert A. Sells, Walter Land (Hg.): Ethical, Legal, and Social Issues in Organ Transplantation. Lengerich: Papst Science Pub., 222-230.

Birnbacher, Dieter (2002): »Organtransplantation – Der Stand der ethischen Debatte«, in: Venanz Schubert (Hg.): Medizin zwischen Ethik, Technik und Kommerz. St. Ottilien: EOS, 39-60.

Blankart, Charles (2006): »Spender ohne Rechte. Das Drama der Organtransplantation«, in: Europäische Akademie 39, 27-57.

Bloembergen, W.E., F.K. Port, E. Mauger (1996): »Gender Discrepancies in Living Related Renal Transplant Donors and Recipients«, in: Journal of American Society of Nephrology 7 (8), 1139-1144.

Bogner, Alexander, Wolfgang Menz (2005): »Expertenwissen und Forschungspraxis: Die modernisierungstheoretische und die methodische Debatte um die Experten«, in: dies., Beate Littig (Hg.): Das Experteninterview. Wiesbaden: VS, 33-70.

Borgetto, Bernhard, Karl Kälble (2007): Medizinsoziologie. Sozialer Wandel, Krankheit, Gesundheit und das Gesundheitssystem. Weinheim: Juventa.

Boston Women's Health Book Collective (1980 [1971]): Unser Körper unser Leben. Ein Handbuch von Frauen für Frauen. Hamburg: Rowohlt.

Bourdieu, Pierre (1993 [1980]): Sozialer Sinn. Kritik der theoretischen Vernunft. Frankfurt: Suhrkamp.

Bourdieu, Pierre (1998 [1994]): Praktische Vernunft. Zur Theorie des Handelns. Frankfurt: Suhrkamp.

Bourdieu, Pierre (2001 [1997]): Meditationen. Zur Kritik der scholastischen Vernunft. Frankfurt: Suhrkamp.

Brandt, Sigrid (1993): Religiöses Handeln in moderner Welt. Talcott Parsons' Religionssoziologie im Rahmen seiner allgemeinen Handlungs- und Systemtheorie. Frankfurt: Suhrkamp.

Braun, Christina von, Christoph Wulf (Hg.) (2007): Mythen des Blutes. Frankfurt: Campus.

Braun, Sebastian (2001): »Putnam und Bourdieu und das soziale Kapital in Deutschland: Der rhetorische Kurswert einer sozialwissenschaftlichen Kategorie«, in: Leviathan 29 (3), 337-354.

Breyer, Friedrich (2002): »Möglichkeiten und Grenzen des Marktes im Gesundheitswesen«, in: Zeitschrift für medizinische Ethik 48 (2), 111-123.

Breyer, Friedrich, Wolfgang van den Daele, Margret Engelhard, Gundolf Gubernatis, Hartmut Kliemt et al. (2006): Organmangel. Ist der Tod auf der Warteliste vermeidbar? Berlin: Springer.

Bröckling, Ulrich (2007): Das unternehmerische Selbst. Soziologie einer Subjektivierungsform. Frankfurt: Suhrkamp.

Bröckling, Ulrich, Susanne Krasmann, Thomas Lemke (Hg.) (2000a): Gouvernementalität der Gegenwart. Studien zur Ökonomisierung des Sozialen. Frankfurt: Suhrkamp.

Bröckling, Ulrich, Susanne Krasmann, Thomas Lemke (2000b): »Gouvernementalität, Neoliberalismus und Selbsttechnologien«, in: dies.: Gouvernementalität der Gegenwart. Frankfurt: Suhrkamp, 7-41.

Broelsch, Christoph (2009): »Zwischen Tod und Leben«, in: Unikate Universität Duisburg-Essen. Berichte aus Forschung und Lehre 35, 38-47.

Brunnett, Regina, Stefanie Graefe (2003): »Gouvernementalität und Anti-Terror-Gesetze. Kritische Fragen an ein analytisches Konzept«, in: Encarnación Gutiérrez Rodríguez, Marianne Pieper (Hg.): Gouvernementalität. Frankfurt: Campus, 50-67.

Bublitz, Hannelore (2003): Diskurs. Bielefeld: transcript.

Bublitz, Hannelore, Andrea Bührmann, Christine Hanke, Andrea Seier (Hg.) (1998): Das Wuchern der Diskurse. Perspektiven der Diskursanalyse Foucaults. Frankfurt: Campus.

Bührmann, Andrea (1998): »Diskursanalyse als Gesellschafts›theorie‹. ›Diagnostik‹ historischer Praktiken am Beispiel der ›Kulturkrisen‹-Semantik und der Geschlechterordnung um die Jahrhundertwende«, in: Hannelore Bublitz, dies., Christine Hanke, Andrea Seier (Hg.): Das Wuchern der Diskurse. Frankfurt: Campus, 22-48.

Bührmann, Andrea (2005): »Chancen und Risiken angewandter Diskursforschung«, in: Reiner Keller, Andreas Hirseland, Werner Schneider, Willy Viehöver (Hg.): Die diskursive Konstruktion von Wirklichkeit. Konstanz: UVK, 229-250.

Bührmann, Andrea, Werner Schneider (Hg.) (2008): Vom Diskurs zum Dispositiv. Eine Einführung in die Dispositivanalyse. Bielefeld: transcript.

Bundeszentrale für Gesundheitliche Aufklärung (2009): Gesetzliche Regelungen für die Entnahme von Organen zur Transplantation in Europa, http://www.organspende-info.de/gesetz/europa-regelungen-organ-spende vom 27.01.2010.

Bundeszentrale für Gesundheitliche Aufklärung (2010): Repräsentativbefragung. Wissen, Einstellung und Verhalten der Allgemeinbevölkerung zur Organspende. Köln.

Busch, Kathrin (2004): Geschicktes Geben. Aporien der Gabe bei Jacques Derrida. München: Wilhelm Fink.

Butler, Judith (1991 [1990]): Das Unbehagen der Geschlechter. Frankfurt: Suhrkamp.

Butler, Judith (1997 [1993]): Körper von Gewicht. Die diskursiven Grenzen des Geschlechts. Frankfurt: Suhrkamp.

Butler, Judith (2001 [1997]): Psyche der Macht. Das Subjekt der Unterwerfung. Frankfurt: Suhrkamp.

Butler, Judith (2006 [1997]): Haß spricht. Zur Politik des Performativen. Frankfurt: Suhrkamp.

Caillé, Alain (2008): Anthropologie der Gabe, hg. Frank Adloff, Christian Papilloud. Frankfurt: Campus.

Callender, C., M. Hall, P. Miles (2002): »Increasing Living Donations: Expanding the National MOTTEP Community Grassroots Model«, in: Transplantation Proceeding 34 (7), 2563-2564.

Canguilhem, Georges (1989): Grenzen medizinischer Rationalität. Historisch-epistemologische Untersuchungen. Tübingen: edition diskord.

Caplow, Theodore (1982): Middletown Families. 50 Years of Change and Continuity. Minneapolis: University of Minnesota Press.

Castel, Robert (1983): Die psychiatrische Ordnung. Das goldene Zeitalter des Irrenwesens. Frankfurt: Suhrkamp.

Cheal, David (1983): »Intergenerational Family Transfer«, in: Journal of Marriage and the Family 45 (4), 805-813.

Cheal, David (1987): »›Showing them you love them‹: Gift Giving and the Dialectic of Intimicy«, in: Sociological Review 35 (1), 150-169.

Cheal, David (1988): The Gift Economy. London: Routledge.

Clayville, LaRhonda (1999): »When Donor Families and Organ Recipient Meet«, in: Journal of Transplant Coordination 9 (2), 81-96.

Cohen, Adam (2002): The Perfect Store. Inside Ebay. New York: Little Brown.

Cohen, S., R. Kapsis (1978): »Participation of Blacks, Puerto Ricans, and Whites in Voluntary Association: A Test of Current Theories«, in: Social Forces 56 (4), 1053-1071.

Crossley, Nick (1995): »Merleau-Ponty, the Elusive Body and Carnal Sociology«, in: Body & Society 1 (1), 43-63.

Därmann, Iris (2010): Theorien der Gabe. Hamburg: Junius.

Davis, Cynthia, Gurch Randhawa (2004): »›Don't know enough about it!‹ Awareness and Attitudes toward Organ Donation and Transplantation Among the Black Carribian and Black Africans Population in Lambeth, Southwark, and Lewsham, United Kingdom«, in: Transplantation 78 (15), 420-425.

Decker, Oliver, Antje Lehmann, Merve Winter (2004): »›Ich habe meinen Körper nicht mehr in der Gewalt ...‹: Narzisstische Restitution bei Organtransplantation«, in: Psychotherapie im Dialog 55 (3), 271-277.

Decker, Oliver, Merve Winter, Elmar Brähler, Manfred Beutel (2008): »Sex sells?‹ Geschlechterunterschiede und Anreizmodelle. Die Einstellungen der Deutschen zur Organspende«, in: Transplantationsmedizin 20 (1), 53-58.

Deile, Volkmar, Deutsches Institut für Menschenrechte (Hg.) (2008): Jahrbuch Menschenrechte 2008. Themenschwerpunkt Sklaverei heute. Frankfurt: Suhrkamp.

Demirovic, Alex (2008): »Liberale Freiheit und das Sicherheitsdispositiv«, in: Katrin Meyer, Patricia Purtschert, Yves Winter (Hg.): Gouvernementalität und Sicherheit. Bielefeld: transcript, 229-250.

Denninger, Tine, Silke van Dyk, Stephan Lessenich, Anna Richter (2010): »Die Regierung des Alter(n)s. Analysen im Spannungsfeld von Diskurs, Dispositiv und Dispositionen«, in: Johannes Angermüller, Silke van Dyk (Hg.): Diskursanalyse meets Gouvernementalitätsforschung. Frankfurt: Campus, 207-235.

Derrida, Jacques (1983): Grammatologie. Frankfurt: Suhrkamp.

Derrida, Jacques (1993 [1991]): Falschgeld. Zeit geben I. München: Wetzel.

Deutsche Bischofskonferenz, Rat der Evangelischen Kirchen (1990): Erklärung der Deutschen Bischofskonferenz und des Rates der EKD. Bonn/Hannover.

Deutsche Stiftung Organtransplantation (2010a): Organspende und Transplantation 2009. Frankfurt: Deutsche Stiftung Organtransplantation.

Deutsche Stiftung Organtransplantation (2010b): Unsere Aufgaben, http://www.dso.de/diedso/zieleundaufgaben/main_idx.html vom 01.10.2010.

Deutscher Bundestag (2005): Zwischenbericht der Enquete-Kommission. Ethik und Recht der modernen Medizin. Organlebendspende. Drucksache 15/5050.

Diamandopoulos, Athanasios, Pavlos Goudas (2002): »The Role of the Kidney as a Religious, Cultural and Sexual Symbol«, in: American Journal of Nephrology 22 (2-3), 107-111.

Douglas, Mary (1985): Risk Acceptability According to the Social Sciences. London: Routledge.

Douglas, Mary (1990): »Forword: No free gifts«, in: Marcel Mauss: The Gift. The Form and Reason for Exchange in Archaic Societies. London, New York: Routledge, IX-XXXIII.

Douglas, Mary (1993 [1970]): Ritual, Tabu und Körpersymbolik. Sozialanthropologische Studien in Industriegesellschaft und Stammeskultur. Frankfurt: Fischer.

Dreßke, Stefan (2005): Sterben im Hospiz. Der Alltag in einer alternativen Pflegeeinrichtung. Frankfurt: Campus.

Duden, Barbara (1987): Geschichte unter der Haut. Ein Eisenacher Arzt und seine Patientinnen um 1730. Stuttgart: Klett-Cotta.

Duden, Barbara (1991): »Die Frau ohne Unterleib: Zu Judith Butlers Entkörperung«, in: Feministische Studien 11 (2), 24-33.

Duden, Barbara (2002): Die Gene im Kopf – der Fötus im Bauch. Historisches zum Frauenkörper. Hannover: Offizin.

Duden, Barbara (2004): »Frauen-›Körper‹: Erfahrung und Diskurs (1970-2004)«, in: Ruth Becker, Beate Kortendiek (Hg.): Handbuch Frauen- und Geschlechterforschung. Wiesbaden: VS, 504-518.

Durkheim, Émile (1961): Die Regeln der soziologischen Methode. Neuwied: Luchterhand

Duster, Troy (2003): »Buried Alive: The Concept of Race in Science«, in: Alan G. Goodman, Deborah Haeth, Susan Lindee (Hg.): Genetic Nature/Culture. Berkeley: University of California Press, 258-277.

Düwell, Marcus, Klaus Steigleder (2003): Bioethik. Eine Einführung. Frankfurt: Suhrkamp.

Ecker, Gisela (2008): ›Giftige Gaben‹. Über Tauschprozesse in der Literatur. München: Wilhelm Fink.

Ehm, Simone, Silke Schicktanz (Hg.) (2006): Körper als Maß? Biomedizinische Eingriffe und ihre Auswirkungen auf Körper- und Identitätsverständnisse. Stuttgart: Hirzel.

Ehrenberg, Alain (2008 [1998]): Das erschöpfte Selbst. Depressionen und Gesellschaft der Gegenwart. Frankfurt: Suhrkamp.

Eibach, Ulrich (1999): »Organspende von Lebenden: Auch unter Fremden ein Akt der ›Nächstenliebe‹«, in: Zeitschrift für medizinische Ethik 45 (3), 217-231.

Eichler, Margrit, Judith Fuchs, Ulrike Maschewsky-Schneider (2000): »Richtlinien zur Vermeidung von Gender Bias in der Gesundheitsforschung«, in: Zeitschrift für Gesundheitswissenschaften 8 (4), 293-310.

Einollahi, Behzad (2008): »Gender Imbalance in Kidney Transplantation: Iran in a Global Perspective«, in: Gender Medicine 5 (1), 101-105.

Elias, Norbert (1976 [1939]): Über den Prozeß der Zivilisation. Soziogenetische und psychogenetische Untersuchungen. Frankfurt: Suhrkamp.

Elias, Norbert (2009 [1970]): Was ist Soziologie. München: Juventa.

Ewald, François (1990): »Norms, Discipline, and the Law«, in: Representations 30, 139-161.

Ewald, François (1993): Der Vorsorgestaat. Frankfurt: Suhrkamp.

Fateh-Moghadam, Bijan (2003): »Zwischen Beratung und Entscheidung – Einrichtung, Funktion und Legitimation der Verfahren vor den Lebendspendekommissionen gemäß § 8 Abs. 3 S. 2 TPG im bundesweiten Vergleich«, in: Medizinrecht 21 (5), 245-257.

Fateh-Moghadam, Bijan, Ulrich Schroth, Christiane Gross, Thomas Gutmann (2004a): »Die Praxis der Lebendspendekommissionen: Eine empirische Untersuchung zur Implementierung prozeduraler Modelle der Absicherung von Autonomiebedingungen im Transplantationswesen. Teil 1: Freiwilligkeit«, in: Medizinrecht 1, 19-34.

Fateh-Moghadam, Bijan, Ulrich Schroth, Christiane Gross, Thomas Gutmann (2004b): »Die Praxis der Lebendspendekommissionen: Eine empirische Untersuchung zur Implementierung prozeduraler Modelle der Absicherung von Autonomiebedingungen im Transplantationswesen. Teil 2: Spender-Empfänger-Beziehungen, Organhandel, Verfahren«, in: Medizinrecht 2, 82-90.

Fausto-Sterling, Anne (2004): »Refashioning Race: DNA and the Politics of Health Care«, in: Difference. A Journal of Feminist Cultural Studies 15 (3), 1-37.

Feldmann, Klaus (2006): Soziologie Kompakt. Wiesbaden: VS.

Feyerabend, Erika (2007): »Der Tod auf der Warteliste«, in: Gen-ethischer Informationsdienst 182, 9-11.

Fischer, Johannes (2006): »Ist die Organspende post mortem moralische Pflicht?«, in: Bioethika 50, 11-14.

Flick, Uwe (2007): Qualitative Sozialforschung. Eine Einführung. Reinbek: Rowohlt.

Foucault, Michel (1971 [1966]): Die Ordnung der Dinge. Frankfurt: Suhrkamp.

Foucault, Michel (1973 [1963]): Die Geburt der Klinik. Eine Archäologie des ärztlichen Blicks. Frankfurt: Ullstein.

Foucault, Michel (1981 [1973]): Archäologie des Wissens. Frankfurt: Suhrkamp.

Foucault, Michel (1983 [1977]): Der Wille zum Wissen. Sexualität und Wahrheit 1. Frankfurt: Suhrkamp.

Foucault, Michel (1992 [1978]): Was ist Kritik? Berlin: Merve.

Foucault, Michel (1993): »About the Beginning of the Hermeneutics of the Self«, in: Political Theory 21 (2), 193-227.

Foucault, Michel (1994 [1976]): Überwachen und Strafen. Die Geburt des Gefängnisses. Frankfurt: Suhrkamp.

Foucault, Michel (2000): »Die Gouvernementalität«, in: Ulrich Bröckling, Susanne Krasmann, Thomas Lemke (Hg.): Gouvernementalität der Gegenwart. Frankfurt: Suhrkamp, 41-67.

Foucault, Michel (2001 [1999]): In Verteidigung der Gesellschaft. Vorlesungen am Collège de France (1975-76). Frankfurt: Suhrkamp.

Foucault, Michel (2005a): »Diskussion vom 20. Mai 1978«, in: Daniel Defert, Francois Ewald (Hg.): Schriften in vier Bänden. Band III. Frankfurt: Suhrkamp, 25-43.

Foucault, Michel (2005b [1982]): »Subjekt und Macht«, in: ders.: Analytik der Macht. Frankfurt: Suhrkamp, 240-264.

Foucault, Michel (2006a): Sicherheit, Territorium, Bevölkerung. Geschichte der Gouvernementalität I. Frankfurt: Suhrkamp.

Foucault. Michel (2006b): Die Geburt der Biopolitik. Geschichte der Gouvernementalität II. Frankfurt: Suhrkamp.

Fox, Renée (1989): The Sociology of Medicine. A Participant's Observers View. Englewood Cliffs: Prentice Hall.

Fox, Renée, Judith Swazey (1992): Spare Parts. Organ Replacement in American Society. New York: Oxford University Press.

Fox, Renée, Judith Swazey (2002 [1978]): The Courage to Fail. A Social View of Organ Transplants and Dialysis. New Brunswick: Transaction Publishers.

Frick, Eckhard, Sibylle Storkebaum (2003): »Leben mit einem fremden Herzen: Psychosomatische Aspekte des Transplantationsprozesses«, in: Fuad S. Oduncu, Ulrich Schroth, Wilhelm Vossenkuhl (Hg.): Transplantation. Göttingen: Vandenhoek, 84-101.

Frick, Eckhardt (2008): »Brauchen wir einen Organspendeausweis? Erfahrungen mit dem psychodramatischen Rollenspiel im medizinethischen Unterricht«, in: Zeitschrift für Psychodrama und Soziometrie 7 (1), 88-101.

Frick, Eckhart, Margret Fühles (2000): »Geben und Nehmen in der Transplantationsmedizin. Psychodramatische Vorbereitung auf eine Lebend-Nierenspende«, in: Bernd Johann, Ulrich Treichel (Hg.): Beiträge der Psychosomatik zur Transplantationsmedizin. Berlin: Lengerich, 22-30.

Frow, John (1997): Time and Commodity Culture. Essays in Cultural Theory and Postmodernity. Oxford: Clarendon.

Gabel, Michael, Hans Joas (Hg.) (2007): Von der Ursprünglichkeit der Gabe. Jean-Luc Marions Phänomenologie in der Diskussion. Freiburg: Karl Alber.

Gallup Organisation, The (1998): Americans Recognize Organ Shortage. Support Animal to Human Transplants. New York: National Kidney Foundation.

Gamble, Vanessa (1997): »Under the Shadow of Tuskegee: African Americans and Health Care«, in: American Journal of Public Health 87 (11), 1773-1778.

Gebauer, Gunter, Christoph Wulf (1998): Spiel, Ritual, Geste. Mimetisches Handeln in der sozialen Welt. Hamburg: Rowohlt.

Gehring, Petra (2004): Foucault. Die Philosophie im Archiv. Frankfurt: Campus.

Gehring, Petra (2006): Was ist Biomacht? Vom zweifelhaften Mehrwert des Lebens. Frankfurt: Campus.

Gell, Alfred (1992): The Anthropology of Time. Cultural Constructions of Temporal Maps and Images. Oxford: Berg.

Gethmann, Carl Friedrich (2006): »Ist die Anwendung utilitärer Kriterien bei der Lebendorganspende ethisch erlaubt?«, in: Europäische Akademie 39, 69-82.

Ghods, Ahad J. (2002): »Renal Transplantation in Iran«, in: Nephrology Dialysis Transplantation 17 (2), 222-228.

Ghods, Ahad J., Dariush Nasrollahzadeh (2003): »Gender Disparity in a Live Donor Renal Transplantation Program: Assessing from Cultural Perspectives«, in: Transplantation Proceedings 35 (7), 2559-2560.

Ghods, Ahad J., Shahrzad Ossareh, P. Khosravani (2001): »Comparison of Some Socioeconomic Characteristics of Donors ands Recipients in a Controlled Living Unrelated Donor Renal Transplantation Program«, in: Transplantation Proceeding 33 (5), 2626-2627.

Gildemeister, Regina (1992): »Die soziale Konstruktion von Geschlechtlichkeit«, in: Ilona Ostner, Klaus Lichtblau (Hg.): Feministische Vernunftkritik. Frankfurt: Campus, 220-239.

Godbout, Jacques, (1998): The World of the Gift. Montreal: McGill-Queens University Press.

Goodwin, Michele (2006): Black Markets. The Supply and Demand of Body Parts. Cambridge: Cambridge University Press.

Görlitzer, Klaus-Peter (2010): »Organspendemarketing. In der Zeitung und im Möbelhaus«, in: Bioskop 13 (51), 8.

Graefe, Stefanie (2007a): Autonomie am Lebensende. Biopolitik, Ökonomisierung und die Debatte um Sterbehilfe. Frankfurt: Campus.

Graefe, Stefanie (2007b): »Im Schatten des Homo Oeconomicus. Subjektmodelle ›am Lebensende‹ zwischen Einwilligungs(un)fähigkeit und Ökonomisierung«, in: Susanne Krasmann, Michael Volkmer (Hg.): Michel Foucaults ›Geschichte der Gouvernementalität‹ in den Sozialwissenschaften. Bielefeld: transcript, 267-286.

Gratwohl, Alois, Bernd Döhler, Martin Stern (2008): »H-Y as a minor Histocompatibility Antigen in Kidney Transplantation: A Retrospective Cohort Study«, in: The Lancet 372 (9632), 49-53.

Graumann, Sigrid, Gesa Lindemann (2009): »Medizin als gesellschaftliche Praxis, sozialwissenschaftliche Empirie und ethische Reflexion: Ein Vorschlag für eine soziologisch aufgeklärte Medizinethik«, in: Ethik in der Medizin 21 (3), 235-245.

Greco, Monica (1993): »Psychosomatic Subjects and the Duty to be Well«, in: Economy and Society 22 (3), 357-372.

Greco, Monica (1998): Illness as a Work of Thought. A Foucauldian Perspective of Psychosomatics. New York: Routledge.

Greco, Monica (2000): »Homo Vacuus: Alexithymie und das neoliberale Gebot des Selbstseins«, in: Ulrich Bröckling, Susanne Krasmann, Thomas Lemke (Hg.): Gouvernementalität der Gegenwart. Frankfurt: Suhrkamp, 265-285.

Greiner, Wolfgang, Andreas Henning (2000): »Organknappheit im Transplantationswesen – Lösungsansätze aus ökonomischer Sicht«, in: Gesundheitswesen 62, 93-99.

Greinert, Renate (2008): Konfliktfalle Organspende. Unversehrt sterben! Der Kampf einer Mutter. München: Kösel.

Groebner, Valentin (2008): »Mit Haut und Haar: Der menschliche Körper als Ware im Europa der Frühen Neuzeit«, in: Andreas Axenberger, Josef Nussbaumer (Hg.): Von Körpermärkten. Innsbruck: Innsbruck University Press, 27-38.

Großkopf, Volker (1998): »Erweiterte Zustimmungslösung als salomonischer Mittelweg«, in: Pflegezeitschrift 51 (6), 433-435.

Gubernatis, Gundolf (1997): »Solidarmodell – mehr Gerechtigkeit in der Organverteilung, mehr Wahrhaftigkeit bei der Organspende – ein Weg zu multipler Problemlösung in der Transplantationsmedizin«, in: Rolf Lachmann, Norbert Meuter (Hg.): Zur Gerechtigkeit in der Organverteilung. Stuttgart: Gustav Fischer, 15-37.

Gubernatis, Gundolf, Hartmut Kliemt (1999): »Solidarität und Rationalisierung in der Organtransplantation«, in: Transplantationsmedizin 11 (4), 4-13.

Gugutzer, Robert (2002): Leib, Körper und Identität. Eine phänomenologisch-soziologische Untersuchung zur personalen Identität. Wiesbaden: Westdeutscher Verlag.

Gugutzer, Robert (2004): Soziologie des Körpers. Bielefeld: transcript.

Gugutzer, Robert (2006): Body Turn. Perspektiven der Soziologie des Körpers und des Sports. Bielefeld: transcript.

Guillaumin, Collette (1995): Racism, Sexism, Power and Ideology. London: Routledge.

Gutiérrez Rodríguez, Encarnación, Marianne Pieper (Hg.) (2003): Gouvernementalität. Ein sozialwissenschaftliches Konzept im Anschluss an Foucault. Frankfurt: Campus.

Gutmann, Thomas (2006): »Zur philosophischen Kritik des Rechtspaternalismus«, in: Ulrich Schroth, Klaus A. Schneewind, Thomas Gutmann, Bijan Fateh-Moghadam (Hg.): Patientenautonomie am Beispiel der Lebendorganspende. Göttingen: Vandenhoeck, 189-277.

Gutmann, Thomas, Ulrich Schroth (2002): Organlebendspende in Europa. Rechtliche Regelungsmodelle, ethische Diskussion und praktische Dynamik. Berlin: Springer.

Hacking, Ian (2002): Was heißt ›soziale Konstruktion‹? Zur Konjunktur einer Kampfvokabel in den Wissenschaften. Frankfurt: Fischer.

Hahn, Kornelia, Michael Meuser (2002): Körperrepräsentationen. Die Ordnung des Sozialen und der Körper. Konstanz: UVK.

Haimes, Erica (2002): »What can the Social Sciences Contribute to the Study of Ethics? Theoretical, Empirical and Substantive Considerations«, in: Bioethics 16 (2), 89-113.

Hall, Stuart (2004): »Bedeutung, Repräsentation, Ideologie: Althusser und die poststrukturalistischen Debatten«, in: ders.: Ideologie, Identität, Repräsentation. Ausgewählte Schriften 4. Hamburg: Argument, 34-65.

Haraway, Donna (1995): Die Neuerfindung der Natur. Primaten, Cyborgs und Frauen. Frankfurt: Campus.

Hardt, Michael, Antonio Negri (2002): Empire. Die neue Weltordnung. Frankfurt: Campus.

Hardt, Michael, Antonio Negri (2004): Multitude. Krieg und Demokratie. Frankfurt: Campus.

Harter, Deborah A. (1996): Bodies in Pieces. Fantastic Narratives and the Poetics of the Fragment. Stanford: Stanford University Press.

Hauser-Schäublin, Brigitta, Vera Kalitzkus, Imme Petersen (2008): Der geteilte Leib. Die kulturelle Dimension von Organtransplantation und Reproduktionsmedizin in Deutschland. Göttingen: GOEDOC.

Hausstein, Silke V., Marty T. Seller (2004): »Factors associated with (Un)willingness to be an Organ Donor: Importance of Public Exposure and Knowledge«, in: Clinical Transplantation 18 (2), 193-200.

Healy, Kieran (2000): »Embedded Altruism: Blood Collection Regimes and the European Union's Donor Population«, in: American Journal of Sociology 105 (6), 1633-1657.

Healy, Kieran (2004): »Altruism as an Organizational Problem: The Case of Organ Procurement«, in: American Sociological Review 69 (6), 387-404.

Healy, Kieran (2006): Last Best Gifts. Altruism and the Market for Human Blood and Organs. Chicago, London: University of Chicago Press.

Henning, Jean-Luc (2000): Der Hintern. Geschichte eines markanten Körperteils. München: Piper.

Hillman, David, Carla Mazzio (Hg.) (1997): The Body in Parts. Fantasies of Corporeality in Early Modern Europe. New York: Routledge.

Hochschild, Arlie Russell (1983): The Managed Heart. Commercialization of Human Feeling. Berkeley: University of California Press.

Hogle, Linda (1996): »Transforming Body Parts into Therapeutic Tools«, in: Medical Anthropology Quarterly 10 (4), 675-682.

Hoheisel, Karl (1996): »Organtransplantationen aus jüdischer, islamischer und anthroposophischer Sicht«, in: Uwe Hermann, Christa Dommel (Hg.): Die Seele verpflanzen? Organtransplantation als psychische und ethische Herausforderung. Gütersloh: GTB, 89-99.

Hollstein, Betina (2005): »Reziprozität in familialen Generationenbeziehungen«, in: Frank Adloff, Steffen Mau (Hg.): Vom Geben und Nehmen. Frankfurt: Campus, 187-211.

Höltgen, Stefan (2005): »Take a closer Look: Filmische Strategien der Annäherung des Blicks an die Wunde«, in: Julia Köhne, Ralph Kuschke, Arno Meteling (Hg.): Splatter Movies. Essays zum modernen Horrorfilm. Berlin: Bertz und Fischer, 20-28.

Holtkamp, Sue (1992): Wrapped in Mourning. The Gift of Life and Organ Donor Family Trauma. New York: Routledge.

Honegger, Claudia (1991): Die Ordnung der Geschlechter. Die Wissenschaft vom Menschen und das Weib 1750-1850. Frankfurt: Campus.

Hoyer, Jochem (1998): »Die altruistische Lebendorganspende«, in: Nieren- und Hochdruckkrankheiten 27 (4), 193-198.

Illouz, Eva (2007 [1997]): Der Konsum der Romantik. Liebe und die kulturellen Widersprüche des Kapitalismus. Frankfurt: Suhrkamp.

Jäger, Siegfried (1999): Kritische Diskursanalyse. Eine Einführung. Duisburg: DISS.

Jäger, Ulle (2001): »Zum Eigensinn des Leibes«, in: Gisela Engel, Gisela Notz (Hg.): Sinneslust und Sinneswandel. Beiträge zu einer Geschichte der Sinnlichkeit. Berlin: Trafo, 75-86.

Jäger, Ulle (2004): Der Körper, der Leib und die Soziologie. Entwurf einer Theorie der Inkorporierung. Königstein: Ulrike Helmer.

Jahn, Ingeborg (2003): Gender-Glossar. 74 Begriffe zum Gender Mainstreaming unter besonderer Berücksichtigung von Gesundheitsförderung. Bremen: BIPS.

Joas, Hans (2007a): »Die Logik der Gabe und das Postulat der Menschenwürde«, in: Michael Gabel, Hans Joas (Hg.): Von der Ursprünglichkeit der Gabe. München: Karl Alber, 143-158.

Joas, Hans (2007b): Lehrbuch der Soziologie. Frankfurt: Campus.

Joas, Hans, Wolfgang Knöbl (2004): »Modernitätskrise? Neue Diagnosen (Ulrich Beck, Zygmunt Bauman, Robert Bellah und die Debatte zwischen Liberalen und Kommunitaristen)«, in: dies.: Sozialtheorie. Zwanzig einführende Vorlesungen. Frankfurt: Suhrkamp, 639-686.

Joralemon, Donald (1995): »Organ Wars: The Battle for Body Parts«, in: Medical Anthropology Quarterly 9 (3), 335-356.

Joralemon, Donald (2001): »Shifting Ethics: Debating the Incentive Question in Organ Transplantation«, in: Journal of Medical Ethics 27 (1), 30-35.

Jürgens, Kerstin (2010): »Arbeit und Leben«, in: Fritz Böhle, G. Günter Voß (Hg.): Handbuch Arbeitssoziologie. Wiesbaden: VS, 483-510.

Kalitzkus, Vera (2002): »Schön, wenn Sie Ihr Herz verschenkt haben: Wollen Sie's nach Ihrem Tod noch einmal tun?«, in: Rainer Alsheimer (Hg.): Körperlichkeit und Kultur. Dokumentation des fünften Arbeitstreffens des ›Netzwerk Gesundheit und Kultur in der volkskundlichen Forschung‹. Bremen: Universitätsverlag, 39-54.

Kalitzkus, Vera (2003): Leben durch den Tod. Die zwei Seiten der Organtransplantation. Eine medizinethnologische Studie. Frankfurt: Campus.

Kaufman, Sharon R., Ann J. Russ, Janet K. Shim (2006): »Aged Bodies and Kinship Matters: The Ethical Field of Kidney Transplant«, in: American Ethnologist 33 (1), 81-99.

Kayler, Liise K, Cynthia S. Rasmussen, Dawn M. Dykstra, Akinlolu Ojo, Friedrich K. Port et al. (2003): »Gender Imbalance and Outcome in Living Donor Renal Transplantation in the United States«, in: American Journal of Transplantation 3 (4), 452-458.

Keller, Martina (2008): Ausgeschlachtet. Die menschliche Leiche als Rohstoff. Berlin: Econ.

Keller, Martina (2010): »Leben Hirntote noch? Neue Erkenntnisse reanimieren eine für tot gehaltene Debatte«, in: Bioskop 13 (50), 12-13.

Keller, Reiner (1998): Müll – die gesellschaftliche Konstruktion des Wertvollen. Die öffentliche Diskussion über Abfall in Deutschland und Frankreich. Opladen: Leske und Budrich.

Keller, Reiner (2003): »Der Müll der Gesellschaft: Eine wissenssoziologische Diskursanalyse«, in: ders., Andreas Hirseland, Werner Schneider, Willy Viehöver (Hg.): Handbuch Sozialwissenschaftliche Diskursanalyse. Band 2: Forschungspraxis. Opladen: Leske und Budrich, 197-232.

Keller, Reiner (2004): Diskursforschung. Eine Einführung für SozialwissenschaftlerInnen. Opladen: Leske und Budrich.

Keller, Reiner (2005a): »Wissenssoziologische Diskursanalyse als interpretative Analytik«, in: ders., Andreas Hirseland, Werner Schneider, Willy Viehöver (Hg.): Die diskursive Konstruktion der Wirklichkeit. Konstanz: UVK, 49-76.

Keller, Reiner (2005b): Wissenssoziologische Diskursanalyse. Grundlegung eines Forschungsprogramms. Wiesbaden: VS.

Keller, Reiner (2010): »Nach der Gouvernementalitätsforschung und jenseits des Poststrukturalismus? Anmerkungen aus Sicht der Wissenssoziologischen Diskursanalyse«, in: Johannes Angermüller, Silke van Dyk (Hg.): Diskursanalyse meets Gouvernementalitätsforschung. Frankfurt: Campus, 43-70.

Keller, Reiner, Andreas Hirseland, Werner Schneider, Willy Viehöver (Hg.) (2001): Handbuch Sozialwissenschaftliche Diskursanalyse. Band 1: Theorien und Methoden. Wiesbaden: VS.

Keller, Reiner, Andreas Hirseland, Werner Schneider, Willy Viehöver (Hg.) (2003): Handbuch Sozialwissenschaftliche Diskursanalyse. Band 2: Forschungspraxis. Opladen: Leske und Budrich.

Keller, Reiner, Andreas Hirseland, Werner Schneider, Willy Viehöver (Hg.) (2005): Die diskursive Konstruktion von Wirklichkeit. Zum Verhältnis von Wissenssoziologie und Diskursforschung. Konstanz: UVK.

Keller, Thomas (2001): Deutsch-französische Dritte-Weg-Diskurse. Personalistische Intellektuellendebatten der Zwischenkriegszeit. München: Wilhelm Fink.

Kessl, Fabian (2007): »Wozu Studien zur Gouvernementalität in der Sozialen Arbeit? Von der Etablierung einer Forschungsperspektive«, in: Roland Anhorn, Frank Betinger, Johannes Stehr (Hg.): Foucaults Machtanalytik und Soziale Arbeit. Eine kritische Einführung und Bestandsaufnahme. Wiesbaden: VS, 203-225.

Klein Marine, Susan, Roberta G. Simmons, Richard L. Simmons (1987 [1977]): The Gift of Life. The Social and Psychological Impact of Organ Transplantation. New York: Wiley.

Klein, Gabriele (2001): »Der Körper als Erfindung«, in: Gero von Randow (Hg.): Wieviel Körper braucht der Mensch? Hamburg: Edition Körber Stiftung, 54-63.

Kliemt, Hartmut (1999): »Wem gehören die Organe?«, in: Johann S. Ach, Michael Quante (Hg.): Hirntod und Organverpflanzung. Stuttgart: Frommann, 271-287.

Kliemt, Hartmut (2000): »Meine Niere, deine Niere – Making Choice in der Nierenallokation«, in: ZiF Mitteilungen 3, 4-18.

Kliemt, Hartmut (2002): »Gesundheitsökonomische Betrachtung zur Organallokation«, in: Tagung Organallokation 07-09.09.2002, Lausanne/Schweiz.

Kliemt, Hartmut (2005): »Warum darf ich alles verkaufen, nur meine Organe nicht?«, in: Anhörung vor der Enquete-Kommission ›Ethik und Recht der modernen Medizin‹. Berlin.

Kliemt, Hartmut (2007): »Zur Kommodifizierung menschlicher Organe im freiheitlichen Rechtsstaat«, in: Jochen Taupitz (Hg.): Kommerzialisierung des menschlichen Körpers. Berlin: Springer, 95-108.

Klinkhammer, Gisela, Nicola Siegmund-Schultze: »Organspende. Mehr Transplantationen – dazu sind Strukturveränderungen nötig«, in: Deutsches Ärzteblatt vom 20.03.2009.

Knöpffler, Nikolaus (2000): »Folgt aus der Menschenwürde eine Verpflichtung zur Organgabe?«, in: ders., Anja Haniel (Hg.): Menschenwürde und medizinethische Konfliktfälle. Stuttgart: Hirzel, 119-126.

Knorr-Cetina, Karin (2002a): Die Fabrikation von Erkenntnis. Zur Anthropologie der Naturwissenschaften. Frankfurt: Suhrkamp.

Knorr-Cetina, Karin (2002b): Wissenskulturen. Ein Vergleich naturwissenschaftlicher Wissensformen. Frankfurt: Suhrkamp.

Köchler, Hans (Hg.): Transplantationsmedizin und personale Identität. Frankfurt: Lang.

Komter, Aafke E. (2005): Social Solidarity and the Gift. Cambridge: Cambridge University Press.

Kopytoff, Igor (1986): »The Cultural Biography of Things: Commoditization as Process«, in: Arjun Appadurai (Hg.): The Social Life of Things. New York: Cambridge, 64-91.

Korte, Hermann, Bernhard Schäfers (Hg.) (2008): Einführung in die Hauptbegriffe der Soziologie. Wiesbaden: VS.

Körtner, Ulrich H. (2003): »Hirntod und Organtransplantation aus christlicher, jüdischer und islamischer Sicht«, in: Fuad S. Oduncu (Hg.): Transplantation. Göttingen: Vandenhoek, 102-117.

Krasmann, Susanne, Michael Volkmer (Hg.) (2007): Michel Foucaults ›Geschichte der Gouvernementalität‹ in den Sozialwissenschaften. Internationale Beiträge. Bielefeld: transcript.

Kreß, Hartmut (2000): »Die Lebendorganspende von Organen. Zulässig nur unter nahen Angehörigen«, in: Ethika 8 (2), 179-183.

Krones, Tanja (2008): Kontextsensitive Bioethik. Wissenschaftstheorie und Medizin als Praxis. Frankfurt: Campus.

Krones, Tanja (2009): »Empirische Methodologien und Methoden der angewandten und der empirischen Ethik«, in: Ethik in der Medizin 21 (3), 247-258.

Kühn, Hermann (1998): Die Motivationslösung. Neue Wege im Recht der Organtransplantation. Berlin: Duncker & Humblot.

Kumoll, Karsten (2006): »Marcel Mauss und die britische Social Anthropology«, in: Stephan Moebius, Christian Papilloud (Hg.) (2006): Gift. Wiesbaden: VS, 123-142.

Kwon, Oh-Jung, Jin-Young Kwak, Choong-Min Kang (2005): »The Impact of Gender and Age Matching for Long-term Graft Survival in Living Donor Renal Transplantation«, in: Transplantation Proceedings 37 (2), 726-728.

Laclau, Ernesto, Chantal Mouffe (2000 [1985]): Hegemonie und radikale Demokratie. Zur Dekonstruktion des Marxismus. Wien: Passagen.

Landweer, Hilge (2002): »Konstruktion und begrenzte Verfügbarkeit des Körpers«, in: Annette Barkhaus, Anne Fleig (Hg.): Grenzverläufe. München: Wilhelm Fink, 107-123.

Langemeyer, Ines (2007): »Wo Handlungsfähigkeit ist, ist nicht immer schon Unterwerfung. Fünf Probleme des Gouvernementalitätsansatzes«, in: Roland Anhorn, Frank Betinger, Johannes Stehr (Hg.): Foucaults Machtanalytik und Soziale Arbeit. Wiesbaden: VS, 227-243.

Laqueur, Thomas (1992): Maxing Sex. Body and Gender from the Greeks to Freud. Cambridge: Harvard University Press.

Latour, Bruno (1988): Science in Action. How to Follow Scientists and Engineers through Society. Cambridge: Hardvard University Press.

Lee, Catherine (2009): »›Race‹ and ›Ethnicity‹ in Biomedical Research: How do Scientists Construct and Explain Differences in Health?«, in: Social Sciences and Medicine 68 (6), 1183-1190.

Lehmann, Bianca, Bernhard Schäfer, Johannes Kopp (2007): Grundbegriffe der Soziologie. Wiesbaden: VS.

Leist, Anton (2001): »Organgewinnung als Gegenstand sozialer Gerechtigkeit«, in: Hans Köchler (Hg.): Transplantationsmedizin und personale Identität. Frankfurt: Lang, 55-72.

Lemke, Thomas (1997): Eine Kritik der politischen Vernunft. Foucaults Analyse der modernen Gouvernementalität. Hamburg: Argument.

Lemke, Thomas (2000): »Neoliberalismus, Staat und Selbsttechnologien. Ein kritischer Überblick über die ›governmentality studies‹«, in: Politische Vierteljahresschrift 41 (1), 31-47.

Lemke, Thomas (2004): »Eine Kultur der Gefahr – Dispositive der Unsicherheit im Neoliberalismus«, in: Widerspruch 24 (46), 89-98.

Lemke, Thomas (2007a): Biopolitik zur Einführung. Hamburg: Junius.

Lemke, Thomas (2007b): Gouvernementalität und Biopolitik. Wiesbaden: VS.

Lemke, Thomas, Peter Wehling (2009): »Bürgerrechte durch Biologie? Kritische Anmerkungen zur Konjunktur des Begriffs ›biologische Bürgerschaft‹«, in: Martin G. Weiß (Hg.): Bios und Zoë. Die menschliche Natur im Zeitalter ihrer technischen Reproduzierbarkeit. Frankfurt: Suhrkamp, 72-107.

Lengersdorf, Diana, Mona Motakef (2010): »Das praktische Wissen des unternehmerischen Selbst: Zwischen körperlicher Fertigkeit und praktizierter Männlichkeit«, in: Angelika Wetterer (Hg.): Körper Wissen Geschlecht. Geschlechterwissen und soziale Praktiken II. Königstein: Ulrike Helmer, 79-94.

Lenz, Ilse (2004): »Aufbruch ins Reich der Sinne nach dem Überdruss im Käfig der Anforderungen? Der Wanderer der Thematisierungen von Sexualität und Körpern in der Entwicklung der Neuen Frauenbewegung in Deutschland«, in: dies., Lisa Mense, Charlotte Ulrich (Hg.): Reflexive Körper. Zur Modernisierung von Sexualität und Reproduktion. Opladen: Leske und Budrich, 17-50.

Lenz, Ilse, Lisa Mense, Charlotte Ullrich (Hg.) (2004): Reflexive Körper? Zur Modernisierung von Sexualität und Reproduktion. Opladen: Leske und Budrich.

Lettow, Susanne (2009): »Biophilosophien – Philosophische Strategien und die politisch-ethische Formierung von Biowissenschaften«, in: Astrid Deuber-Mankowsky, Christoph F. Holzey, Anja Michaelsen (Hg.): Der Einsatz des Lebens. Lebenswissen, Medialisierung, Geschlecht. Berlin: b_books, 87-100.

Lévi-Strauss, Claude (1987 [1950]): Introduction to the Work of Marcel Mauss. London: Routledge.

Lévi-Strauss, Claude (1993 [1981]): Die elementaren Strukturen der Verwandtschaft. Frankfurt: Suhrkamp.

Lindemann, Gesa (1992): »Die leiblich-affektive Konstruktion des Geschlechts. Für eine Mikrosoziologie des Geschlechts unter der Haut«, in: Zeitschrift für Soziologie 21 (5), 330-346.

Lindemann, Gesa (1993): Das paradoxe Geschlecht. Transsexualität im Spannungsfeld von Körper, Leib und Gefühl. Frankfurt: Fischer.

Lindemann, Gesa (1996): »Zeichentheoretische Überlegungen zum Verhältnis von Körper und Leib«, in: Annette Barkhaus, Anne Fleig (Hg.): Grenzverläufe. München: WFV, 146-175.

Lindemann, Gesa (2002): Die Grenzen des Sozialen. Zur sozio-technischen Konstruktion von Leben und Tod in der Intensivmedizin. München: Wilhelm Fink.

Lindemann, Gesa (2003): Beunruhigende Sicherheiten. Zur Genese des Hirntodkonzepts. Konstanz: UVK.

Lindemann, Gesa (2005): »Die Verkörperung des Sozialen. Theoriekonstruktionen und empirische Forschungsperspektiven«, in: Markus Schroer (Hg.): Soziologie der Körper. Frankfurt: Suhrkamp, 114-138.

Linke, Detlef (1996): Hirnverpflanzung. Die erste Unsterblichkeit auf Erden. Reinbek bei Hamburg: rororo.

Linke, Detlef (1999): Das Gehirn. München: C.H. Beck.

Lintner, Martin M. (2007): »Organ-Spende oder Organ-Handel? ›Gabentheologische‹ Anmerkungen«, in: Zeitschrift für medizinische Ethik: Wissenschaft, Kultur, Religion 53 (1), 66-78.

List, Elisabeth (2001): Grenzen der Verfügbarkeit. Die Technik, das Subjekt und das Lebendige. Wien: Passagen.

Lock, Margaret (2000): »Human Body Parts as Therapeutic Tools«, in: Qualitative Health Research 12 (10), 1406-1418.

Lock, Margaret (2001): »The Alienation of Body Tissue and the Biopolitics of Immortalized Cell Lines«, in: Body & Society 7 (2-3), 63-91.

Lock, Margaret (2002): Twice Dead. Organ Transplants and the Calculation of Death. Berkeley: University of California Press.

Lock, Margaret (2006): »Postmodern Bodies, Material Difference, and Subjectivity«, in: Joy Hendry, Heung Wah Wong (Hg.): Dismantling the East-West Dichotomy. Essays in Honour of Jan van Bremen. London: Routledge, 38-48.

Lock, Margaret, Megan Crowley-Makota (2008): »Situating the Practice of Organ Donation in Familial, Cultural, and Political Context«, in: Transplantation Reviews 22 (3), 154-157.

Lorbeer, Judith, Lisa Jean Moore (2002): Gender and the Social Construction of Illness. Walnut Creek: Alta Mira.

Lorenz, Maren (2000): Leibhaftige Vergangenheit. Einführung in die Körpergeschichte. Tübingen: edition diskord.

Lorenz, Renate (2009): Aufwändige Durchquerungen. Subjektivität als sexuelle Arbeit. Bielefeld: transcript.

Löw, Martina (1999): »Einheitsphantasien und zerstückelte Leiber. Offene und geschlossene Körpervorstellungen«, in: Hans-Günther Homfeldt (Hg.): Sozialer Brennpunkt Körper. Göppingen: Schneider, 62-70.

Löw, Martina (2001): Raumsoziologie. Frankfurt: Suhrkamp.

Lück, Rainer, Harald Schrem, Michael Neipp, Björn Nashan, Jürgen Klempnauer (2003): »Lebendnierenspenden. Ein Vergleich zwischen den skandinavischen Ländern und Deutschland«, in: Chirurg 74 (6), 523-529.

Lüders, Christian (1991): »Deutungsmusteranalyse: Annäherung an ein risikoreiches Konzept«, in: Detlef Garz, Klaus Kraimer (Hg.): Qualitativ-empirische Sozialforschung. Konzepte, Methoden, Analysen. Opladen: Westdeutscher Verlag, 377-407.

Lüders, Christian, Michael Meuser (1997): »Deutungsmusteranalyse«, in: Ronald Hitzler, Anne Honer (Hg.): Sozialwissenschaftliche Hermeneutik. Eine Einführung. Opladen: Leske und Budrich, 57-79.

Luhmann, Niklas (1991): Soziologie des Risikos. Berlin: de Gruyter.

Lyotard, Jean-François (1984): The Postmodern Condition. Minneapolis: University Press.

Maasen, Sabine, (2008): »Bio-ästhetische Gouvernementalität – Schönheitschirurgie als Biopolitik«, in: Paula-Irene Villa (Hg.): schön normal. Bielefeld: transcript, 99-118.

Mannheim, Karl (1959): »Wissenssoziologie«, in: Alfred Vierkandt (Hg.): Handwörterbuch der Soziologie. Stuttgart: Enke, 659-680.

Manzei, Alexandra (2003): Körper – Technik – Grenzen. Kritische Anthropologie am Beispiel der Transplantationsmedizin. Münster: LIT.

Manzei, Alexandra (2007): »Bioethik-Kritik«, in: Ulrich Brand, Bettina Lösch, Stefan Thimmel (Hg.): ABC der Alternativen. Hamburg: VSA, 34-35.

Manzei, Alexandra, Werner Schneider (Hg.) (2006): Transplantationsmedizin. Kulturelles Wissen und Gesellschaftliche Praxis. Münster: Agenda.

Marx, Karl (2006 [1867]): Das Kapital und das Manifest der kommunistischen Partei. München: Finanzbuch.

Mauss, Marcel (1975 [1936]): »Der Begriff der Technik des Körpers«, in: ders.: Soziologie und Anthropologie. München: Carl Hanser, 197-220.

Mauss, Marcel (1990 [1924]): Die Gabe. Form und Funktion des Austausches in archaischen Gesellschaften. Frankfurt: Suhrkamp.

Mauss, Marcel (2006 [1924]): »Gift – Gift«, in: Stephan Moebius, Christian Papilloud (Hg.): Gift – Marcel Mauss' Kulturtheorie der Gabe. Wiesbaden: VS, 13-21.

Meuser, Michael (2011): »Deutungsmusteranalyse«, in: Ralf Bohnsack, Winfried Marotzki, Michael Meuser (Hg.): Hauptbegriffe Qualitativer Sozialforschung. Opladen: Barbara Budrich, 31-33.

Meuser, Michael, Reinhold Sackmann (Hg.) (1992): Analyse sozialer Deutungsmuster. Beiträge zur empirischen Wissenssoziologie. Pfaffenweiler. Centaurus.

Meyer, Katrin, Patricia Purtschert, Yves Winter (Hg.) (2008): Gouvernementalität und Sicherheit. Zeitgenössische Beiträge im Anschluss an Foucault. Bielefeld: transcript.

Minniefield, William J., Jun Yang, Paola Muti (2001): »Difference in Attitudes Toward Organ Donation Among African Americans And Whites in the Unites States«, in: Journal of the National Medical Association 93 (10), 372-379.

Moebius, Stephan (2006): Marcel Mauss. Konstanz: UVK.

Moebius, Stephan (2009): »Die elementaren (Fremd-)Erfahrungen der Gabe. Sozialtheoretische Implikationen von Marcel Mauss' Kultursoziologie der Besessenheit und des ›radikalen Durkheimismus‹ des Collège de Sociologie«, in: Berliner Zeitschrift für Soziologie 19 (1), 104-126.

Moebius, Stephan, Christian Papilloud (Hg.) (2006): Gift – Marcel Mauss' Kulturtheorie der Gabe. Wiesbaden: VS.

Mohsin, N., M. Budruddin, M. Khalil, A. Pakkyarra, A. Jha (2007): »Donor Gender Balance on a Living Related Kidney Transplantation Program in Oman«, in: Transplantation Proceeding 39 (4), 803-806.

Morgan, Kathryn Pauly (2008): »Foucault, hässliche Entlein und Techno-Schwäne – Fett-Hass, Schlankheitsoperationen und biomedikalisierte Schönheitsideale in Amerika«, in: Paula-Irene Villa (Hg.): schön normal. Bielefeld: transcript, 143-172.

Morgan, Myfanwy, Richard Hooper, Maya Mayblin, Roger Jones (2006): »Attitudes to Kidney Donation and Registering as a Donor among Ethnic Groups in the UK«, in: Journal of Public Health 28 (3), 226-234.

Motakef, Mona (2010a): »Gabe, Clubgut oder Ware? Von der Unsicherheit im Körperinneren im Diskurs des Organspende«, in: Hans-Georg Soeffner (Hg.): Unsichere Zeiten. Herausforderungen gesellschaftlicher Transformationen. Verhandlungen des 34. Kongresses der Deutschen Gesellschaft für Soziologie in Jena 2008. Wiesbaden: VS (CD ROM), 1-13.

Motakef, Mona (2010b): »Hey, Big Spender! Organspende zwischen Biopolitik und Popkultur«, in: Kultur und Geschlecht (6), 1-21.

Motakef, Mona (2010c): »Give Life, Donate Organs: Available Bodies as Self-Government«, in: Andrea Bührmann, Stefanie Ernst (Hg.): Care or Control of the Self. Norbert Elias, Michel Foucault, and the Subject in the 21st Century. Cambridge: Cambridge Scholars Publisher, 189-207.

Muhle, Maria (2008): Eine Genealogie der Biopolitik. Zum Begriff der Lebenswissenschaften bei Foucault und Canguilhem. Bielefeld: transcript.

Müller, Cathren (2003): »Neoliberalismus als Selbstführung: Anmerkungen zu den ›Governmentality Studies‹«, in: Argument 249, 98-106.

Müller, Sabine (2010): »Revival der Hirntod-Debatte: Funktionelle Bildgebung für die Hirntod-Diagnostik«, in: Ethik in der Medizin 22 (1), 5-17.

Münch, Richard (2002): »Die ›zweite Moderne‹. Realität oder Fiktion? Kritische Fragen an die Theorie der ›reflexiven Modernisierung‹«, in: Kölner Zeitschrift für Soziologie und Sozialpsychologie 54 (3), 417-443.

Münk, Hans J. (2002): »Das Gehirntodkriterium (HTK) in der theologischen-ethischen Diskussion um die Transplantationsmedizin (TPM). Forschungsbericht zur Rezeption des HTK in der deutschsprachigen theologischen Ethik«, in: ders., Alberto Bondolfi (Hg.): Organtransplantation. Freiburg: Paulus-Verlag, 105-167.

Murray, Thomas H. (1987): »Gifts of the Body and the Needs of Strangers«, in: Hasting Center Reports 17 (2), 30-38.

Musschenga, Bert (2009): »Was ist empirische Ethik?«, in: Ethik in der Medizin 21 (3), 187-199.

Myaskovsky, Larissa, Galen E. Switzer, Megan Crowley-Matoka, Mark Unruh, Andrea F. DiMartini et al. (2007): »Psychosocial Factors Associated with Ethnic Differences in Transplantation«, in: Current Opinion in Organ Transplantation 12 (2), 182-187.

N.N. (2009): »Offizielle Zahlen aus China: Zwei von drei Spenderorgane stammen von Hingerichteten«, Der Spiegel vom 26.08.2009.

Nancy, Jean-Luc (2000): Der Eindringling. Das fremde Herz. Berlin: Merve.

Nassehi, Armin (1997): »Risikogesellschaft«, in: Georg Kneer, ders., Markus Schroer (Hg.): Soziologische Gesellschaftsbegriffe. München: Wilhelm Fink, 252-279.

Nassehi, Armin (2003): Geschlossenheit und Offenheit. Studien zur Theorie der modernen Gesellschaft. Frankfurt: Suhrkamp.

Nassehi, Armin (2008): »Organisation, Macht, Medizin: Diskontinuitäten in einer Gesellschaft der Gegenwarten«, in: Irmhild Saake, Werner Vogd (Hg.): Moderne Mythen der Medizin. Wiesbaden: VS, 379-197.

Nassehi, Armin, Reinhard Pohlmann (Hg.) (1992): Sterben und Tod. Probleme und Perspektiven der Organisation von Sterbebegleitung. Münster: Lit.

Nationaler Ethikrat (2007): Die Zahl der Organspender erhöhen. Zu einem drängenden Problem der Transplantationsmedizin in Deutschland. Berlin: Nationaler Ethikrat.

Niewöhner, Jörg, Christoph Kehl, Stefan Beck (Hg.) (2008): Wie geht Kultur unter die Haut? Emergente Praxen an der Schnittstelle von Medizin, Lebens- und Sozialwissenschaft. Bielefeld: transcript.

O'Malley, Pat, Lorna Weir, Clifford Shearing (1997): »Governmentality, Criticism, Politics«, in: Economy and Society 26 (4), 501-517.

O'Neill, Onora (1996): Towards Justice and Virtue. A Constructive Account of Practical Reasoning. Cambridge: Cambridge University Press.

Oduncu, Fuad S., Ulrich Schroth, Wilhelm Vossenkuhl (Hg.) (2003): Transplantation. Göttingen: Vandenhoek.

OECD (2008): OECD Employment Outlook 2008. Brüssel: OECD.

Oevermann, Ulrich (2001): »Zur Analyse der Struktur von sozialen Deutungsmustern«, in: Sozialer Sinn 1, 3-33.

Ohnuki-Tierney, Emiko (1994): »Brain Death and Organ Transplantation«, in: Current Anthropology 35 (3), 233-254.

Oien, Cecilia M., Anna V. Reisaeter, Torbjørn Leivestad, Per Pfeffer, Per Fauchald et al. (2005): »Gender Imbalance among Donors in Living Kidney Transplantation: The Norwegian Experience«, in: Nephrology Dialysis Transplantation 20 (4), 783-789.

Ojo, Akinlolu, Friedrich K. Port (1993): »Influence of Race and Gender on Related Donor Renal Transplantation Rates«, in: American Journal of Kidney Disease 22 (6), 835-841.

Opitz, Sven (2004): Gouvernementalität im Postfordismus. Macht, Wissen und Techniken des Selbst im Feld unternehmerischer Rationalität. Hamburg: Argument.

Ortmann, Günther (2004): Als ob. Fiktionen und Organisationen. Wiesbaden: VS.

Osborne, Thomas (2001): »Techniken und Subjekte: Von den ›Governmentality Studies‹ zu den ›Studies of Governmentality‹«, in: IWK-Mitteilungen 2-3, 12-16.

Palm, Kerstin (2009): »Der ›Rasse‹-Begriff in der Biologie nach 1945«, in: AG gegen Rassismus in den Lebenswissenschaften (Hg.): Gemachte Differenz. Münster: Unrast, 240-257.

Parsons, Talcott (1958 [1951]): »Struktur und Funktion der modernen Medizin. Eine soziologische Analyse«, in: René König, Margret Tönnesmann (Hg.): Probleme der Medizin-Soziologie. Sonderheft 3 der Kölner Zeitschrift für Soziologie und Sozialpsychologie. Köln: Westdeutscher Verlag, 10-57.

Parsons, Talcott (1978): Action Theory and Human Condition. New York: Free Press.

Parsons, Talcott, René C. Fox, Victor M. Lidz (1999 [1972]): »The ›Gift of Life‹ and its Reciprocation«, in: Bryan S. Turner (Hg.): The Talcott Parsons Reader. Oxford: Blackwell, 123-154.

Petersen, Imme (2009): »Geschenk-Spende-Ware: Diskursive Deutungen in der öffentlichen Debatte um Organtransplantation«, in: Elfriede Hermann, Karin Klenke, Michael Dickhardt (Hg.): Form, Macht, Differenz. Motive und Felder ethnologischen Forschens. Göttingen: Universitätsverlag, 295-306.

Plaß, Christine, Michael Schetsche (2001): »Grundzüge einer wissenssoziologischen Theorie sozialer Deutungsmuster«, in: Sozialer Sinn 2 (3), 511-536.

Pöltner, Günter (2008): »Sorge um den Leib – Verfügen über den Körper«, in: Zeitschrift für medizinische Ethik 54 (1), 3-11.

President's Council on Bioethics (2008): Controversies in the Determination of Death. A White Paper by the President's Council on Bioethics. Washington.

Priller, Eckhard, Jana Sommerfeld (Hg.) (2005): Wer spendet in Deutschland? Eine sozialstrukturelle Analyse. Berlin: Wissenschaftszentrum Berlin für Sozialforschung.

Pühl, Katharina (2008): »Zur Ent-Sicherung von Geschlechterverhältnissen, Wohlfahrtsstaat und Sozialpolitik: Gouvernementalität der Entgarantierung und Prekarisierung«, in: Katrin Meyer, Patricia Purtschert, Yves Winter (Hg.): Gouvernementalität und Sicherheit. Bielefeld: transcript, 103-126.

Pühl, Katharina, Susanne Schultz (2001): »›Gouvernementalität und Geschlecht‹ – Über das Paradox der Festschreibung und Flexibilisierung der Geschlechterverhältnisse«, in: Sabine Hess, Ramona Lenz (Hg.): Geschlecht und Globalisierung. Königstein: Ulrike Helmer, 102-127.

Putnam, Robert D. (1999): Bowling Alone. The Collapse and Revival of American Community. New York: Shuster.

Putnam, Robert D. (2001): Gesellschaft und Gemeinsinn. Sozialkapital im internationalen Vergleich. Berlin: Bertelsmann.

Rabinow, Paul (2004): Anthropologie der Vernunft. Studien zu Wissenschaft und Lebensführung. Frankfurt: Suhrkamp.

Rahner, Albert-Peter (1958): Zur Theologie des Todes. Mit einem Exkurs über das Martyrium. Freiburg: Herder.

Randhawa, Gurch (1998): »An Exploratory Study Examining the Influence of Religion on Attitudes Towards Organ Donation Among the Asian Population«, in: Dialysis and Transplantation News 13 (8), 1949-1954.

Reichertz, Jo, Nadia Zaboura (Hg.) (2006): Akteur Gehirn – oder das vermeintliche Ende des handelnden Subjekts. Eine Kontroverse. Wiesbaden: VS.

Rethmann, Albert-Peter (1999): »Organspende. Eine ethische Verpflichtung für Christen«, in: Ethica 7 (4), 383-403.

Rheinberger, Hans-Jörg (1996): »Jenseits von Natur und Kultur. Anmerkungen zur Medizin im Zeitalter der Molekularbiologie«, in: Cornelius Borck (Hg.): Anatomien medizinischen Wissens. Frankfurt: Fischer, 287-306.

Richardson, Ruth (1996): »Fearful Symmetry: Corpses for Anatomy, Organs for Transplantation?«, in: Stuart J. Youngner, Renée Fox, Laurence J. O'Connell (Hg.): Organ Transplantation. Wisconsin: Wisconsin Press, 66-100.

Richter, Matthias, Klaus Hurrelmann (2006): Gesundheitliche Ungleichheit. Grundlagen, Probleme, Perspektiven. Wiesbaden: VS.

Riedel, Ulrike (2006): »Kompensation, Nachteilsausgleich und Versicherungsschutz für Organlebendspender«, in: Europäische Akademie 39, 99-110.

Robert-Koch-Institut (2003): Organtransplantation und Organspende. Gesundheitsberichterstattung des Bundes Heft 17. Berlin: Robert-Koch-Institut.

Rose, Nikolas (1996): Inventing Our Selves. Psychology, Power, and Personhood. Cambridge: Cambridge University Press.

Rose, Nikolas (2000): »Das Regieren unternehmerischer Individuen«, in: Kurswechsel 2, 8-27.

Rose, Nikolas (2007): The Politics of Life Itself. Biomedicine, Power and Subjectivity in the Twenty-First Century. Princeton: Princeton University Press.

Rumsey, S., D. Hurford, A. Cole (2003): »Influence of Knowledge and Religiousness on Attitude Toward Organ Donation«, in: Transplantation Proceeding 35 (8), 2845-2850.

Saake, Irmhild (2008a): »Gegenwarten des Todes im 21. Jahrhundert«, in: Aus Politik und Zeitgeschichte 4, 5-6.

Saake, Irmhild, Werner Vogd (Hg.) (2008b): Moderne Mythen der Medizin. Studien zur organisierten Krankenbehandlung. Wiesbaden: VS.

Saake, Irmhild (2008c): »Moderne Todessemantiken. Symmetrische und asymmetrische Konstellationen«, in: Irmhild Saake, Werner Vogd (Hg.): Moderne Mythen der Medizin. Wiesbaden: VS, 237-264.

Saake, Irmhild, Armin Nassehi (2004): »Die Kulturalisierung der Ethik. Eine zeitdiagnostische Anwendung des Luhmannschen Kulturbegriffs«, in: Günter Burkart, Gunter Runkel (Hg.): Luhmann und die Kulturtheorie. Frankfurt: Suhrkamp, 102-135.

Saborowski, Maxine (2008): »Die Biodaten des Menschen. Der Wert der unbegrenzten Möglichkeiten«, in: Leviathan 26 (1), 85-104.

Samerski, Silja (2002): Die verrechnete Hoffnung. Von der selbstbestimmten Entscheidung durch genetische Beratung. Münster: Westfälisches Dampfboot.

Sarasin, Philipp (2001): Reizbare Maschinen. Eine Geschichte des Körpers 1765-1914. Frankfurt: Suhrkamp.

Schade, Sigrid (2006): »Der Mythos des ›Ganzen Körpers‹«, in: Anja Zimmermann (Hg.): Kunstgeschichte und Gender. Eine Einführung. Berlin: Reimer, 159-180.

Schaupp, Walter (2001): »Organtransplantation und Christliches Liebesgebot. Zur Relevanz eines zentralen Prinzips christlicher Ethik für Fragen der Organspende«, in: Hans Köchler (Hg.): Transplantationsmedizin und personale Identität. Frankfurt: Lang, 103-114.

Schicktanz, Silke (2009): »Zum Stellenwert von Betroffenheit, Öffentlichkeit und Deliberation im ›empirical turn‹ der Medizinethik«, in: Ethik in der Medizin 21 (3), 223-234.

Schicktanz, Silke, Jan Schildmann (2009): »Medizinethik und Empirie – Standortbestimmungen eines spannungsreichen Verhältnisses«, in: Ethik in der Medizin 21 (3), 183-186.

Schicktanz, Silke, Jochen Rieger, Beate Lüttenberg (2006): »Geschlechterunterschiede bei der Lebendnierentransplantation. Ein Vergleich bei globalen, mitteleuropäischen und deutschen Daten und deren ethische Relevanz«, in: Transplantationsmedizin 18 (2), 83-90.

Schiebinger, Londa (1990): Frauen forschen anders. Wie weiblich ist die Wissenschaft? München: C.H. Beck.

Schlich, Thomas (1998a): Die Erfindung der Organtransplantation. Erfolg und Scheitern des chirurgischen Organersatzes (1880-1930). Frankfurt: Campus.

Schlich, Thomas (1998b): Transplantation. Geschichte, Medizin, Ethik der Organverpflanzung. München: C.H. Beck.

Schlich, Thomas, Claudia Wiesemann (Hg.) (2001): Hirntod. Zur Kulturgeschichte der Todesfeststellung. Frankfurt: Suhrkamp.

Schlosser, Horst Dieter (1998): »Der sprachlich befangene Bundestag. Zur Debatte über das Transplantationsgesetz am 25. Juni 1997«, in: ders. (Hg.): Mit Hippokrates zur Organgewinnung? Frankfurt: Peter Lang, 265-274.

Schmerl, Christiane (2002): »Die Frau als wandelndes Risiko: Von der Frauenbewegung zur Frauengesundheitsbewegung bis zur Frauengesundheitsforschung«, in: Klaus Hurrelmann, Petra Kolip (Hg.): Geschlecht, Gesundheit und Krankheit. Männer und Frauen im Vergleich. Bern: Huber, 32-52.

Schmidt-Semisch, Henning, Friedrich Schorb (Hg.) (2007): Kreuzzug gegen Fette. Sozialwissenschaftliche Aspekte des gesellschaftlichen Umgangs mit Übergewicht und Adipositas. Wiesbaden: VS.

Schmied, Gerhard (1996): Schenken. Über eine Form sozialen Handelns. Opladen: Leske und Budrich.

Schneewind, Klaus A. (2003): »Ist die Lebendspende von Nieren psychologisch verantwortbar?«, in: Fuad S. Oduncu, Ulrich Schroth, Wilhelm Vossenkuhl (Hg.): Transplantation. Göttingen: Vandenhoek, 222-231.

Schneider, Ingrid (2000): »Die Vergesellschaftung des Leibes. Verteilungs(un)gerechtigkeit in der Transplantationsmedizin«, in: Christian Mürner, Adelheid Schmitz, Udo Sierck (Hg.): Schöne, heile Welt. Hamburg: Verlag Libertäre Assoziation, 45-71.

Schneider, Ingrid (2006a): »Die gesellschaftliche Regulation von Entnahme, Zirkulation und Nutzung von Körpersubstanzen. Ein Klassifikationssystem«, in: Sigrid Graumann, Katrin Grüber (Hg.): Biomedizin im Kontext. Beiträge aus dem Institut Mensch, Ethik und Wissenschaft. Münster: LIT, 239-260.

Schneider, Werner (1999): ›So tot wie nötig – so lebendig wie möglich!‹ Sterben und Tod in der fortgeschrittenen Moderne. Hamburg: LIT.

Schöne-Seifert, Bettina (2007): »Kommerzialisierung des menschlichen Körpers: Nutzen, Folgeschäden und ethische Bewertungen«, in: Jochen Taupitz (Hg.): Kommerzialisierung des menschlichen Körpers. Berlin: Springer, 37-52.

Schreiber, Hans-Ludwig (2006): »Die Notwendigkeit einer Ausweitung der Zulässigkeit von Lebendspenden«, in: Europäische Akademie 39, 93-98.

Schrift, Alan (1997): »Introduction: Why gift?«, in: ders. (Hg.): The Logic of the Gift. Toward an Ethic of Generosity. London: Routledge, 1-25.

Schroer, Markus (Hg.) (2005a): Soziologie der Körper. Frankfurt: Suhrkamp.

Schroer, Markus (2005b): »Zur Soziologie der Körper«, in: ders. (Hg.): Soziologie der Körper. Frankfurt: Suhrkamp, 7-48.

Schroer, Markus (2006): Räume, Orte, Grenzen. Auf dem Weg zu einer Soziologie des Raums. Frankfurt: Suhrkamp.

Schroth, Ulrich (2000): »Beschränkung der Freiheit altruistischen Handelns«, in: Ulrich Knöpffler, Anja Haniel (Hg.): Menschenwürde und medizinische Konfliktfälle. Stuttgart: Hirzel, 127-130.

Schroth, Ulrich, Klaus A. Schneewind, Thomas Gutmann, Bijan Fateh-Moghadam (Hg.) (2006): Patientenautonomie am Beispiel der Lebendorganspende. Göttingen: Vandenhoek.

Schultz, Susanne (2006): Hegemonie – Gouvernementalität – Biomacht. Reproduktive Risiken und die Transformation internationaler Bevölkerungspolitik. Münster: Westfälisches Dampfboot.

Schulze, Sabine (1990): Das Fragment. Der Körper in Stücken. Bern: Benteli.

Schutzeichel, Iris (2002): Geschenk oder Ware? Das begehrte Gut Organ. Nierentransplantation in einem hochregulierten Markt. Münster: LIT.

Sennelart, Michel (2006): »Situierung der Vorlesung«, in: Michel Foucault: Die Geburt der Biopolitik. Frankfurt: Suhrkamp, 445-489.

Sennett, Richard (1997 [1994]): Fleisch und Stein. Der Körper und die Stadt in der westlichen Zivilisation. Frankfurt: Suhrkamp.

Senninger, Norbert, Heiner Wolters (2003): »Nierentransplantation nach Lebendspende: Hoffnung für den Empfänger – Finanzielles Risiko für den Spender?«, in: Transplantationsmedizin 15, 56-59.

Sharp, Lesley A. (1995): »Organ Transplantation as a Transformative Experience. Anthropological Insights into the Restructuring of the Self«, in: Medical Anthropology Quarterly 9 (3), 357-389.

Sharp, Lesley A. (2000): »The Commodification of the Body and its Parts«, in: Annual Review Anthropology 29, 287-328.

Scheper-Huges, Nancy, Loïc Wacquant (2002): Commodifying Bodies. London: SAGE.

Scheper-Huges, Nancy (2000): »The Global Traffic in Human Organs«, in: Current Anthropology 41 (2), 191-224.

Siminoff, Laura A., Christopher J. Burant, Said A. Ibrahim (2006): »Racial Disparities in Preference and Perceptions Regarding Organ Donation«, in: Journal of General Internal Medicine 21 (9), 995-1000.

Simmel, Georg (1992 [1908]): Soziologie. Untersuchung über die Formen der Vergesellschaftung. Gesamtausgabe. Bd. 11. Frankfurt: Fischer.

Simmel, Georg (1993 [1908]): Soziologie der Sinne, in: ders.: Das Individuum und die Freiheit. Frankfurt: Fischer.

Spirigatis, Martina (1997): Leben im Fadenkreuz. Transplantationsmedizin zwischen Machbarkeit, Menschlichkeit und Macht. Hamburg: Konkret.

Staton, Bill (2009): »LifeSharers People«, http://www.lifesharers.org/-people.htm vom 29.06.2009.

Stehr, Nico (1994): Arbeit, Eigentum und Wissen. Zur Theorie von Wissensgesellschaften. Frankfurt: Suhrkamp.

Strather, Marylin (1988): The Gender of the Gift. Problems with Women and Problems with Society in Melanesia. Berkeley: University of California Press.

Taupitz, Jochen (Hg.) (2007): Kommerzialisierung des menschlichen Körpers. Berlin: Springer.

Thiel, Gilbert T., Christa Nolte, Dimitios Tsinalis (2005): »Gender Imbalance in Living Kidney Donation in Switzerland«, in: Transplantation Proceeding 37 (2), 592-594.

Titmuss, Richard M. (1970): The Gift Relationship. From Human Blood to Social Policy. London: LSE.

Tober, Diane (2007): »Kidneys and Controversies in the Islamic Republic of Iran: The Case of Organ Sale«, in: Body & Society 13 (3), 151-170.

Tolmein, Oliver (2010): »Pass-genau: Biometrie hilft Organspende«, in: Frankfurter Allgemeine Zeitung vom 14.09.2010.

UNESCO (1949): UNESCO Statement on Race. UNESCO Archive, http://www.unes-co.org/general/eng/infoserv/archives-/files_-online/-index.shtml vom 10.07.2009.

United Network for Organ Sharing (2004): United Network for Organ Sharing. Critical Data. U.S. Facts about Transplantation. Richmond: UNOS.

Urry, John (2000): Sociology beyond Societies. Mobilities for the Twenty-first Century. London: Routledge.

van den Daele, Wolfgang (2005): »Einleitung: Soziologische Aufklärung zur Biopolitik«, in: Leviathan Sonderheft 23, 7-44.

van den Daele, Wolfgang (2007): »Gewinnverbot: Die ambivalente Verteidigung einer Kultur der Gabe«, in: ders. (Hg.): Kommerzialisierung des menschlichen Lebens. Berlin: Springer, 127-140.

van den Daele, Wolfgang (2009): »Biopolitik, Biomacht und soziologische Analyse«, in: Leviathan 37 (1), 52-76.

van der Walt, Sibylle, Christoph Menke (Hg.) (2007): Die Unversehrtheit des Körpers. Geschichte und Theorie eines elementaren Menschenrechts. Frankfurt: Campus.

Vandevelde, Antoon (2000): »Towards a Conceptual Map of Gift Practices«, in: ders.: Gifts and Interests. Leuven: Peeters, 1-22.

Villa, Paula-Irene (2001): Sexy Bodies. Eine soziologische Reise durch den Geschlechtskörper. Opladen: Leske und Budrich.

Villa, Paula-Irene (2006): »Scheitern – Ein produktives Konzept zur Neuorientierung der Sozialisationsforschung«, in: Helga Bilden, Bettina Dausien (Hg.): Sozialisation und Geschlecht. Opladen: Barbara Budrich, 219-238.

Villa, Paula-Irene (2007): »Der Körper als kulturelle Inszenierung und als Statussymbol«, in: Aus Politik und Zeitgeschichte 18, 18-25.

Villa, Paula-Irene (2008a): »Habe den Mut, Dich Deines Körpers zu bedienen! Thesen zur Körperarbeit in der Gegenwart zwischen Selbstermächtigung und Selbstunterwerfung«, in: dies. (Hg.): schön normal. Bielefeld: transcript, 245-273.

Villa, Paula-Irene (Hg.) (2008b): schön normal. Manipulationen am Körper als Technologien des Selbst. Bielefeld: transcript.

Voswinkel, Stephan (2005): »Reziprozität und Anerkennung in Arbeitsbeziehungen«, in: Frank Adloff, Steffen Mau (Hg.): Vom Geben und Nehmen. Frankfurt: Campus, 237-256.

Wacquant, Loïc (1995): »Pugs at Work: Bodily Capital and Bodily Labour among Professional Boxers«, in: Body & Society 1 (1), 65-93.

Wagner-Hasel, Beate (1998): »Wissenschaftsmythen und Antike. Zur Funktion von Gegenbildern der Moderne am Beispiel der Gabentauschdebatte«, in: Annette Völker-Rasor, Wolfgang Schmale (Hg.): Mythen Mächte – Mythen als Argument. Berlin: Arno Spitz, 33-64.

Wagner, Elke, Bijan Fateh-Moghadam (2005): »Freiwilligkeit als Verfahren. Zum Verhältnis von Lebendorganspende, medizinischer Praxis und Recht«, in: Soziale Welt 56 (1), 73-98.

Waldby, Catherine, Robert Mitchell (2006): Tissue Economies. Blood, Organs, and Cell Lines in Late Capitalism. Durham: Duke University Press.

Waldschmidt, Anne (1996): Das Subjekt in der Humangenetik. Expertendiskurse zu Programmatik und Konzeption der genetischen Beratung 1945-1990. Münster: Westfälisches Dampfboot.

Waldschmidt, Anne (2002): »Normalität, Genetik, Risiko: Pränataldiagnostik als ›Government by Security‹«, in: Ulrike Bergermann, Claudia Breyer, Tanja Nusser (Hg.): Techniken der Reproduktion. Königstein: Ulrike Helmer, 131-144.

Waldschmidt, Anne, Werner Schneider (2007): Disability Studies, Kultursoziologie und Soziologie der Behinderung. Bielefeld: transcript.

Walter, Tony (1993): »Sociologist Never Die: British Sociology and Death«, in: David Clark (Hg.): The Sociology of Death. Theory, Culture, Practice. Oxford: Blackwell, 264-295.

Waltz, Matthias (2006): »Tauschsysteme als subjektivierende Ordnungen: Mauss, Lévi-Strauss, Lacan«, in: Stephan Moebius, Christian Papilloud (Hg.): Gift. Wiesbaden: VS, 81-107.

Weber, Keith, Matthew M. Martin (2006): »Gender and Consent to Organ Donation«, in: The Journal of Social Psychology 146 (2), 247-249.

Wehling, Peter (2008): »Selbstbestimmung oder sozialer Optimierungsdruck? Perspektiven einer kritischen Soziologie der Biopolitik«, in: Leviathan 36 (2), 249-273.

Weiner, Annette B. (1992): Inalienable Possessions. The Paradox of Keeping While Giving. Berkeley: University of California Press.

Weingart, Peter (2003): Wissenschaftssoziologie. Bielefeld: transcript.

White, Rob (2009): »Type O? Help Me Be Here to See My Daughter Grow Up«, http://www.matchingdonors.com/life/-Donor/index.-cfm?-page=-position-description&JobID=1620 vom 29.06.2009.

White, Robert M. (2005): »Misinformation and Misbelief in the Tuskegee Study of Untreated Syphilis Fuel Mistrust in the Healthcare System«, in: Journal of the National Medical Association 97 (11), 1566-1573.

Wiebel-Fanderl, Olivia (2003): Herztransplantation als erzählte Erfahrung. Menschen zwischen kulturellen Traditionen und medizinisch-technischem Fortschritt. Münster: LIT.

Winter, Merve, Oliver Decker (2006): »Gender-Aspekte in der SpenderIn-EmpfängerInbeziehung bei Lebendorganspende«, in: Alexandra Manzei, Werner Schneider (Hg.): Transplantationsmedizin. Münster: Agenda, 225-247.

Witschen, Dieter (2005): »Die Organspende eines Lebenden als supererogatorische Handlung betrachtet«, in: Zeitschrift für medizinische Ethik 51 (3), 277-289.

Witzke, Oliver, Frank Pietruck, Andreas Paul, Christoph Broelsch, Thomas Philipp (2005): »Überkreuz-Lebendspende-Nierentransplantation in Deutschland«, in: Transplantationsmedizin 130 (47), 2699-2702.

Youngner, Stuart J., Renée Fox, Laurence J. O'Connell (Hg.) (1996): Organ Transplantation. Meanings and Realities. Wisconsin: Wisconsin Press.

Zech, Eva (2007): »Kommerzialisierung in der Transplantationsmedizin: Welcher Eigennutz steht dem Spender zu?«, in: Wolfgang van den Daele (Hg.): Kommerzialisierung des menschlichen Körpers. Berlin: Springer, 325-337.

Zeller, Kristin (2008): »Just Love in live Organ Donation«, in: Medicine, Health Care and Philosophy 12 (3), 323-331.

Zussman, Robert (1997): »Sociological Perspective on Medical Ethics and Decision-Making«, in: Annual Review of Sociology 23, 171-189.

Materialitäten

THOMAS ALKEMEYER, KRISTINA BRÜMMER,
REA KODALLE, THOMAS PILLE (HG.)
Ordnung in Bewegung
Choreographien des Sozialen. Körper in Sport, Tanz, Arbeit und Bildung

2009, 202 Seiten, kart., 20,80 €,
ISBN 978-3-8376-1142-7

FRITZ BÖHLE, MARGIT WEIHRICH (HG.)
Die Körperlichkeit sozialen Handelns
Soziale Ordnung jenseits von Normen und Institutionen

2010, 382 Seiten, kart., zahlr. Abb., 29,80 €,
ISBN 978-3-8376-1309-4

MALTE FRIEDRICH
Urbane Klänge
Popmusik und Imagination der Stadt

2010, 340 Seiten, kart., 29,80 €,
ISBN 978-3-8376-1385-8

Leseproben, weitere Informationen und Bestellmöglichkeiten finden Sie unter www.transcript-verlag.de

Materialitäten

CHRISTINA HILGER
Vernetzte Räume
Plädoyer für den Spatial Turn in der Architektur

2010, 212 Seiten, kart., zahlr. Abb., 26,80 €,
ISBN 978-3-8376-1499-2

GABRIELE KLEIN, MICHAEL MEUSER (HG.)
Ernste Spiele
Zur politischen Soziologie des Fußballs

2008, 276 Seiten, kart., 25,80 €,
ISBN 978-3-89942-977-0

IMKE SCHMINCKE
Gefährliche Körper an gefährlichen Orten
Eine Studie zum Verhältnis von Körper,
Raum und Marginalisierung

2009, 270 Seiten, kart., 27,80 €,
ISBN 978-3-8376-1115-1

Materialitäten

LARS FRERS
Einhüllende Materialitäten
Eine Phänomenologie des Wahrnehmens und Handelns an Bahnhöfen und Fährterminals
2007, 302 Seiten, kart., zahlr. Abb., 30,80 €,
ISBN 978-3-89942-806-3

JÜRGEN FUNKE-WIENEKE,
GABRIELE KLEIN (HG.)
Bewegungsraum und Stadtkultur
Sozial- und kulturwissenschaftliche Perspektiven
2008, 276 Seiten, kart., zahlr. Abb., 26,80 €,
ISBN 978-3-8376-1021-5

ANDREA GLAUSER
Verordnete Entgrenzung
Kulturpolitik, Artist-in-Residence-Programme und die Praxis der Kunst
2009, 304 Seiten, kart., 29,80 €,
ISBN 978-3-8376-1244-8

TATIANA GOLOVA
Räume kollektiver Identität
Raumproduktion in der »linken Szene« in Berlin
April 2011, 396 Seiten, kart., 32,80 €,
ISBN 978-3-8376-1622-4

ROBERT GUGUTZER (HG.)
body turn
Perspektiven der Soziologie des Körpers und des Sports
2006, 370 Seiten, kart., 20,80 €,
ISBN 978-3-89942-470-6

CEDRIC JANOWICZ
Zur Sozialen Ökologie urbaner Räume
Afrikanische Städte im Spannungsfeld von demographischer Entwicklung und Nahrungsversorgung
2008, 438 Seiten, kart., zahlr. Abb., 42,80 €,
ISBN 978-3-89942-974-9

BASTIAN LANGE
Die Räume der Kreativszenen
Culturepreneurs und ihre Orte in Berlin
2007, 332 Seiten, kart., 30,80 €,
ISBN 978-3-89942-679-3

LARS MEIER
Das Einpassen in den Ort
Der Alltag deutscher Finanzmanager in London und Singapur
2009, 300 Seiten, kart., zahlr. Abb., 29,80 €,
ISBN 978-3-8376-1129-8

EVELYN LU YEN ROLOFF
Die SARS-Krise in Hongkong
Zur Regierung von Sicherheit in der Global City
2007, 166 Seiten, kart., 18,80 €,
ISBN 978-3-89942-612-0